AF410841

PAPIERS ET CORRESPONDANCE

DE

J.-E.-L. DELADOUESPE

(1746—1810)

PUBLIÉS PAR SON ARRIÈRE-PETIT-FILS

Alfred DELADOUESPE

NIORT

L. CLOUZOT, LIBRAIRE-ÉDITEUR

22, RUE VICTOR HUGO, 22

1904

PAPIERS ET CORRESPONDANCE

DE

J.-E.-L. DELADOUESPE

PAPIERS ET CORRESPONDANCE

DE

J.-E.-L. DELADOUESPE

(1746-1810)

PUBLIÉS PAR SON ARRIÈRE-PETIT-FILS

Alfred DELADOUESPE

NIORT

L. CLOUZOT, LIBRAIRE-ÉDITEUR

22, RUE VICTOR HUGO, 22

1904

PRÉFACE

Jacques-Louis-Etienne Deladouespe naquit le 12 novembre 1746, au logis de la Bobinière, paroisse de Mouchamps (Vendée), et mourut le 18 novembre 1810, en sa demeure de Mouchamps.

Il était le descendant d'une ancienne famille, habitant la ville de Caen au moins depuis le xvie siècle. Un Deladouespe a signé le registre de déclaration de naissance de Malherbe en 1555. Un autre, Jacques Deladouespe, fils d'un apothicaire, fut reçu au même grade devant la Faculté de Caen, le mercredi 12 septembre 1586, et passa une partie de sa vie auprès de la célèbre Catherine de Parthenay, princesse de Rohan-Soubise. Il la suivait probablement l'été au château du Parc Soubise, et l'hiver à son hôtel, dans les murs de La Rochelle. C'est pendant ces années de service auprès de la princesse qu'il prit pour femme une dame veuve Blanchard, peut-être une sœur de lait de sa maîtresse (1), qui appartenait également à la maison de la grande dame. La nouvelle épouse avait quelques terres et maisons dans la paroisse de Mouchamps, et ce fut

(1) Elle est ainsi désignée dans les papiers Loyau.

1

l'origine de l'établissement de la famille Deladouespe dans cette localité de la Vendée, qu'elle a toujours habitée depuis.

Jacques-Louis-Etienne Deladouespe, leur descendant, a laissé un livre de comptes dont j'ai copié tous les passages qui m'ont paru offrir un intérêt. C'est, pour ainsi dire, le journal de sa vie, car, au milieu des menus articles de recettes et de dépenses, il relatait tous les événements importants concernant sa famille, ses amis ou les affaires publiques. Malheureusement, je ne possède rien sur sa jeunesse, le registre ne commençant qu'après son mariage. Peut-être prit-il du service à l'armée, car, dans l'acte de décès de son père, il est qualifié de garde du duc de Chartres. Dans tous les cas, il sera facile de comprendre, en lisant ses mémoires au jour le jour, ses notes ou ses lettres, qu'il dut recevoir dans sa jeunesse une éducation très soignée. Son père, d'ailleurs, était avocat au Parlement de Paris, et si, ayant constamment habité la Bobinière jusqu'à sa mort, il n'eut pas beaucoup d'occasions d'en exercer la charge, il en porta toujours le titre, et mit volontiers son expérience juridique au service de ses parents et amis (1). Il fut également sénéchal de Mouchamps.

En lisant les mémoires de Jacques-Louis-Etienne, on assistera à la vie journalière d'un propriétaire

____

(1) Voir plus loin, la lettre adressée à M. Marchegay, qui m'a été donnée par Mme Urbain Pilastre. (*Archives de la Coudraie.*)

de Vendée, à la fin du XVIII° siècle et au commencement du XIX°. On verra qu'il se consacra entièrement à l'exploitation de ses métairies, au nombre de trente-sept, sans compter plusieurs moulins, et de ses vignes qui lui rapportaient en moyenne trois cents barriques de vin par an. A ces occupations vinrent s'ajouter, à partir de 1792, les fonctions d'administrateur du département, qu'il remplit à Fontenay-le-Peuple, maison du commandant Bonamy, jusqu'en 1796. A cette époque, il revint dans la commune de Mouchamps ; mais, au lieu d'habiter la Bobinière qui lui sembla peu sûre après la guerre de Vendée, il fit réparer la maison qu'il possédait à Mouchamps et y demeura jusqu'à sa mort.

Son foyer reconstruit, il reprit ses occupations de propriétaire et peu à peu remit en état ses fermes ruinées par trois années de guerre civile. Il n'abandonna pas non plus les affaires publiques et eut le titre de commissaire du Directoire exécutif dans le canton de Mouchamps.

Pendant les dernières années de sa vie, il devint très goutteux, ce qui ne l'empêcha pas de gérer activement ses affaires. C'est de cette époque que datent les lettres adressées à son beau-frère Loyau, médecin estimé, membre du Conseil des Anciens et du Corps législatif. Il a écrit également un certain nombre de mémoires où il traite avec une grande compétence les sujets les plus variés. Il s'est beaucoup occupé, entre autres, de la question des vignes à complant, et a rédigé plusieurs notes sur ce mode de propriété qui le touchait particulièrement, la Révolution lui en ayant fait perdre plusieurs.

Jacques-Etienne Deladouespe écrivit son nom de plusieurs façons pendant le cours de sa vie. Le brevet d'apothicaire de la Faculté de Caen, daté du mercredi 12 novembre 1586, porte les noms des Deladouespe père et fils, écrits de la Douespe. Sur les actes civils, le nom est orthographié de même jusqu'en 1792. Jacques-Louis-Etienne signa comme tous ses ancêtres. Mais quand il fut nommé administrateur du département (7 septembre 1793), par prudence et peut-être aussi pour ne pas passer pour noble, prétention à laquelle il n'avait jamais songé, il écrivit son nom Ladouespe.

J'ai donné ces quelques explications pour mieux faire comprendre ce qu'a été cet homme de bien, dont la vie est résumée dans le journal que l'on va lire et que j'ai publié sans rien changer à l'original qui est en ma possession et dans les lettres trouvées au Pulteau, qui m'ont été communiquées par mon parent et ami, Paul Loyau. Je n'ai ajouté quelques notes que pour éclaircir certains faits qui, sans elles, eussent paru obscurs.

Ces Mémoires, si je puis ainsi nommer la réunion de toutes ces pièces, sont assez intéressants par eux-mêmes pour qu'il ne soit pas besoin d'y rien ajouter.

A. DELADOUESPE.

I

PAPIER-MÉMORIAL

DE JACQUES–ÉTIENNE–LOUIS DELADOUESPE

(1778-1800)

____

Epoque de mon mariage

Le 3 janvier 1768, j'ai été marié à la Haye, en Hollande, sur la permission du Roy que j'ai obtenue par le Brevet du 7 novembre 1767 signé de sa Majesté et de Monseigneur le duc de Choiseul, premier ministre.

Véritable âge de mes enfants

Le 26 janvier 1769, il m'est né de mon mariage avec Jeanne-Catherine Loyau, une fille qui a été baptisée à Mouchamps le même jour et a été nommée Louise-Catherine, elle a eu pour parrain le sieur Jacques-Louis Deladouespe, mon père, et, pour marraine, Dame Catherine Loyau, ma belle-mère.

Le 26 décembre 1769, il m'est né un fils qui a été baptisé à Mouchamps le même jour et a été nommé Jacques-François, il a eu pour parrain le sieur François Loyau, mon beau-père, et pour marraine, Dame Catherine-Gabrielle Robert Deladouespe, ma mère.

Le 2 octobre 1772, il m'est né une fille qui a été baptisée à Mouchamps le même jour et a été nommée Marguerite-Jeanne, elle a eu pour parrain le sieur Jean Loyau, docteur en médecine, mon beau-frère, et pour marraine dame Françoise-Marguerite-Louise Deladouespe du Planty Robert, ma tante. — [En marge] : A été mariée au Cit. Bouquet le 2 prairial an VI de la Rép. à Mouchamps.

Le 22 décembre 1775, il m'est né une fille qui a été baptisée le même jour et a été nommée Jeanne-Catherine, elle a eu pour parrain le sieur Samuel Robert du Planty, et pour marraine dame Jeanne-Marguerite Loyau, veuve Loyau, ma belle-sœur.

Le 2 du mois de juillet 1779, il m'est né un fils qui a été baptisé par M. Boursier, prieur de Mouchamps, et a été nommé Louis-Victor. Le parrain a été le sieur Louis Loyau, docteur en médecine et la marraine dame Catherine Loyau, son épouse.

Le 25 du mois de novembre 1781, sur l'heure de minuit, il m'est né une fille qui a été baptisée le même jour par M. Boursier, prieur de Mouchamps, et a été nommée Catherine-Julie par mon fils aîné Jacques-François et ma fille cadette Marguerite-Jeanne.

La nuit du 26 au 27 septembre 1783, est décédé, dans sa maison de la Baffrie, Samuel Robert du Planty, mon oncle, frère de feu ma mère, dans la soixante-dixième année de son âge.

Le 16 juillet 1784, est décédé dans la maison de la Baffrie, Marguerite-Françoise-Louise Deladouespe, veuve de feu M. Samuel-Daniel Robert du Planty, mon oncle, dans la cinquante-deuxième année de son âge.

Le 31 mai 1788, à 5 heures du matin, est décédé subitement, dans sa Maison au bourg de Monsireigne, M. Jean-François Loyau, mon beau-père, dans la soixante-dix-huitième année de son âge. Il emporta les regrets de tous ceux qui le connaissaient par sa probité reconnue et son désintéressement.

Le 19 décembre 1791, sur les sept heures du soir est décédée dans sa maison du Tail de Saint-Germain-le-Prinçay, Demoiselle Charlotte de la Douespe de la Gaillardière, âgée de 87 ans environ.

Le 8 août 1793, j'ai eu le malheur de perdre, à l'hospice militaire de Luçon, mon fils aîné Jacques-François, né le 26 décembre 1769. Une fluxion de poitrine, suite de la fatigue qu'il avait éprouvée, l'a emporté en trois jours. Il avait toutes les qualités pour en espérer un homme honnête et raisonnable.

Le 27 décembre 1793, an second de la République, après des malheurs inouïs, funestes résultats de l'horrible guerre de la Vendée, j'ai eu le malheur de perdre la meilleure des femmes, la plus sage et la plus tendre des mères, d'un cruel mal de gorge, à Marans, chez le citoyen Capon, qui nous avait donné l'hospitalité. Ce cruel événement n'a suivi que d'un mois environ notre réunion avec mes enfants que je n'avais pas vus depuis le 13 mars précédent, jour de mon départ de la Bobinière, et dont je n'avais eu aucune nouvelle, quoique réfugié à Fontenay. Jeanne-Catherine Loyau ma pauvre et tendre épouse avait atteint à peu près sa cinquante-troisième année. Depuis le 3 janvier 1768, époque de notre mariage, aucun nuage n'avait obscurci l'union que nous avions formée si heureusement. Puissent tous nos enfants en pouvoir dire autant un jour avec la même vérité.

Le 2 prairial an VI, a été mariée dans cette commune de Mouchamps, Marguerite-Jeanne Ladouespe, ma fille cadette, avec le citoyen Paul Bouquet, notre parent, domicilié à Luçon. — [En marge] : Décédé à Luçon le 11 avril 1809.

Le 1er jour complémentaire de l'an VI, a été mariée à Mouchamps Louise-Catherine Ladouespe, ma fille aînée, avec le citoyen Godet, juge de paix à Fontenay. — [En marge] : Décédé à Saint-Aubin, le 28 décembre 1805.

Le 13 brumaire an X, mon fils Louis-Victor, âgé de 22 ans, a été marié à Jeanne-Pauline Marchegay, âgée de 18 ans. La déclaration de mariage a été faite devant le maire de la commune du Simon, domicile du citoyen François Marchegay, son père.

Le 26 frimaire an XI, à 6 heures du matin, du mariage de Louis-Victor Ladouespe, mon fils, et de Jeanne-Pauline Marchegay, son épouse, est née une fille enregistrée le même jour par le citoyen Paul Morisson, maire de Mouchamps, officier public, et a été nommée Célie-Louise Esther et présentée par Louise-Esther Querqui-Marchegay, sa grand'mère, et par moi, Jacques-Louis-Étienne Ladouespe, en présence de plusieurs autres voisins et amis qui ont signé avec nous le registre de l'état civil.

Le 4 floréal an XII, a été mariée devant le citoyen Morisson, officier public de la commune de Mouchamps, ma fille, Jeanne-Catherine avec le citoyen Pierre-Alexandre Giraudeau, fils du citoyen Benjamin Giraudeau et Pauline Bonfils, son épouse, tous domiciliés à La Rochelle.

Le 27 messidor an XIII, a été mariée devant
M. Chapeau, officier public à Mouchamps, la plus jeune
de mes filles, Catherine-Julie, avec le citoyen Louis
Liège, domicilié à Bregion, commune de Sepvret,
département des Deux-Sèvres.

———————

Aujourd'hui 30 décembre 1778, j'ai délivré au meunier
du Moulin aux Moines, paroisse de Mouchamps, la
quantité de 12 boisseaux de seigle qui ont été assignés
par feu ma mère à la veuve Gautier pour ses services
et soins qu'elle a eus d'elle pendant sa maladie. Lesquels
12 boisseaux de blé je lui paierai tous les ans pendant
sa vie, comme a été ainsi la volonté de feu ma mère,
dont je suis dépositaire au terme du 26 décembre, de
sorte que le présent paiement est une année d'avance
dont je lui fais présent. Je lui ai aussi donné 48 l. en
argent.

Bourse commune, 2 janvier 1779

Suivant le sous-seing privé que j'ai passé avec mon
père en date du 2 janvier 1779, par lequel nous sommes
convenus de jouir en commun de tous les biens fonds
qui nous appartiennent réciproquement et de faire aussi
de même toute la dépense de la maison, en conséquence
dis-je du dit écrit, nous avons mis chacun 102 l. à la
bourse commune pour fournir aux menus frais.

5 janvier 1779

J'ai mis dans notre armoire 500 livres pour fournir à
nos besoins particuliers, outre le petit courant de
l'armoire du salon.

Nourrice pour Louis-Victor

Le 12 mai 1779, a été fait marché avec la fille du métayer des Roblinières pour être nourrice. On lui a promis 40 l. en argent, 6 l. pour la brassière, 2 l. pour du demi-fil, 2 l. pour un mouchoir, 2 l. de savon, un chapeau à son mari (1) et un boisseau de froment.

Lisette en pension

Le mardi 17 avril 1781, ma femme a conduit notre fille aînée à La Rochelle (2) et l'a laissée en pension chez Mesdemoiselles Emmerth, rue des Cloutiers, où elle est entrée le 23 avril, à condition de payer à ces demoiselles 480 l. par an, dont ma femme a payé 120 l. comptant pour le premier quartier, suivant la quittance où est portée cette somme avec celle de différents déboursés pour les habillements de Lisette, montant au total de 381 l. 17 s. 9 d.

Louis-Victor sort de nourrice

Le 17 mai 1781, nous avons retiré de chez sa nourrice le petit Louis-Victor ; j'ai payé pour dix mois depuis qu'il est étrié (3), 60 l.

---

(1) Mon père m'a donné l'explication de ce don d'un chapeau au mari de la nourrice. Ce cadeau n'était donné au mari qu'à l'époque du sevrage de l'enfant, et seulement lorsque la nourrice ne devenait pas enceinte, c'était une précaution que l'on prenait, pour que le lait ne perdît pas de qualité pendant que l'enfant était en nourrice.

(2) La Rochelle était le centre protestant le moins éloigné de la Bobinière, c'est pourquoi la fille aînée et la seconde y furent envoyées en pension, les autres filles n'y allèrent probablement pas ; j'ai remarqué qu'à l'acte de partage avec ses enfants, il y a une grande différence entre l'écriture de l'orthographe de cette fille aînée et celle de Julie qui avait probablement été à l'école à Mouchamps et écrivait mal et de cette façon : *mancionés* pour mentionnées.

(3) Sevré.

Rachats de droits seigneuriaux

Le 31 mai 1781, étant au château du Parc, j'ai traité des rachats dûs à cette seigneurie, à cause du décès de mon père, pour la Bobinière et Vaine, et la métairie de Ligeardière, avec le fief de l'Aubier, pour la somme de 672 l.

Lisette en pension

Le 11 août 1782, ma femme a conduit Lisette à Chantonnay pour se rendre à La Rochelle avec Mademoiselle Emmerth, qui est venue passer un mois dans le pays, et ma femme lui a remis 492 l. suivant son mémoire pour ses déboursés, avances et pensions jusqu'au 20 octobre. Sauf les déboursés et maîtres qui seront à compter avec Mademoiselle Emmerth jusqu'au 20 octobre, par ce que tout a été payé jusqu'à ce jour, ainsi je suis quitte avec la dite demoiselle moyennant 492 l.

Mauvais temps

Aujourd'hui, 22 août 1782, a été le premier jour depuis le 20 juillet auquel on ait pu ramasser aisément le reste du blé. Tout le temps de la récolte s'est passé en pluies continuelles, au point que le blé de toute espèce a germé sur les épis et qu'au jour présent, le 22 août, il n'y a aucun blé de battu, et le temps encore orageux ne paraît donner aucune espérance d'en battre de quelque temps.

Compte du cordonnier

Le 12 novembre 1782, j'ai payé à Cordon, cordonnier à Mouchamps 60 l. 10 s., suivant son mémoire, des souliers tant pour moi que pour la maison : savoir, les miens, à 4 l. 10 s. ceux de ma femme 3 l. 10 s. et des enfants suivant leur âge, y compris la remonture d'une paire de bottes fortes, sur quoi ai compté au dit Cordon une charge de seigle qu'il avait eue l'hiver dernier, à raison de 39 l. la charge, est quitte jusqu'à ce jour, et ai payé 60 l. 10 s.

Achat d'un cabriolet

Le 22 novembre 1782, j'ai remboursé à M. du Fougerais 800 l. pour un cabriolet qu'il m'a fait faire à Paris. Je lui redevrai encore ce que coûtera la malle et un harnais de volée dont on ne sait pas encore le prix, qui sera apparemment de 72 l.

Julie sort de nourrice

Le 27 mai 1783, nous avons retiré de nourrice la petite Julie et payé ce qui était dû à la nommée Chaignoleau, sa nourrice, demeurant au Pont Charreau, paroisse de Sainte-Cécile, montant au total de 62 l. J'ai payé, avec 30 l. qu'elle avait reçues ci-devant, la somme de 92 l. pour dix-huit mois qu'elle y a été.

Premier voyage à Caen

Le 3 novembre 1783, je suis parti de la maison avec mon fils, alors âgé de presque 14 ans, avec aussi mon beau-frère et son fils, pour nous rendre à la ville de Caen, où nous avons laissé nos enfants chez M. Lamy, qui doit les mettre dans quelques jours en pension chez M. Duvernet, à qui nous devons payer 600 l. par an pour chacun. Nous avons laissé au dit M. Duvernet chacun 13 louis faisant 312 l., dont 12 l. sont pour les domestiques ; ainsi restera la somme de 300 l. payée pour demi-année de pension. Nous avons aussi laissé chacun

312 l. à M. Lamy, dont il se servira aux besoins de nos enfants, que nous avons laissés chez lui pendant quelques jours, sur la bienveillance qu'il nous a bien voulu témoigner, ainsi qu'à nos jeunes gens, dont il veut bien être le mentor. Après huit jours de séjour à Caen, nous sommes repartis le 13 au soir sur minuit, et après environ quarante-huit heures de marche en poste, nous sommes arrivés à la maison un peu fatigués du voyage, mais, Dieu merci, sans aucun accident.

Pension de Lisette

Le 20 mars 1784, ma femme a été à Chantonnay et a remis entre les mains de M. Bouquet, allant à La Rochelle, la somme de 1.346 l. pour remettre à Mesdemoiselles Emmerth, chez qui ma fille est en pension. Suivant le mémoire des dites demoiselles, le tout depuis le premier de juin 1783 jusqu'à la fin de mai prochain 1784 ; les maîtres, entretien et généralement toutes les dépenses de ma fille sont comprises dans cette somme, y compris aussi les frais d'une maladie de trois semaines qu'elle a essuyée. Est aussi comprise dans cette somme celle de 26 l. que je devais au sieur Pavie, libraire, pour les *Voyages* de Chardin, et 7 l. pour deux volumes de supplément à l'*Histoire naturelle* de M. de Buffon. Ainsi je suis quitte jusqu'à ce jour avec le sieur Pavie.

Succession du Planty

Le 24 juillet 1784, compté avec MM. de la Biffardière et du Fougerais des différentes sommes que je devais leur remettre à la succession de Mme du Planty, leur sœur. Savoir 4.400 l. portées par notre traité, le prix des bestiaux qui se sont trouvés sur les domaines

et le prorata du viager de 3.500 l. que je devais payer
jusqu'à sa mort, toutes lesquelles sommes se montent
à celle de 9.750 l. que je leur ai remis à chacune partie
égale par moitié suivant leur quittance, moyennant
quoi nous sommes demeurés quittes. — [En marge] :
Plus rachats, et francs-fiefs. et mauvais meubles, total
à peu près 13 à 14 mille livres.

Voyage au Planty

Le 6 août 1784, je suis arrivé à la maison, de retour
d'un voyage au Planty qui m'a coûté environ 200 livres
pour les chevaux de poste jusqu'à Poitiers, et quelques
petites emplettes dans cette ville ; le retour compris.

Économies en 1784

Au mois d'août 1780. jour du décès de feu mon
père, je me suis trouvé 52.000 l. quitte de francs fiefs
et rachats à cause de sa mort, dont 29 se sont trouvés
dans son armoire et 23 étaient de mes épargnes depuis
mon mariage. Au jour présent, 24 août 1784, j'avais
par devers moi 66.000 l. dont j'ai employé, y compris
les bestiaux, plus de 17 dans l'acquisition de la Parière
et 14 à peu près pour entrer en la succession de feu
mon oncle du Planty. Ainsi, il me reste au jour présent,
24 août 1784, à peu près une somme de 35.000 l. dont
j'ai prêté 30 à M. du Fougerais.

Corset de Lisette

Le 5 novembre 1784, remis à M. de Villart pour
Mlle Emmerth, le montant d'un petit mémoire pour un
corset qu'elle a envoyé à Lisette, 32 l. 3 s.

Foin acheté

Le 6 juillet 1785, je me suis transporté à la cure de Sainte-Florence pour y faire peser un millier et demi de foin que j'ai acheté du curé du lieu pour 100 l. le millier, n'en ayant ramassé en aucune façon dans les prairies de la Bobinière, qu'il a été impossible de faucher à cause de la sécheresse inconcevable de l'année présente qui dure depuis le mois de janvier jusqu'à ce jour sans interruption. M. du Clos, fermier de la Guimenière, en a aussi acheté un millier et demi n'en ayant pas ramassé sur sa borderie 3 charretées où il a coutume d'en ramasser 30.

Harnais

Le 12 juillet 1785, livré à Rampillon, sellier au Puybelliard, une paire de harnais de cabriolet qu'il m'avait ci-devant vendus pour 100 l. et qui ne m'ont servi que pour un voyage à la Rochelle, il les a repris, à ce qu'il m'a dit, pour le Baron de L'Epinay et m'en a donné 60 l.

Marguerite en pension

Le 17 novembre 1785, je suis arrivé à la Rochelle où j'ai mis en pension, rue des Cloutiers, ma fille Marguerite chez Mlles Emmerth pour y recevoir l'éducation nécessaire. Payé les habillements portés au mémoire de ces demoiselles pendant mon séjour, parapluie, boucles, etc., quartier de pension à raison de 540 l. par an, 135 l., le tout relativement au mémoire montant suivant la quittance de ces demoiselles, à 349 l. 10 s.

Voyage à Caen

Vendredi 19 mai 1786, je suis arrivé de Caen avec mon beau-frère où nous étions allés depuis quinze jours voir nos enfants, j'ai compté avec MM. Lami et Duvernet de toutes les avances qu'ils avaient faites pour eux ainsi que de la pension, à 900 l. par an. Je me suis trouvé redevable de 1.200 l. à M. Duvernet auquel j'ai remis cette somme ainsi que 450 l. pour une demi-année d'avance de la pension et 150 l. pour payer les maîtres et autres avances dont M. Duvernet me tiendra mémoire comme il a fait ci-devant. Les différentes sommes déboursées jusqu'à ce jour pour mon fils, depuis qu'il est à Caen, du 3 novembre 1783, montant ensemble, y compris la demi-année payée jusqu'au 3 novembre 1786, à la somme 4.700 l., sans y comprendre les frais de voyage qui sont très considérables, au moins 800 l. pour les deux.

Louis échangés

Aujourd'hui 15 juin 1786, jour du sacre, j'ai remis à M. Lambertz, se rendant à la Rochelle, 257 louis d'or de 24 l. faisant 6.168 l., pour les changer à la monnaie de la Rochelle d'où il doit me les renvoyer par la Messagerie lorsqu'il les aura reçus à la monnaie, il doit les adresser à M. Bouquet, à Chantonnay.

Vaches

La vache rousse a pris le veau le 12 juin et la rouge le 19. ce qui ira au 12 et 19 mars 1787. La petite, le 27 juin, irait au 27 mars.

Vinet malade

Le 21 septembre 1786, j'ai gagé à la place de Vinet, hors d'état de travailler à cause du mal considérable qu'il a à la jambe, le jeune Malard, à qui j'ai promis jusqu'à la Saint-Jean, 33 l.

Le 23 septembre, le frère et la sœur de Vinet sont venus le chercher pour le conduire chez eux, aux Papinières, où je l'ai fait mener en charrette, à cause de son mal au pied. Il avait travaillé deux mois depuis la Saint-Jean, je lui donnais 60 l., ce qui fait 5 l. par mois ; au lieu quoi, je lui ai payé pour lui aider à se faire gouverner (1) et parce qu'il avait passé deux mois d'été, 18 l.

Affaires des Noues Longues

Le 14 octobre 1786, j'ai retiré des mains de M. Destouches, les papiers relatifs à la demande de M. le Prieur de Mouchamps pour la mouvance des Noues Longues dans laquelle M. Bonfils, seigneur du Parc, avait pris mon fait et cause. Sentence est intervenue à Mouchamps, au profit de M. Bonfils et de cette manière, M. Bonfils, prieur, me serait redevable des frais savoir : 15 l. au sieur Gautret et 7 l. d'autre part au dit sieur, ainsi que 8 l. à M. Destouches, total avancé par eux, 30 l.

Réparations

Le 2 juillet 1787, payé à Baillon, serrurier, 4 boucles pour attacher les chevaux à l'écurie, pour la somme de 3 l., avec une patte de fer pour le ratelier, c'est le dernier paiement que j'ai eu à lui faire pour tout l'ouvrage qu'il a fait ici, depuis plusieurs mois que j'ai toujours

(1) Soigner.

eu quelque chose à faire. J'espère de ce moment n'avoir plus que les réparations de la maison et des domaines et être débarrassé des bâtiments de toute espèce que j'ai eu à faire, qui, je le proteste, m'ont beaucoup plus embarrassé qu'ils ne m'ont donné de satisfaction et aussi suis-je résolu, à l'avenir, d'entretenir le moins d'ouvriers possible à la maison, étant convaincu par mon expérience que la peine, la dépense, le désagrément passent le plaisir, parce que les ouvrages sont à peu près toujours mal exécutés et coûtent infiniment plus qu'à la ville, où l'on a de bons ouvriers. D'après les observations qui ne peuvent être révoquées en doute, je ne conseille à qui que ce soit qui m'intéresse de se risquer à bâtir, mieux vaut raccommoder pour se mettre passablement à l'aise que de faire du neuf qui entraîne toujours au-delà du plan qu'on s'était proposé en commençant.

Assemblée municipale à Mouchamps, 12 août 1787

Le 12 août 1787, je me suis rendu à une assemblée convoquée à Mouchamps comme dans toutes les paroisses de la province, par ordre du roi, pour l'établissement d'assemblées municipales relatives aux assemblées provinciales également établies dans tout le royaume à la suite de l'assemblée de notables qui fut tenue à Versailles pour les affaires de l'État. Nous avons, en conséquence du mandement de M. de Nanteuil, intendant, procédé à l'élection des membres de la municipalité de la paroisse de Mouchamps, de la manière suivante. Sur la proposition qui a été faite par les habitants, j'ai été élu syndic de la municipalité, présidée par M. le comte de Chabot, seigneur de la paroisse; le sieur Boursier, procureur, l'un des membres, les autres, suivant l'élection qui en a été faite, ont été MM. Brethé,

Biaille de la Longeais, Clémenceau, Boisson des Touches,
Jean Boisson, Ruffin, Soulet, Soulard. Périneau; après
laquelle élection, chacun s'est retiré en attendant les
ordres qui nous seront adressés par l'assemblée provin-
ciale de Poitiers, et le procès-verbal de notre élection
a été envoyé au sieur Auvenet, subdélégué à Montaigu,
pour être remis à l'intendance. L'assemblée de nomi-
nation des membres doit se tenir à Poitiers le
25 août 1787 (1).

Louis en pension

Le 21 mai 1789, j'ai envoyé le petit Louis à Saint-
Maixent, chez M. Bourdon, pour suivre les leçons de
M. Treuille, professeur au dit lieu. Je dois payer à
M. Bourdon, pour la pension, 350 l. et 6 l. d'entrée. Je
lui ai envoyé par Deslandes, qui a conduit le petit à
cheval, 200 l. à compte sur la pension et avances qu'il
fera. Le voyage s'est fait sans fatigue, quoique le voya-
geur n'ait que 10 ans au 2 juillet prochain.

Misère publique

Le 26 juillet 1789. La misère est dans ce moment
à son comble, les foins sont à peu près pourris sur les
prés, l'on ne peut couper les seigles qui germent sur
les épis. Le peuple ne peut trouver ni pain ni blé, il
n'y en a plus du tout. La misère est extrême dans les
villes. On marquait il y a 6 jours, de la Rochelle, qu'il
n'y avait pas du pain pour trois jours. A Paris, le peuple
meurt de faim, et cela est général dans tout le royaume.

(1) La pièce ci-dessus est absolument unique, les archives de
Mouchamps ayant été brûlées à la Révolution.

Frais des assemblées de baillage

Le 9 septembre 1789, j'ai reçu de M. Irland de Bazoges, lieutenant général de la sénéchaussée de Poitiers, un état pour le remboursement des frais des députés de notre municipalité qui avaient assisté à l'assemblée du baillage de Poitiers pour la convocation des Etats Généraux. La somme attribuée à MM. Clémenceau, Gauly et à moi montait à 274 l. Savoir, 63 l. à chacun pour frais et voyage pour l'assemblée préliminaire et 85 l. de plus pour moi, parce que j'avais été de la réduction au quart qui avions restés à Poitiers jusqu'au 4 avril depuis le 9 mars. Nous avons fait remise des dites sommes dans la persuasion qu'elles seront réparties sur les communautés, comme le porte la déclaration du Roi à cet égard, et nous avons remis pour le soulagement de la paroisse 274 l.

Contribution patriotique, 29 novembre 1789

Aujourd'hui 29 novembre, la municipalité de Mouchamps a fait ses déclarations pour la contribution patriotique décrétée par l'Assemblée nationale. J'ai fait ma soumission pour payer aux termes indiqués par le décret la somme de deux mille livres, faisant le quart net de mon revenu. — En marge : J'ai de plus promis de payer pour mes enfants 600 l. Et ai renoncé au remboursement porté à l'article 16 du décret.

Grenier public, 1790

Le 2 février, j'ai payé entre les mains de M. Gauly, pour contribuer à faire venir du blé au grenier public de Mouchamps, la somme de 300 l.

Vin vendu à la Chopinière et à la Bobinière
18 mai 1790

Le 18 mai, j'ai vendu aux nommés Nicou, Ardouin et Brisseau, de Sainte-Florence, 4 barriques de vin de la Chopinière, à 60 l. la barrique, pour le service de la garde nationale qui doit se rassembler au Fougerais le 30 courant. Plus, je leur ai vendu 3 barriques à la Bobinière au même prix. Total qu'ils doivent me payer le lendemain de la fête, 446 l.

Affaires publiques, 1790

Le 11 juillet, je suis revenu de Fontenay, où j'ai resté 15 jours pour la formation du département, où j'ai été nommé l'un des administrateurs : la dépense de ce voyage et séjour m'a coûté à peu près 120 l.

14 juillet 1790

Le 14 juillet, nous avons célébré à Mouchamps, conjointement avec la garde nationale, la fête anniversaire de la Liberté Française. Il a été fait un feu de joie, chanté un *Te Deum*, après lequel la municipalité et la garde nationale ont dîné ensemble, et le jour a été marqué par la joie, les danses et l'allégresse publique.

Le 21 juillet 1790, je suis revenu de Montaigu, où les électeurs du district s'étaient rendus le 18 pour l'élection des administrateurs, à laquelle élection tout s'est passé au mieux. M. Goupillau de Rocheservière a été nommé procureur-syndic du district.

Assemblée administrative de la Vendée, 1790

Le 3 novembre, je suis allé à Fontenay à l'assemblée administrative, dont je suis membre. Le 29 courant, j'ai été à Poitiers en qualité de commissaire, nommé avec trois autres pour la liquidation des affaires de l'ancienne administration de l'intendance et de la commission intermédiaire. Je suis reparti de Poitiers le 12 décembre pour revenir à Fontenay, d'où je suis reparti le 15 pour revenir à la maison après la clôture de l'assemblée. Le voyage m'a coûté à peu près 300 l.

Pension de Louis à Saint-Maixent

Le 29 novembre, j'ai payé à M. Bourdon, en passant à Saint-Maixent, 437 l., reste que je lui devais pour une année et demie de Louis pour sa pension et fournitures qui, avec les 437 que j'ai aujourd'hui payées, font 917 l. que j'ai soldées au total, et moyennant quoi nous sommes demeurés quittes jusqu'à ce jour.

Pension de Jenny, novembre 1791

Le 12 novembre, j'ai donné à madame de la Chauvinière, allant à la Rochelle, 400 l., savoir 200 en argent et deux assignats, l'un de 100 l. et l'autre de 90 l. pour remettre à Mme Bonnau, pour la pension de Jenny à la Rochelle et pour le 3e quartier compris et avances faites par Mme Bonnau à dater de son dernier mémoire. Le premier quartier avait été payé par Mme de la Chauvinière, à qui j'en ai tenu compte, ainsi que de toutes les avances qu'elle avait faites pour Jenny, moyennant quoi je suis demeuré quitte avec Mme de la Chauvinière lors de son retour de la Rochelle et le suis avec Mme Bonnau jusqu'à ce jour, et ai payé trois quartiers de pension depuis que ma fille est chez elle et ai envoyé ce jour 400 l.

Argent dû par divers, 27 février 1792

Le 27 février, j'ai prêté à mon beau-frère Loyau 2.000 l. en assignats qu'il doit me remettre à la première réquisition.

M. du Fougerais me doit ce que je lui avais prêté en argent, 26.880 l., y compris les intérêts, payables le 18 décembre en trois ans, suivant son billet du 18 décembre 1791.

M. de Villars me doit, payables à première réquisition, 1.500 l. que je lui avais prêtées.

Chineau, de Mouchamps, me doit ce que je lui ai prêté, un assignat, de 100 l.

Rente de la Gazelière

Le 19 juin 1792, j'ai payé à M. Chauvin, curé de St-Jean-de-Bressuire, la somme de 3.714 l. 16 s. 3 d. pour le rachat de la rente de quatre charges et demie de seigle que je lui devais sur la Gazelière, à raison de 33 l. la charge, suivant l'évaluation de quatorze années réduites à dix, conformément à la loi, et au denier 25, ce qui a porté le rachat à une somme exhorbitante, mais je voulais me libérer.

Note sur les trois années de la guerre de Vendée
1er nivôse an V (21 décembre 1796)

Il y a ici une lacune de près de quatre années depuis le 13 mars 1793, époque du commencement de la guerre de la Vendée, à laquelle je me rendis à Fontenay, où j'ai vécu avec peines, inquiétudes et détresse ainsi que ma famille pendant à peu près trois ans, ayant passé quelque temps à Marans, Niort, Angély-Boutonne, et même, dans le mois d'août 1793, à Paris.

Rentré enfin au mois de messidor an IV à Mouchamps, je travaille depuis cette époque à réparer les pertes inouïes, l'état horrible de mes propriétés, les dilapidations de bestiaux, d'effets, incendies des maisons, métairies, de tout enfin ce qui peut attacher un homme honnête et sensible à la vie et qui conserve assez de sang-froid et de courage pour ne se pas laisser accabler par le malheur et faire tous les sacrifices d'intérêt particulier. Un seul est difficile à faire et met la raison en défaut, c'est celui de mes plus proches et de beaucoup d'amis, je ne puis que me rappeler qu'il faut se soumettre au dur joug de la nécessité.

Je n'ai presque fait aucune note de mes affaires pendant les temps malheureux qui se sont écoulés depuis le 13 mars 1793, je ne rappellerai que les plus marquants, autant que ma mémoire m'en fournira les moyens.

Au mois de septembre ou octobre 1793, je reçus du citoyen Dubois, de Mirebeau, l'amortissement en assignats, et lui envoyai quittance, du fond d'une rente de 55 l. qu'il me devait au Planty sur sa maison à Mirebeau.

J'ai toujours touché pendant la guerre de la Vendée les revenus du Planty et jusqu'à ce jour, mais Dulacq n'ayant touché les deux premières années que des assignats et même vendu les denrées au maximum dans le temps, le revenu a été bien peu de chose. Cependant je n'avais que cette ressource, étant parti de la maison avec six louis et 200 f. d'assignats, j'ai été un an sans avoir rien autre chose.

Au mois de septembre 1793, ma famille ayant pu, par l'approche des troupes à Chantonnay, où j'étais venu de Fontenay, m'y rejoindre, elles apportèrent avec elles quelques assignats, nous nous rendîmes de suite à Marans, d'où mes filles revinrent à la maison et apportèrent encore pour 10 ou 12.000 f. d'assignats qu'elles avaient cachés, lesquels étant de 200 à 300 f., furent démonétisés peu après et employés par moi en partie au paiement de la Cour de Luçon, de sorte que mes ressources pour subsister se trouvèrent encore vaines.

Peu après, le 27 septembre, j'éprouvai le plus grand des malheurs, la perte de la meilleure des épouses, à Marans, elle avait été précédée d'un mois environ de celle de mon fils aîné à Luçon. Je ramenai mes filles à Fontenay, où j'ai demeuré à gros frais et sans ressources jusqu'à la renaissance de la tranquillité. Au mois de floréal an IV (mai 1796), je provoquai, à l'administration départementale, le partage de Bottereau, en l'an III; j'y trouvai un petit soulagement de 100 b. de blé.

Car ceci, avec le Planty et le faible traitement d'administrateur du Département, est tout ce que j'ai reçu de mon revenu pendant les trois années de malheur que nous avons éprouvé. Au mois de vendémiaire an IV, les héritiers du Fougerais me remboursèrent 26.000 l. que j'avais prêtées à leur père en écus, il y avait quinze ans, et qui ne valaient pas 500 l. lorsqu'ils me les ont remises (1), perte à ajouter à toutes celles que j'ai faites, qui, en meubles, effets, argent, revenus, bestiaux, maisons incendiées, etc., m'ont enlevé au bas mot le tiers de ma propriété.

De retour à Mouchamps, au mois de messidor an IV, je me suis obligé, autant que mes facultés ont pu le permettre et que les affaires publiques m'en ont donné le temps, de remettre à flot le vaisseau naufragé en commençant à réparer la maison de Mouchamps, où je fais ma demeure, en repeuplant de bestiaux les métairies dévastées, en faisant avec les métayers tant anciens que nouveaux les arrangements nécessités par trois années et plus d'absence non interrompue.

(1) En assignats.

La Bobinière

J'ai trouvé ma maison et borderie de la Bobinière, occupée par Benétaud, dans le plus pitoyable état. Sans meubles, sans vitres, beaucoup de portes et fenêtres brisées, les vignes perdues, les champs sans haies, enfin par les mêmes raisons. J'y ai laissé le dit Benéteau jusqu'au 23 avril.

La Montagne

Les bestiaux de la métairie de la Montagne furent enlevés dès le mois de septembre 1793 par une troupe de pillards qui dételèrent huit bœufs de dessus la charrette et prirent neuf autres pièces de bétail au pacage. Le métayer les suivit jusqu'à Moreille sans les atteindre, de sorte que tout fut perdu. Il en racheta quelques pièces et des brebis qu'il garda jusqu'au moment de l'incendie, époque à laquelle il se retira dans la plaine ou ce peu de bétail fut vendu et partagé entre lui et moi en assignats restés en pure perte. Pierre Bridonneau et Matard, pères de famille, sont morts à Marans et à La Rochelle.

La Gazelière

Lors de l'incendie de la Vendée, les métayers de la Gazelière, les trois frères Peltier et leurs enfants, abandonnèrent leurs foyers et se rendirent à Vouvant et Fontenay avec 8 bœufs et une charrette chargée de quelques effets : peu après, ne pouvant nourrir leurs bœufs et ayant été obligés de fuir, ils vendirent le bétail en assignats que nous partageâmes parce qu'il était à moitié entre nous. Les vaches et jeunesses furent la proie du pillage, les hommes malheureux traînèrent leur triste existence vers Fontenay et Niort pendant deux ans. Les trois anciens sont morts de chagrin à Niort et Vouvant ainsi que l'un des enfants. Les deux qui restaient se rendirent à tout risque à la Gazelière lors de la première pacification, au printemps de l'an III. L'aîné, Louis Peltier. homme sage et honnête, fut massacré dans le petit bois de la Gazelière. Son frère se sauva comme il put, fut encore quelque temps sans rentrer dans la métairie et sans en reprendre l'exploitation. Enfin, la tranquillité renaissant peu à peu, le jeune homme a repeuplé peu à peu la métairie en 15 mois et le bétail qui était à moitié est aujourd'hui à lui en entier, quoiqu'il soit seul avec la femme qu'il a épousée depuis et la femme de feu son frère qui a été assassiné. Je lui ai continué la métairie aux mêmes conditions.

Bordevaire

La maison, granges, boulangerie, ont été incendiées, il ne s'est échappé que l'écurie et le grenier au-dessus. qui fait le logement du métayer. la maison et basses-cours étaient dans le meilleur état : le feu m'y a causé au moins 15.000 l. de dommage.

Chenu, métayer à Bordevaire, ayant été conduit à La Rochelle pendant la guerre y fut condamné par jugement. Sa femme abandonna la métairie ainsi que ses enfants, emmena les bestiaux et tout a été perdu.

Métairie de la Bobinière

Le métayer de la Bobinière est toujours resté sur les lieux pendant la guerre : il a perdu beaucoup de bétail, mais. comme il n'en a point été vendu pendant les troubles et qu'il en a toujours été élevé. elle se trouve à présent à peu près garnie de bétail.

Août 1793

Ils vinrent m'amener à Chantonnay, au mois d'août 1793, une charretée d'effets que je fis conduire à Marans avec leurs six bœufs qu'il fut impossible de renvoyer parce que, le 5 septembre 1793, les rebelles s'emparèrent de Chantonnay d'où la troupe fut obligée de se retirer, et ils restèrent maîtres du pays. Je vendis les 6 bœufs à Marans 1.830 f. en assignats qui me sont restés en pure perte comme les autres.

La Landière

La métairie de la Landière était exploitée par les trois frères Pineau, l'un d'eux est mort pendant la guerre, l'aîné, homme d'une probité et d'une honnêteté peu commune, arrivait aux Herbiers dans le mois de nivôse an II, sur le soir, pour affaires. Soit qu'il n'ait pas entendu le qui vive du sentinelle de garde, soit que celui-ci ait tiré trop promptement, la vérité est que le sentinelle lui tira un coup de fusil dans la tête dont il tomba presque mort. Aussitôt qu'il fut reconnu, tout le monde s'empressa de lui porter secours, mais il n'était plus temps. Sa femme ayant été avertie vint aux Herbiers pour le soigner avec un enfant de deux ans qu'elle apporta avec elle. A peine y était-elle arrivée qu'on vint l'avertir que la troupe incendiait la métairie, ne sachant où courir, elle abandonna son mari mourant et son enfant pour courir sauver quelques effets. Elle apprend, le soir même, la mort du malheureux Pineau et l'incendie des Herbiers. L'enfant qu'elle y avait laissé fut recueilli sur le pavé par un officier qui le mit sur une charrette et l'emmena avec lui jusqu'à Laval, où il est resté par ordre de cet officier chez la citoyenne Cribres qui en a eu bon soin et qui lui a été si attachée qu'elle ne voulait plus le remettre à sa mère, lorsque trois ans après, elle s'est transportée à Laval pour le lui réclamer. Il n'a été rendu qu'à un second voyage qu'a été obligé d'y faire le citoyen Brunet, son nouveau mari, et sur les représentations de la Municipalité de cette commune qui l'a enfin obligée de remettre cet enfant, qui a aujourd'hui atteint sa cinquième année. La veuve Pineau s'était retirée à Hermine avec quelques effets et un autre de ses enfants avec lequel elle a été dans la Charente-Inférieure pendant deux ans et est enfin revenue à la Landière.

Rente de la Grénetière

J'avais acquis au ci-devant district de Montaigu, en 1791, la rente de 48 b. de seigle qui était due au ci-devant bénéfice de la Grange Raimondin sur la Bobinière, ainsi que celle de 32 b. de seigle due à la dite ci-devant abbaye de la Grénetière, j'en ai payé la plus grande partie suivant mes quittances, mais de celle de 32 b. de seigle je n'en devais que 18 b., le surplus était dû par les teneurs de Vaine qui doivent me le payer aujourd'hui, conformément au titre que nous avons rendu ensemble à la Grénetière, auquel il faut avoir recours pour la portion de chacun, il m'en est dû au moins cinq années.

État des propriétés en l'an IV

On peut juger par le tableau que j'ai dressé de chacun de mes domaines en quel état déplorable je les ai trouvés après trois ans et quatre mois d'absence, c'est-à-dire depuis le 13 mars 1793 que je quittai la Bobinière jusqu'au mois de juillet 1796, époque à laquelle je pus y remettre le pied. Lesquelles trois années se sont passées dans une guerre civile effrayante où le tiers à peu près des habitants a péri depuis la Loire jusqu'à la mer, où les deux tiers des bourgs, villages, hameaux, maisons isolées, métairies ont été incendiées avec les effets, les grains et tout ce qu'elles contenaient, où plus de 100.000 hommes de troupes ont perdu la vie, où enfin la fortune publique et particulière a été bouleversée de manière à ne s'y plus reconnaître. La partie qui a le plus souffert a été celle des bestiaux et la culture des vignes dont plus des trois quarts est resté sans culture. Celle des grains a été moins négligée, mais soit que les labourages aient été mal faits, soit que les engrais aient manqué, soit que les pluies et les froids du printemps aient tout perdu, la vérité est que la récolte de l'an IV (1796) a été la plus pitoyable, dont de mémoire d'homme on ait jamais ouï parler dans le Bocage, sans en excepter 1709. Car dans cette année désastreuse elle fut double de celle-ci dans les métairies de la Parière et de Lessandière, comme je l'ai pu vérifier par le journal de mon grand-père. Les deux métairies donnèrent de 9 à 10 charges de blé en 1709 et n'en ont pas donné la présente plus de 60 à 70 boisseaux. La population en hommes sur les domaines que je fais valoir était, avant la guerre, de 81 hommes, 39 sont morts et 42 se sont échappés. Il est vrai que la moitié de mes métayers étaient réfugiés, et que, par cette raison, il en a plus survécu à toutes les horreurs qui ont désolé le pays. Les Cousinaux de Vaine étaient sortis 13 et ont vécu trois ans dans la Charente-Inférieure ; ils sont revenus 14, un enfant étant né pendant leur exil, l'on ne connaît aucun autre exemple semblable, car de beaucoup de familles à peu près du même nombre, la plupart n'ont pas réchappé 3 ou 4 individus.

Suit la quantité de grain que m'a produit chaque métairie l'an IV, dernière année de la guerre, etc.

État des vignes an IV

Il est à noter que j'avais des vignes en culture à pieds et à complants pour recueillir 300 barriques de vin, mais les complants se trouvant supprimés et 100 ou 120 journaux de vignes à pieds que j'avais en différents endroits n'ayant pas été cultivés ni taillés depuis trois ans (pendant la guerre), je n'en ai pas ramassé une bouteille. Je vais faire arracher la plus grande partie de ces vignes et essayer à en faire relever quelques-unes des meilleures, à gros frais. Je n'en espère pas cependant recueillir d'ici à plusieurs années ; j'en ai acheté 3 ou 4 barriques, le plus mauvais possible, à 50 l. la barrique.

Vin acheté l'an V

Aujourd'hui 18 messidor, il y a un an et quelques jours que je suis à Mouchamps, depuis la fin de la guerre, j'ai acheté depuis cette époque 7 barriques de vin pour mon usage, savoir : du citoyen Morin, à Fontenay, une de Saintonge rouge, 60 l. ; de Godard 3, de la Rochelle, une de 72 l. et deux chacune de 100 l. ; j'en ai eu une de Deslandes et une du métayer de Vaine à 60 l. chaque ; une de Loiseau à 50 l. Total : 7 à 505 l. Il en reste au jour présent encore à peu près 2 b. et demie, consommé 4 b. et demie. J'en consommais autrefois 20 à 25 barriques et en vendais 100 à 150.

Gelée blanche du 4 au 5 août, an V

La nuit du 17 au 18 thermidor, 4 au 5 août, v. s., an V., il y a eu de la gelée blanche assez épaisse par vent de nord-ouest. Le jour, le temps a été sec et chaud.

Succession Vanhayelle, an VI

21 ventôse. — Reçu du citoyen Juliot, pour mes parts et portion dans la succession Vanhayelle, suivant le traité fait avec lui le même jour, dont copie est restée entre les mains du citoyen Lousigny, signé des co-héritiers, une somme pour ma part montant au 18e de 335 fr. que nous lui devons remettre en cas d'éviction de quelques héritiers directs des Vanhayelle.

Pension à ses enfants, 6 germinal an VI

Le 6 germinal an VI, j'ai donné à chacun de mes enfants 288 l. à valoir sur les 500 l. que je dois leur donner à chacun pour leur entretien jusqu'au jour où la majorité des deux plus jeunes me permettra de faire avec eux le partage définitif de notre mobilier. Cy payé à tous ce jour, 1.440 l.

J'ai de plus le dit jour assigné à Marguerite, en avancement d'hoirie et à compte de sa portion de mobilier en cas de mariage, 1.000 l. que j'ai mis de côté dans une bourse. sur lesquelles 1.000 l. elle a pris de plus que les 288 l. ci-dessus, une somme de 240 l. qui sera à déduire sur les dites 1.000 l.

En marge : Le 5 floréal, j'ai donné à Marguerite 768 l. qui, avec les 240 à côté, font les 1.000 f. et 8 f. de plus que je lui ai promis, dont son mari et elle m'ont donné reçu.

Compte de mes enfants, an VI

Le 13 fructidor. j'ai remis à ma fille aînée, allant à Nantes pour emplettes de robes, une somme de 900 l. pour elle. Jenny et Julie, et 240 l. à mon fils pour son compte.

Cy remis à valoir, non compris ce que je leur ai cy-
devant remis l'année courante, ce jourd'hui, 1.140 l.

Dont l'emploi suit, etc.

J'avais donné à chacun de mes enfants, sur les 500 l.
que je leur ai assignées à chacun pour leur entretien
chaque année, le 6 germinal an VI, à chacun, 288 l.

Plus a été employé par Jenny, lors du voyage de
Louise à Nantes, en fructidor an VI, plus 48 l., plus
96 l., 233 l.

Pour Julie, 4 nivôse an VII, 48 l., plus 67 l., 96 l.

A Louise, plus 96 l., plus, l'an VII, 96 l., 240 l.

Moyennant la jouissance de la Baffrie à Marguerite
et celle de Bourdevaire à Louise, je n'aurai plus
rien à leur donner à l'avenir. Jenny, pour son avantage,
a 500 fr. de plus que ceux qui restent à marier et, pour
Jenny, jusqu'à son établissement, 1.000 fr., et pour
chacun des deux autres, 500 l.

Louise et Marguerite ont eu chacune en se mariant
un lit, trois couverts d'argent et quelque linge dont
elles ont donné note, plus Louise a eu une armoire.

9 prairial. Remis au citoyen Godet, à valoir sur le
partage commun, 500 fr., avec 1.000 fr. remis lors de
son mariage, 1.500 fr.

Plus le citoyen Bouquet a reçu en messidor an VII,
ci à chacun, 1.500.

Plus en thermidor an VII, remis aux citoyens Godet
et Bouquet chacun 200 l. pour leur cinquième à chacun du revenu de la Cour de Luçon que je leur avais
promis jusqu'à nos partages effectués le 19 thermidor
dernier, ainsi quittes à leur égard.

An VII

Le 18 messidor, j'avais remis à Louis et Jenny
chacun 360 fr. à valoir sur les 1.500 fr. qu'ils devaient

prélever comme leurs deux sœurs, Louise et Marguerite, qui les ont reçus à leur mariage. Julie n'a encore rien reçu sur cette somme : donné à Julie, 48 l.

An VIII

Le 1ᵉʳ frimaire an VIII, j'ai remis à Jenny, pour sa part des bestiaux de la Gazelière, moitié qui nous appartenait au-dessus de la souche du métayer, 500 fr. pour leur année de jouissance, de l'avantage de Jenny sur la dite métairie.

II

LETTRES

DE JACQUES-ÉTIENNE-LOUIS DELADOUESPE

A SON BEAU-FRÈRE LOYAU

(1797-1807)

I

Au citoyen Loyau, juge de paix à Fontenay, ou, dans son absence, aux citoyennes Ladouespe, à Fontenay :

Mouchamps, 8 thermidor an IV de la Rép. fr.

Le départ du citoyen Boisson me fournit, mon cher ami, occasion de vous donner un signe de vie, nous sommes à Mouchamps à l'aisance près, comme si nous n'en fussions jamais partis, tout y est fort tranquille et de bonne volonté jusqu'à la bourse dont les cordons sont si serrés qu'il n'en sortirait pas une obole.

Nous avons ici de bons et braves jeunes militaires dans les meilleurs principes sous tous les rapports, nous nous sommes trouvés ici depuis quelques jours en comité de 89, il ne nous a manqué que le pauvre

La Longeais ; tout y était excepté lui, mais aujourd'hui tout disparaît, je reste avec Gauly qui part sous quatre jours, mais n'importe, je crois que je m'y accoutumerai tout seul, je n'y manque pas de besogne du matin au soir, affaires civiles, affaires particulières, maçons, menuisiers, maréchal, plaideurs, agriculteurs, etc., sont sur mes épaules du matin au soir.

Je n'ai presque pas le temps de lire les nouvelles qui m'arrivent par éclusées, les militaires me fournissent aussi les leurs, la vie n'est pas encore mauvaise, du blé dans toutes les aires, du bois dans tous les buissons, les marchés de Mouchamps, des Herbiers, boucherie partout, poissonniers aux Sables, Marans, Luçon, légumes dans tous les jardins des voisins, je vous assure que tout cela vaut bien le pont des Sardines (1).

Je crois que si on n'y met ordre par quelque correctif en numéraire, comme on le répand ici, les administrations seront bientôt débarrassées de la régie des biens nationaux, je n'en vois presque pas dans les environs sur lesquels il n'y ait pas quelque dévolu de jeté ; le Parc (2), Borderie près des Bouchaux, une bonne métairie, tombent dans l'escarcelle de Barbot pour le jeune Chabot ; chaque métayer parle de sa métairie ; presque partout les papiers publics et autres nouvelles continuent à nous donner des merveilles des frontières. Je pense que la paix viendra à la suite de tout cela. Notre municipalité est dans toute son activité, elle a la meilleure volonté ; le citoyen Savary, de Vendrenne, l'un des membres, doit être à Fontenay pour avoir le ci-devant château et la grande prairie de ce lieu, tout cela fera des patriotes enragés. Je ne sais quand je pourrai aller à Fontenay, la moisson va nous occuper ; à

(1) A Fontenay.
(2) Soubise.

force, tous les exploiteurs s'accordent à dire qu'il y a
de grandes avaries depuis quelques temps, je m'y
attendais, quand même le temps aurait été le plus beau
du monde. J'ai eu une lettre du 5, de mon fils et une
de Marguerite, je vous embrasse tous, et vous souhaite
la meilleure santé.

LADOUESPE.

Votre fils est venu ici il y a quelques jours, j'ai vu
depuis Sarazin qui m'a dit que tout allait bien à Monsireigne. Nos compliments à nos connaissances que
vous aurez occasion de voir.

Les citoyens du Fougerais ont fait marché avec
Badreau pour de grands bâtiments de plus de cent
pieds de long chacun, en attendant le château, preuve
de confiance en la paix, Badreau est dans ce moment
avec moi, il cherche des boulangers pour les ouvriers
qui vont venir de suite, tout doit être couvert à la fête
de tous les ci-devants saints.

II

Au citoyen Loyau père, à Pultaut :

Mouchamps, 17 brumaire an V de la Rép. fr.

Je suis bien mortifié, mon cher ami, de ne pouvoir
répondre en personne à votre gracieuse invitation,
mais les affaires publiques et particulières, surtout les

premières, me retiennent ici pendant cinq ou six des premiers jours, l'adjudication des nombreux domaines nationaux a jeté la cacophonie dans notre canton, l'ambition des uns, l'opiniâtreté des autres les ont portés à un prix excessif ; des métairies affermées 4 ou 5 cents francs, il y a 6 ans sont montées à 8, 9 et 10 en n'estimant le quintal, moitié seigle et froment, qu'au prix modique de 10 francs. Les adjudicataires reviennent aux regrets ; aucun, disent-ils, ne peut fournir de caution et cela pourrait être. Le receveur de l'Enregistrement doit venir ici sous deux jours pour voir à débrouiller cette fusée qui selon moi est bien mêlée.

Marguerite monte sur sa haridelle et se met en route pour vous joindre ; j'aurais un besoin pressant d'aller à la Baffrie et je remets toujours ; si vous faisiez en quelque temps un voyage à Monsireigne et que je puisse le savoir, j'irais vous prendre et nous y irions ensemble, mais je crains bien que cela ne puisse encore se faire qu'après la vieille Ste-Catherine ; faites en sorte d'y venir et nous partirions ensemble un ou deux jours après. Rien de nouveau qui en vaille la peine. Lord Malmesbury veut-il la paix ou ne la veut-il pas, ou du moins ses commettants, c'est ce qui me parait bien problématique, d'après les premières entrevues consignées dans les papiers publiques ; puisse un bon génie conduire enfin les esprits à ce rapprochement si nécessaire et si désirable pour tous. *Fiat proxime.*

Salut et santé à vous et aux vôtres.

LADOUESPE.

III

Au citoyen L. Loyau, à Pultaut :

Mouchamps, 12 ventôse an V de la Rép. fr.

Quel parti prendre, mon cher ami, relativement aux restes de notre ménage de Fontenay, ce que nous avions prévu ne manque pas d'arriver, c'est-à-dire que l'embarras à cet égard est le même qu'il y a trois mois ; je pense que vous avez eu récemment occasion de voir à tout cela dans le voyage que je suppose que vous avez fait à Fontenay ces jours derniers, car je présume que vous avez assisté le citoyen Noé Gallot qui m'en avait aussi invité. Ferons-nous venir notre reste, le laisserons-nous encore quelque temps, je pense que le dernier parti serait peut-être le meilleur s'il était possible de le prendre. N'avez-vous point vu le citoyen Pipaud qui, à ce que m'ont dit mes filles, ne doit occuper la maison que vers le mois de messidor et qui pourrait peut-être laisser nos effets jusqu'à cette époque, mais dans ce cas qui y prendrait garde. Quelque parti que nous prenions, je regarde indispensable de nous rendre à Fontenay un jour fixé le plus tôt que faire se pourra, car il ne faut pas attendre le dernier moment, époque des assemblées primaires, où il faut être chacun à son poste, il faudrait je crois être à Fontenay vers le 17 ou 18 courant pour avoir un peu de temps de s'y revoir. Marquez-moi je vous prie votre détermination par mon jeune homme que je vous envoie exprès, et si vous n'avez point pris vous-même une résolution quelconque à cet égard.

Mon fils vous remettra 233 fr., reste de la ferme des Roblinières que m'a remis la veuve Batiot, j'ai déduit 27 fr. pour la quittance ci-incluse.

Nous vous souhaitons tous le bonjour et bonne santé.

Ladouespe.

IV

Au citoyen Loyau père, à Pultaut :

Mouchamps, 5 thermidor an V de la Rép. fr.

J'espérais, mon cher ami, avoir le plaisir de vous voir à Fontenay à mon dernier voyage, mais j'ai appris par votre dernière que vous aviez été retenu par indisposition et depuis par votre charpentier de la Menantrie qui est venu chercher des clous, que vous n'alliez pas mieux ; j'engage mon fils à aller vous voir et à nous rapporter de vos nouvelles ; je désire beaucoup qu'il vous trouve en meilleure santé.

Je passais à la Durandrie en allant, l'on s'y occupait de la moisson ; je cherchais à Fontenay le citoyen Bonnami, propriétaire de la maison occupée par eux à Fontenay et me disposais à l'aller trouver à Maillezais, lorsque je rencontrai le citoyen Beliard qui me dit qu'il était absent et depuis 8 jours à visiter des domaines vers les Sables.

Je renouvelai au citoyen Beliard ma façon de penser sur la demande du citoyen Bonnami, je lui dis que je regardais comme une exaction de vouloir nous augmenter d'une année à l'autre un loyer de moitié ; que je m'inquiétais peu de ce qu'il en tirait aujourd'hui, ni des raisons qui pouvaient avoir déterminé le locataire, que j'engageais le citoyen Bonnami à faire estimer sa maison proportionnellement avec une autre de la même commune, qu'au surplus il s'était fait de grandes réserves, et que quant aux meubles ils ne consistaient qu'en quelques armoires, buffets et chalits qu'il aurait été fort embarrassé d'enlever, qu'au surplus il se plaignait très à tort du peu qu'il avait reçu de nous, tandis que nous lui avions payé le double et le triple de ce que les locataires avaient payé par arrangement en numéraire au lieu de papier à la même époque, je puis lui citer le citoyen Chandoré qui s'est trouvé fort content de recevoir du citoyen Gallot 150 l. pour 1.500 l. de loyer en assignats ; ce citoyen montre une lézinerie qui n'a pas d'égale.

Si vous êtes à même de le voir, ayez la complaisance de lui réitérer les mêmes raisons, de lui offrir ce qui lui est dû réellement, ainsi que pour les réparations, et s'il persiste je suis fort d'avis de l'attendre ultérieurement, il est fâcheux d'être dupes d'allée et de venue.

Je ferai tout de mon mieux pour aller vous voir en quelque temps, mais je crains l'embarras des métives, si Destouches veut faire le voyage je tâcherai de l'emmener. Rien de nouveau par ici, l'objet de mon assignation à Fontenay était vain, car celui que l'on représenta n'avait pas plus de ressemblance avec celui dont on voulait prouver l'identité qu'un four et un moulin n'en ont ensemble.

Salut et meilleure santé.

LADOUESPE.

V

Au citoyen Loyau père, à Pultaut :

Mouchamps, 17 nivôse an VI de la Rép. fr.

J'ai lieu de croire, mon cher ami, que malgré mes représentations amicales et paternelles, Marguerite persiste dans le projet de mariage dont je vous ai parlé; quelque peu d'avantage que j'y envisage pour elle-même, convaincu qu'il en est de pareilles discussions comme de celles de théologie, où après avoir bien verbiagé, chacun reste dans son opinion, je suis décidé, en faveur du maintien de la bonne harmonie. motif, peut-être, au-dessus de toute autre considération, à lui laisser courir les chances à venir, dont elle n'aura j'espère aucun reproche fondé à me faire.

J'avais toujours espéré, mon cher ami, avoir la satisfaction de vous voir, je sais qu'il est presque impossible de s'absenter par mille raisons qui me sont communes avec vous, mais j'ai de si puissants motifs pour désirer d'avoir un entretien en famille avec vous, que je me flatte que vous voudrez bien faire cet effort dans la circonstance; je désire par-dessus tout que vous soyez témoin de la conduite que je veux tenir avec mes enfants. dans la distinction que nous avons à faire de nos affaires communes; comme je suis persuadé que tout arrangement définitif serait sujet à de très grands inconvénients, jusqu'à leur entière majorité, je crois qu'il ne doit pas en être question dans le moment, mais seulement du sort à faire à chacun à mesure de leur établissement, en distinguant dès ce jour ce que chacun pourra espérer à cette époque de sa portion maternelle, réunie avec ce que je puis y ajouter de mon côté ; voilà à peu près les bases que je voudrais établir pour leur démontrer que je suis déterminé à ne pas faire plus ni moins pour l'un que pour l'autre, même dans le cas du plus ou du moins d'inconséquence dont je pourrais avoir à me plaindre de leur part.

Faites en sorte, mon cher ami, de venir nous voir prochainement, car je vous avouerai que tout cela est pour moi un pesant fardeau que je voudrais alléger, puisqu'il n'est pas possible de s'en débarrasser entièrement et qu'en voulant éviter un inconvénient, il arrive quelquefois que l'on tombe dans un autre.

Adieu, mon cher ami, mille souhaits de bonne santé ainsi qu'à mon neveu.

LADOUESPE.

Si vous pouviez venir avec mon fils vous feriez le voyage de compagnie ; dans le cas contraire, faites-moi le plaisir de me dire quand nous pourrions espérer de vous voir.

VI

Au citoyen Loyau père, à Pultaut :

Mouchamps, 24 floréal an VI de la Rép. fr.

Mille remerciements, mon cher ami, de votre attention à me faire part de la fin de mon affaire avec les banquiers, ce sera bien, j'espère, la dernière, ou je ne pourrai faire autrement ; j'avais fortement pressé le citoyen Cougnaud à mon dernier voyage à Fontenay, je vois que le coup de cabestan a réussi, le pauvre Cougnaud était aussi fâché que moi de tout cela ; reste actuellement la fin de la liquidation à Paris, j'espère que le citoyen Gabet la dirigera à bon port ; je vous prierai quand vous y serez arrivé de le voir rue Tireboudin, n° 18, de lui en demander des nouvelles et de le presser si l'affaire n'était pas finie, apparamment que Vinet chargera la messagerie du reste que doit lui compter Cougnaud.

Une affaire désagréable n'est pas finie qu'il en survient d'autres ; hier, Martineau le médecin m'envoya une ordonnance, avec copie d'une lettre écrite par un citoyen de Veillevigne envoyée par un citoyen Gillaizeau des environs de Montaigu à Martineau, portant que le général Grigni de Nantes avait écrit au citoyen Le Fèvre de Veillevigne que lui Grigni était instruit qu'il devait y avoir le 15 mai courant (qui est mardi prochain) un rassemblement de brigands à l'Oye ou aux Quatre chemins, qu'il avait pris les mesures en conséquence, mais qu'il l'engageait à en donner avis aux patriotes de sa connaissance et à ceux des communes limitrophes du lieu comme les Essarts, Saint-Fulgent, les Herbiers, etc.

Vous pensez que tout cela nous a beaucoup inquiétés, Martineau me marque qu'il n'y croit point, j'en dis autant ainsi que tous ceux à qui j'en ai parlé, je ne vois absolument rien aux environs qui annonce de pareilles dispositions, et je ne vois pas non plus où cela aboutirait de leur part, je l'attribuerais en cas d'affirmative aux circonstances de la prochaine expédition. Le commandant de l'arrondissement de Montaigu était hier à la foire de l'Oye et dit à quelqu'un de sa connaissance qu'il n'en avait pas ouï parler, ce qui ne s'accorde guère avec les mesures que dit avoir pris le général Grigni, enfin jusqu'ici tout cela est pour nous une véritable énigme ; j'envoyai hier à Cugand copie de ces pièces, et nous attendons non pas sans quelques inquiétudes le résultat, mais je ne puis croire à la réalité de cet avis.

Je garderai comme vous me le dites les six cent vingt francs de la veuve Batiot. Je suis bien mortifié que votre départ soit aussi précipité.

Adieu, mille et mille souhaits de bonne santé et heureux voyage. Ecrivez-moi un mot aussitôt votre arrivée.

LADOUESPE.

Paulet me presse pour se rendre.

Ne vous a-t-on point dit que Palliot demandait fortement le droit de mutation, il m'a écrit pour le même objet, j'ai tiré un certificat de la municipalité des Essarts qui constate la ruine qu'ont éprouvée tous les domaines pendant la guerre. Cette formalité est absolument nécessaire quoique le receveur ne l'ignore pas.

VII

Au citoyen Loyau, membre du Corps législatif, rue Grenelle-Germain, n° 1138, à Paris. (Renvoyé à Pultaut) :

Mouchamps, 29 floréal an VII de la Rép. fr.

Je vois, mon cher ami, par l'intérieur de votre dernière que votre retour pourrait être retardé, et par l'extérieur qu'il s'effectuera vraisemblablement au commencement du mois prochain; ce que je désire infiniment.

Vous devez en avoir reçu une ou deux de moi depuis la date de votre dernière, je vous parlais toujours du citoyen Bourasseau et vous en parle encore aujourd'hui, il est plus inquiet que jamais, et je crois encore plus, son épouse; faites donc en sorte de savoir quelle peut être la décision de son affaire favorable ou non.

Je vous avais fait passer une note de notre voisin Texier pour retirer ses papiers d'entre les mains du citoyen Fourly, son chargé de pouvoirs. Dans le cas où il serait possible de toucher son traitement à Fontenay, je vous prie encore de songer à cette affaire.

Sur les renseignements que j'ai demandés à Texier, du citoyen Ragier, il m'a dit le connaître parfaitement comme ayant une retraite à Mareuil, qu'il peut-être âgé d'à peu près 64 ans, il m'a ajouté qu'il croyait aussi être sûr qu'il portait le surnom de Pierre; il m'a dit de plus qu'il avait connu un autre Ragier parent du premier, jouissant aussi d'une retraite d'employé et domicilié vers Féole, mais que celui-ci était mort avant la Révolution et qu'il ignorait son prénom. D'après cela il paraît constant que Pierre Ragier retraité à Mareuil est le même dont il s'agit à la liquidation, mais que peut-être on le confond avec celui du même nom mort il y a longtemps ; peut-être ceci fera-t-il une difficulté qui ne pourra s'éclaircir que par d'autres preuves positives et dans un autre temps. De pareilles erreurs ne sont pas fort rares, ni difficiles à concevoir.

Je vous écris, courrier par courrier, dans l'espérance que ma lettre vous trouvera encore à Paris.

Les vignes ont gelé et regelé du 25 au 27, les jets étaient longs d'une palme, de manière qu'il ne reste guère que le cep et que peut-être à la vendange il y aura du pampre ; autant en est des melons, citrouilles, haricots, et peut-être des fruits, et qui pis est du seigle qui est en pleine fleur depuis 15 jours.

Je suis toujours malade et très souffrant, adieu mon cher ami, santé, salut et prompt retour par Nantes : *Valeas iterum*.

LADOUESPE.

Encore un mot, s'il vous plaît, sur les rescriptions. Faites donc en sorte de les apporter.

P.-S. — Il faut bien encore que je vous rappelle le sel de soufre dont je vous parlais dans une de mes dernières, il faudrait un remède qui pourrait atténuer, diviser, détourner, et enfin éliminer cette humeur tenace et opiniâtre, et c'est ce qui n'est pas facile à trouver. Je voudrais essayer encore celui-ci.

Vous trouverez vos petites fenêtres en passant à Mouchamps, achetez des ferrures à Nantes et vous les placerez quand vous voudrez.

VIII

Au citoyen Loyau père, à Pultant :

Mouchamps, 5 thermidor an VII de la Rép. fr.

Nous étions loin de prévoir, mon cher ami, lorsque nous nous sommes vus ici, les événements qui se sont succédés ; vous avez été informé des dangers qui nous ont menacés pendant quelques jours, et les inquiétudes qui en ont été la suite, j'espérais vous voir chez vous l'un de ces jours, mais en vérité dans un tel état de choses, l'on fait des réflexions avant de quitter le gîte ; tout cela ajournera, je crois, les arrangements de famille que nous avions projetés, sauf à y revenir dans un moment plus propice.

Mes deux filles sont chez leurs sœurs à Fontenay et Luçon, d'où j'ignore encore leur retour ; j'espère cependant que mon fils ira vous voir en quelques jours s'il est possible ; nous aurions des affaires assez importantes vers la Baffrie, si nous pouvions faire d'une pierre deux coups ; j'espère toujours que nous nous verrons de manière ou d'autre avant votre départ. Notre jardinier me promet de vous faire tenir ce signe de vie, mais comme il passe à Lousigny, peut-être y resterat-il quelques jours qui pourront en retarder la remise. Je vous souhaite ainsi qu'à mon neveu la meilleure santé. Salut amical.

LADOUESPE.

IX

Au citoyen Logan, membre du Conseil des anciens au Corps Législatif, rue Grenelle-Germain, nᵒ 1138, à Paris :

Fontenay, 13 vendémiaire an VIII de la Rép. fr.

J'ai reçu, mon cher ami, votre lettre de Poitiers, et présumé que malgré les difficultés du transport vous êtes actuellement sain et sauf à Paris, quant à moi je suis toujours ici sur les épines, et notre situation ne s'améliore point, toujours les mêmes bandes parcourent le pays en pillant et parfois égorgeant les bons citoyens, et leur organisation actuelle est peut-être plus cruelle et plus inquiétante que la force ouverte qu'ils réservent sans doute pour le moment où ils seront plus en état de l'employer.

La présence, le 10 courant, du général divisionnaire commandant à la Rochelle et celle du général Travot, n'ont point empêché le départ des 400 hommes arrivés ici le 6 dont la destination est pour la Loire-Inférieure.

Les ministres font toujours espérer de nouvelles troupes, mais toujours nous demeurons exposés avec les petits cantonnements du général Travot à tous les caprices, à toutes les incursions des bandes d'assassins auxquelles jusqu'ici les domiciliés paraissent répugner de se réunir, quoique l'opinion du grand nombre, il ne faut pas se le dissimuler, soit peu différente et laisse toujours à craindre des mouvements qu'il eût été si facile de prévenir avec quelques forces, et qu'il serait si

4

difficile de réprimer, si une fois ils avaient pris une certaine consistance.

L'organisation des compagnies franches se fait avec beaucoup de lenteur, l'on parle de mesures coercitives et le remède peut être, sera pire que le mal. Les officiers et sous-officiers sont nommés, mon fils se trouve de la compagnie du capitaine Brevet où il y a une place de caporal-fourrier, comme cet état ne lui déplaît pas, il y met de l'activité et du zèle, mais la réunion, l'équipement, l'instruction exigent encore bien du temps avant que le corps puisse être utile à la chose publique.

Le général Travot a décidément fixé son quartier général aux Herbiers, il doit mettre un cantonnement à Mouchamps, si le projet a lieu, je pourrai bien encore y mettre le pied, les femmes y sont toujours, et n'ont rien vu depuis quelques jours, cependant il ne se passe pas de nuits que l'on n'apprenne le pillage de quelques maisons : quelle situation, quelle perspective pour l'homme honnête qui a ses affaires et sa famille dans ce malheureux pays !

Le blé se vend ou plutôt s'enlève sans qu'on en soit maître, quelles sont les raisons du peuple qui s'épuise pour s'en précautionner dans un moment où tous les genres de désordres peuvent l'en priver; elles résultent sans doute de la rareté et du prix auquel on se décide à le donner.

J'ai fait il y a quelques jours votre déclaration, le résultat de la taxe, si le jury ne fait point de changement, sera, pour vous deux, de treize à quatorze cents francs; cette besogne est assez avancée et déjà même beaucoup de contribuables ont reçu du receveur avis pour payer.

Le dernier courrier nous a donné de bonnes nouvelles de l'armée d'Helvétie; puissent-elles continuer, comme il y a tout lieu de l'espérer.

Que les braves gens qui connaissent le pays ne se lassent pas d'insister sur la nécessité de quelques troupes dans le département, de là dépend encore son salut, un peu de célérité dans leur envoi nous eût sauvés, il ne faut pas compter sur l'énergie des habitants.

Je n'ai point encore vu le citoyen Coquillaud ; il m'a bien envoyé les extraits que vous lui aviez demandés ; adieu mon cher ami, je vous souhaite ainsi qu'à mon neveu la meilleure santé, tous les nôtres se portent bien.

LADOUESPE.

X

Au citoyen Loyau, membre du Conseil des anciens au Corps Législatif, rue Grenelle-Germain, n° 1138, à Paris :

Fontenay, 20 vendémiaire an VIII de la Rép. fr.

J'arrive, mon cher ami, de Chantonnay, poussé par une tempête du genre de celles que nous avons éprouvées tant de fois, j'étais parti d'ici le 15 pour Chantonnay où il ne s'était rien passé de nouveau depuis 15 jours, si ce n'est plusieurs vols et arrestations sur la route de Nantes à la Rochelle, notamment sur la diligence pillée à 2 ou 3 lieues au-delà Montaigu. Le 18, je proposais à Desgrois d'aller à la Montagne et chez lui, pour quelques préparatifs de vendange ; arrivés aux Grois, notre parent va dans le village pour parler à son métayer qui se trouva à son labourage ; j'étais resté dans le jardin dont je faisais le tour, lorsque Desgrois vint m'y trouver pour cueillir quelques fruits, nous entendons dans l'instant vers le chemin, le long du jardin quelques vociférations qui nous causèrent de la surprise et de l'inquiétude, un domestique venant de la maison se précipite vers nous tout effrayé, en balbutiant que les brigands remplissent le village : jugez de notre embarras dans ce cruel instant, tantôt nous voulions nous sauver par la porte de la vigne, tantôt nous revenions à l'idée de nos chevaux restés dans l'écurie et l'impossibilité de nous sauver à pied si nous étions poursuivis, je reste immobile dans le jardin pendant que Desgrois se précipite vers l'écurie pour amener les chevaux par la maison au jardin ; dans cet intervalle un domestique avait mis le nez au portail et s'était aperçu que la bande se portait vers le pré, le long du canal, sans s'être arrêtée dans le village, qu'elle avait forcé un homme de les conduire aux Fournils ; jugez du fardeau dont nous nous sentîmes soulagés sur cette annonce. La maison Desgrois avait été visitée et pillée il y avait 15 jours, les propriétaires s'étant retirés à Chantonnay, c'est sans doute ce qui nous sauva cette horrible entrevue avec la vie. Brider les chevaux, sauter dessus et courir à Chantonnay ne fut que l'affaire d'un moment, à la nouvelle que nous portâmes 20 bons citoyens avec la gendarmerie partent dans l'instant pour les Fournils d'où la bande assassine était sortie à leur arrivée depuis quelques minutes après avoir fait son coup ; l'on trouva le pauvre Villars (1) et sa fille Serrie (2) éplorés, consternés et hors d'eux-mêmes, la garde nationale de Chantonnay ne savait où se porter, les domestiques et les

(1) Girard de Villars.
(2) Madame de la Serrie.

métayers dont on aurait pu avoir des renseignements ayant
été emmenés par violence avec les bandits, la troupe se
porte vers les Roches où l'on soupçonnait qu'ils auraient
dirigé leur marche, mais ils n'y étaient pas allés, les
gens des Roches se réunissent, l'on marche sur Saint-
Germain. les brigands n'avaient fait qu'y passer pour
abattre l'arbre de la liberté, il était onze heures ou minuit,
l'on ne savait où aller, les citoyens de Chantonnay y
reviennent et nous font ce rapport. Le lendemain matin
Desgrois et ses enfants se rendent aux Fournils et y
trouvent les domestiques renvoyés par les brigands à
la pointe du jour des Riliandries où ils avaient passé
pour égorger le citoyen Madé qui se trouva absent, mais
le malheureux fils de Cheneau des Epesses qui était venu
la veille à Chantonnay pour traiter de la fourniture des
troupes aux Epesses s'y trouva couché et y fut massacré
par les scélérats. qui de là dirigèrent leur route vers le
Boupère ou la Flocelière, ils s'étaient emparés des gens
de Villars de peur qu'ils ne fussent venus avertir à
Chantonnay. La tournure et le caractère de cette horde
étaient différents de ceux qui s'étaient jusqu'alors
montrés aux environs, ils étaient 20 en tout, bien armés,
presque tous en veste bleue avec la cocarde nationale, ils
s'annoncèrent aux Fournils comme une colonne de
républicains envoyés à la poursuite des brigands, Villars
et sa fille y furent trompés pendant quelques moments,
mais tout à coup ils prirent un caractère furieux,
demandèrent des armes. de l'argent, de l'argenterie, etc...
avec d'horribles menaces. s'emparèrent de tout ce qu'ils
purent emporter. laissèrent le pauvre Villars sans un sou
et lui enlevèrent tout ce qu'il possédait de précieux.
plusieurs coups de bayonnettes percèrent ses vêtements,
on lui reprocha son ancienne qualité de député et ses
opinions politiques : enfin tout annonce que ce sont
des étrangers de l'espèce des messieurs. venus de

Maine-et-Loire pour cette expédition et conduits sans doute par quelques scélérats du pays, car dans la marche qu'ils firent faire aux gens de Villars, ils parlèrent d'un grand nombre de maisons de bons citoyens qu'ils ne tarderaient pas, disaient-ils, à venir visiter.

Telle est, mon cher ami, le récit fidèle de cette dernière incursion qui ne sera pas sans doute réellement la dernière, puisque la faiblesse et le petit nombre des cantonnements ne peut permettre de les poursuivre efficacement ni de les atteindre. Les dispositions de la masse du peuple ne paraissent pas jusqu'ici décidées pour eux, mais la violence des rebelles, l'inaction et la faiblesse de ce qu'on peut leur opposer peut changer d'un moment à l'autre les dispositions des campagnes et nous ramener aux époques malheureuses que nous n'avons pas eu le temps d'oublier.

La présente était écrite jusqu'ici, mon cher ami, lorsque j'apprends par plusieurs personnes arrivant à la foire, que 40 brigands se sont portés vers Pultaut ce matin, ont enfermé les domestiques, ont pillé et brisé ce qu'ils ont voulu, que de là ils ont été à Thouarsais, enlever vos chevaux, sont revenus à Pultaut, à Mouilleron, etc.... où ils ont tenu la même conduite, je n'ai encore pu avoir de détails certains, l'on s'accorde cependant à dire que vos gens sont en vie. Le mal va toujours croissant, et si le pays est abandonné à lui-même il sera bientôt sans remède. L'on ignore d'où venait cette bande si c'est la même qui a passé aux Fournils, elle paraît en tout cas s'être beaucoup grossie, les habitants de Mouilleron les ont poursuivis avec la petite troupe de la Chataigneraie, j'ignore ce qui s'est passé. Nous attendions aujourd'hui 21 le citoyen Dupouet pour la foire, il est onze heures et il n'est pas encore arrivé, peut-être a-t-il été pillé aussi lui, ou est-il avec la troupe de la Chataigneraie, j'apprendrai sans doute aujourd'hui des détails que je vous transmettrai par le premier courrier, étant pressé par celui de ce jour.

Que toutes les députations de l'Ouest se réunissent pour conjurer cet orage, qui finirait par envahir au dedans la République, triomphante au dehors, mille hommes avec ce qui est dans le département suffiraient encore pour le sauver, peut-être en 15 jours 10 mille ne suffiront pas; tout ce que j'ai vu de bons citoyens à la foire craignent, sous peu, un mouvement général, c'est l'abbé Bernier, assure-t-on, qui dirige tout au delà la Loire et par ici.

LADOUESPE.

XI

Au citoyen Loyau, membre du conseil des anciens au Corps Législatif, rue Grenelle-Germain, n° 1138, à Paris :

Fontenay, 26 vendémiaire an VIII de la Rép. fr.

Je vous ai transmis, mon cher ami, par les précédents courriers, des nouvelles bien affligeantes, le pauvre Villars et sa famille arrivèrent ici hier avec les lambeaux de leur ménage pour se mettre à couvert de nouvelles incursions, ils nous ont dit que quelques petites bandes avaient encore reparu depuis dans les environs, mais sans attaquer aucune maison à leur connaissance. je ne doute pas que celle qui a passé aux Fournils n'ait été envoyée exprès de la partie de Cholet pour piller le citoyen Girard de Villars et son voisin des Riliandries. et c'est ce qui peut facilement se présumer, d'après les propos tenus par la troupe assassine en présence des domestiques qu'ils avaient forcés de les suivre. Je n'ai absolument rien appris de Pultaut depuis ma dernière. j'ignore même si Sarrazin, qui était venu à la Durandrie le lendemain. est retourné à Pultaut, il paraissait s'en faire beaucoup de peine, comme je n'ai point vu Coquillaud je ne sais ce qu'il aura fait de vos chevaux repris vers Montournais, avec 16 fusils abandonnés par les brigands. dont deux ont été tués par un seul gendarme de la Caillère qui s'est conduit comme un héros dans cette affaire (1).

Puissent les grandes nouvelles que vous nous annoncez. la réputation du héros que la République reçoit dans son sein. amener à de sérieuses réflexions les ennemis extérieurs et intérieurs. puisse l'ensemble des succès, des prodiges des armées de la République les glacer d'épouvante. ce n'est pas que rien puisse détourner des atrocités et du pillage les bandes qui s'y livrent tandis qu'il n'y aura aucune force à leur opposer, mais ceux qui les poussent peuvent réfléchir pour eux, et il en serait bien temps car d'après les papiers publics le désordre paraît à son comble dans les départements qui avoisinent la Loire. La paix. la paix générale serait le remède à tant de maux. nous avons encore une fois lieu d'espérer qu'elle comblera les vœux des amis de la Patrie : les papiers nouvelles nous parlent de

---

(1) Le brigadier de la gendarmerie de la Caillère se nomme François Pond. natif de Pondevaux, département de Maine-et-Loire (?). cy devant maréchal des logis au 3ᵐᵉ régiment de chasseurs à cheval.

ce qui se passe en Batavie, comme de l'Helvétie, nous en espérons la confirmation aujourd'hui.

Je vous parlais dans ma dernière de votre taxe à l'emprunt, l'avis pour payer est entre les mains de Duvignaut, il m'a dit avoir encore à vous pour satisfaire aux deux premiers sixièmes. j'en ferai le payement avec ce qui me regarde à la fin du mois.

Dans ce moment une compagnie envoyée ici par Travot pour faire rejoindre les conscrits des campagnes reçoit l'ordre de se rendre à la Roche-sur-Yon, où l'on craint des mouvements.

La feuille des Sables dit qu'une frégate anglaise voulant débarquer sur la côte 300 émigrés, a été coulée bas avec sa cargaison, que les anglais seuls ont consenti à se rendre. je ne sais si cette nouvelle se confirmera.

Un habitant de Chantonnay que je viens de rencontrer dans la rue m'a dit qu'il y a trois jours 8 citoyens des Essarts venant en caravane à cheval des Herbiers, avaient été assaillis par douze brigands. qui de la première décharge, ont tué les chevaux sous les cavaliers qu'ils ont fouillés et volés en leur laissant cependant la vie à la prière d'un voisin qui sans doute les connaissait particulièrement. ceci s'est passé entre Vendrennes et les Herbiers et telle est. à peu près partout la situation du pays.

Adieu, mon cher ami. salut et santé ainsi qu'à mon neveu.

LADOUESPE.

J'ai bien reçu vos lettres. et messages imprimés. je pense que vous avez vu actuellement le héros de la France. vous ne pourriez vous faire une idée de la sensation, de la joie de tous les auditeurs à la lecture de cette nouvelle.

Villars, qui est ici avec nous et sa famille sans
trop savoir comment se mettre en son ménage, me
charge de le rappeler à votre souvenir; il est, je vous
assure, bien à plaindre; tout ce qui lui restait de
disponible lui a été volé ainsi que l'argenterie; ils ont
volé 72 l. numéraire à Pequine et 144 l. à Dupoüet sans
compter les autres effets.

XII

*Au citoyen Loyau, membre du Conseil des anciens au
Corps Législatif, rue Grenelle-Germain, n° 1138, à Paris :*

Fontenay, 9 brumaire an VIII.

Comme je conférais, mon cher ami, avec Tisseau
sur l'objet de votre dernière du 2, le citoyen Coquillaud
s'étant trouvé ici, il a été convenu qu'il enverrait
demain vos deux juments à la Durandrie, qu'elles y
resteraient avec les bœufs une quinzaine, temps encore
nécessaire pour finir de semer. Tisseau ne présumant
pas pouvoir les employer à cet usage pour cette année,
le travail fini, il conduira deux des bœufs et une vache
à Pultaut pour y vivre, ou vendre les bœufs si faire se
peut: il a observé qu'il y aurait beaucoup de risque à
loger les juments dans la même étable avec les bœufs;
la chambre où la pièce est placée, comme je vous l'ai
marqué, ne pouvant encore être déblayée faute de temps
nécessaire, il logera provisoirement vos deux juments

au-dessous le grenier vers le jardin dans la cour, votre grise et la mienne seront placées dans la boulangerie, et de cette manière le tout se trouvera arrangé en attendant: Coquillaud ne croit pas qu'il y ait de risque pour la pouline, d'ailleurs l'on n'a vu personne circuler depuis quelque temps dans les environs, l'on ne peut cependant s'y fier: les rassemblements de chouannerie paraissent s'être dirigés aux dernières époques vers Maine-et-Loire et la Loire-Inférieure où ils font surtout leurs grands coups; il n'est venu à Chantonnay depuis l'affaire de Nantes, ni rouliers, ni courriers, ni diligence et la communication est à peu près interrompue de ce côté. Nous avons vu dans les papiers que le général Digouet les a battus à la suite de leur incursion au Mans, mais il faudra, je crois, bien des affaires de cette nature pour les anéantir. Dans cette partie, à moins que nos succès sur tous les points extérieurs ne les fassent renoncer à leurs entreprises, ce qui se passe en Hollande serait de nature à les y amener, car je présume qu'après cette expédition ils attendaient aussi par ici des secours de leur ami Pitt qui pourrait bien à présent avoir d'autres affaires... Quant à notre département je ne vois guère de changement dans l'opinion du peuple, il reste toujours dans la même inertie, quelques bandes de 12 à 15 scélérats continuent çà et là leurs atrocités, quelques autres des départements voisins y ont fait aussi des incursions, comme ceux qui sont venus aux Fournils, mais ces derniers paraissaient y venir avec des missions particulières, suite d'une organisation exécrable de la part des chefs. Des cantonnements un peu plus forts, plus rapprochés et plus actifs nous délivreraient de cet état d'anxiété, au lieu que leur absence en fortifiant les ennemis de la chose publique, décourage les bons citoyens sans défense et en trop petit nombre.

Nous n'avons guère eu de détails de ce qui s'est passé le 28 au matin à Nantes, l'on dit que le nombre des brigands n'était que de 800 à 1.000, plusieurs honnêtes citoyens y ont perdu la vie, nous ignorons ce qui s'y est passé depuis et si quelques forces se sont portées de ce côté.

Je vois qu'il vaut mieux, du moins ici, payer en effectif la taxe de l'emprunt, on n'y trouve que des bons de 500 fr. trop forts pour les acomptes de sixièmes, et des agioteurs qui voudraient bien traiter pour payer le tout à la fois en papier et jouir dans ce cas d'un numéraire dont ils sont si au fait de tirer parti. C'est pourquoi je payerai mes deux premiers sixièmes sans songer à eux davantage. Je pense bien que vous trouverez des moyens plus expédients à Paris. Coquilland m'a dit qu'il vous avait écrit ces derniers jours.

Le citoyen Girard-Villars, retiré ici avec sa fille Serrie, était abonné à la *Décade philosophique*, si votre fils pouvait lui faire le plaisir de faire changer l'adresse au bureau il lui en serait bien obligé, son adresse est : Au citoyen Girard-Villars, maison de la veuve Dubois, près les Halles à Fontenay. Le bureau de ce papier est le même que celui du *Propagateur* que j'ignore.

Dans ce moment Duvignaut l'aîné arrive de Mouilleron où il était allé pour les vendanges à la faveur d'un petit cantonnement qui y avait été placé en récompense de la bonne conduite des habitants ; Duvignaut nous a dit que Dupoüet avait été averti qu'il se formait des rassemblements nombreux vers Saint-Michel et La Flocellière ; ce matin il est jour de marché, j'ai demandé des renseignements à bien du monde et n'ai rien pu apprendre de positif. Hier, 15 à 16 brigands à pied et à cheval passèrent à Bournezeau et Mareuil, on ignore ce qui s'y est passé. Cet état durera et s'empirera tandis

que le pays ne pourra être garni de troupes plus rapprochées, les chefs brigands ont intérêt à propager les
apparitions et toutes les horreurs qui en résultent.

Salut amical.

LADOUESPE.

XIII

*Au citoyen Loyau, membre du Conseil des anciens au
Corps Législatif, rue Grenelle-Germain, n° 1138, à Paris :*

Fontenay, 13 brumaire, an VIII.

Notre situation, mon cher ami, empire de jour en
jour, le pays s'envahit peu à peu par des levées partielles dans les cantons qui forment ensuite des masses
plus considérables, des avis de la part des chefs circulent partout, les vauriens les entendent les premiers
et les autres suivront on ne peut en douter, à mesure
qu'ils seront décidés par l'opinion ou par la force.
L'ancien chef Caillaud, Rezeau, etc., viennent de relever
l'étendard de la révolte vers Torigny, Bournezeau,
Mareuil, où ils ont parcouru les bourgs et les campagnes en pillant et vexant les patriotes, des rassemblements nombreux ont paru vers Saint-Georges et Montaigu, il s'en fait encore de beaucoup plus considérables vers Chollet. Le général Travot a passé les jours
derniers aux Essarts, les Herbiers, Saint-Fulgent, en

emmenant avec lui les petits cantonnements vers Montaigu, où le château peut offrir quelque résistance. Que deviendront les patriotes des lieux où étaient situés ces cantonnements qui ne subsistent plus depuis la Sèvre, qu'à Pouzauges et la Chataigneraie d'où ils doivent se replier par ici. s'ils y sont forcés comme il est sous peu de jours fort à craindre, quelle sera la situation du chef-lieu du département à peu près sans défense. Mille hommes ont filé depuis une décade de La Rochelle sur Nantes, mais il ne reste jamais rien par ici, et de tout cela il résulte. comme vous voyez, que notre situation est des plus critiques et des plus alarmantes. Desgrois et sa famille sont retirés ici. je me rends demain matin à Sainte-Hermine pour y attendre mes deux filles si elles peuvent s'y rendre avec quelques bagages, qui ne feront qu'augmenter notre embarras et la dépense pour le transport. cet état de choses me paraît pire que celui de nos premiers malheurs. parce qu'alors au moins il y avait des forces en avant qui pouvaient retenir quelque temps le débordement : nous n'avons guère de nouvelles de ce qui se passe au delà de la Loire et bientôt nous n'en aurons des départements de l'Ouest que par Paris, en supposant encore que la route reste libre vers Tours où il y a. dit on, des craintes trop fondées.

Duportail qui était ici hier m'a dit qu'il voulait aller sous deux jours à La Rochelle pour quelques affaires, comme j'en ai aussi à peu près du même genre je compte l'y accompagner. je vois qu'à son retour vers une quinzaine il se dispose à aller vous joindre.

Je crois bien que dans le moment le gouvernement sent la profondeur de la plaie dont nous sommes pénétrés. mais il faut de grands et de prompts remèdes, puissent-ils être appliqués assez à temps et pour nous délivrer de l'anxiété qui est déjà depuis trop longtemps notre partage.

A cet endroit de ma lettre, je reçois la vôtre du 8. elle m'apporterait quelque consolation si je ne connaissais pas la situation de nos contrées qui est bien différente de ce qu'elle était à votre départ : il ne s'agit plus guère aujourd'hui d'empêcher la communication de la rive droite à la gauche quand les choses sont à peu près en deçà ce qu'elles étaient il y a un mois au delà, chaque jour le mal empire, c'était une digue qui se rompait que l'on pouvait rétablir avec une pellée de terre, ou un incendie que l'on pouvait éteindre avec un seau d'eau, c'est ce que nous avons dit mille fois, mais hélas inutilement. Quels ravages, quels maux, l'on eût prévenus avec sept ou huit cents hommes il y a deux mois, sur le territoire en deçà de la Loire, mais à présent quels moyens il faut ajouter à tous ceux qui sont si pressants au delà. L'on m'a assuré ce matin que la bande de Caillaud qui a paru vers Bournezeau, était plus de moitié de gens du pays ; le gendre de Villars, Serrie, a été démonté par le valet de son métayer qui est allé les rejoindre, et tout porte à croire que cela deviendra général ; que je serais heureux de pouvoir me tromper !

Tisseau m'a dit ce matin que vos juments étaient à la Durandrie, il m'a ajouté qu'il allait les essayer avec une charrue d'emprunt et un homme du voisinage. Je verrai à vos plantations de la Durandrie, si j'en ai le temps et les moyens ; vous devez avoir à présent des nouvelles de Coquillaud. je n'ai rien appris de nouveau de Pultaut. Les domestiques étaient le 11 à la Durandrie et n'ont rien dit à Tisseau.

Toute notre espérance est fondée sur les succès constants au dehors. il est bien inconcevable que les désordres du dedans ne font que s'accroître.

Salut et amitié.

LADOUESPE.

XIV

Au citoyen Loyau, membre du Conseil des anciens au Corps législatif, rue Grenelle-Germain, n° 1138, à Paris :

Luçon, 20 brumaire an VIII.

Parti mon cher ami, depuis 10 jours de Fontenay, je suis arrivé ici hier de la Rochelle après le voyage le plus pénible pour sa longueur que j'ai fait de ma vie, toujours la pluie sur le corps et dans la boue jusqu'au ventre ; cependant le voyage s'est fait à notre satisfaction. j'y ai vu nos anciens parents et amis, tous en bonne santé et me demandant des nouvelles de la vôtre ; je ne me rendrai qu'en 4 ou 5 jours à Fontenay ; j'ai besoin de reposer un rhume très fatigant que j'ai ramassé en revenant. Je ne suis plus au courant des nouvelles du pays, peut-être ai-je des lettres à Fontenay, j'ai vu à la Rochelle la relation d'une affaire sérieuse contre les Chouans en grand nombre vers Nieuil et les Aubiers, on porte leur perte à 500, si le fait est exact, il faut qu'il y en eût beaucoup ; peut-être cette affaire dégoûtera-t-elle les gens de notre pays d'en essayer, mais la frayeur y est répandue parmi les patriotes, ils fuyent encore une fois le pillage et la mort en revenant par ici trainer la misère. Une bande de 30 à 40 levée par Caillaud vers Mareuil est rentré, dit-on, dans son domicile et le chef même demande merci après avoir été fusillée par nos troupes ; je ne sais ce qui se passe vers Montaigu, les Herbiers et la Sèvre ; je vous donnerai des nouvelles de cette partie à mon retour à Fontenay. Misère et toujours misère.

Salut amical.

LADOUESPE.

Bouquet et sa femme qui a toujours la fièvre me chargent de les rappeler à votre souvenir.

Du 21.

Je finissais d'écrire la présente lorsque votre dernière du 16 m'a été remise, si l'on vous dit que l'on a travaillé jusqu'ici efficacement à la destruction ou même à la dispersion des pelotons d'assassins qui sont encore la terreur des bons citoyens, vous pouvez être assuré qu'on est dans l'erreur; des cantonnements ont été placés, à la vérité, mais je n'ai pas ouï dire qu'ils aient fait de sortie ni de désarmement; ce dernier article me paraît très difficile et d'une grande importance, car tous les rapports s'accordent sur l'attachement qu'ils ont à leurs armes, ce qui prouve leurs bonnes intentions ; la bande d'Yon qui a eu la ruse de se faire dire mort plusieurs fois et qui n'est que trop vivant, se tient toujours vers la Forêt entre les deux postes des Herbiers et Mouchamps, on les dit nombreux et fort dangereux ; on dit aujourd'hui que le général Travot est à la poursuite de ces bandes multipliées en divers endroits, je ne sais ce qui en est, ni s'il réussira.

Je n'ai point ouï parler de votre voisine de Puimain ni de l'argent qu'elle vous doit, vous feriez bien de lui écrire.

L'agriculteur dont vous avez lu le rapport n'avait sûrement pas traversé les plaines de la Vendée, moi qui les ai parcourues, je puis vous assurer qu'elles ne donneront pas la récolte prochaine la semence de l'orge, on n'y voit que de la terre, ainsi que dans les semailles d'avoine ; on va resemer beaucoup de baillarge, dont le prix hausse à chaque instant, reste à savoir si elle réussira. elle est au bureau de Fontenay à 5 l. 15 s. Les froments et les seigles sont fort beaux ; tout ce qui servait dans le Bocage à engraisser le bétail est perdu sans ressources. *Ergo.* ni commerce ni revenu de bestiaux, seul moyen de faire quelque argent au cultivateur dans le pays ; dont on parle de faire payer de suite les contributions arriérées et courantes, ce qui me paraît à peu près impossible. surtout après le gaspillage qui vient d'avoir lieu, car il faut que vous soyez assuré qu'il ne reste pas un grain de blé dans les greniers où il y en avait à vendre, ni dans les trois quarts de ceux qui ont besoin d'en acheter ; la plus grande misère dans le pays me paraît inévitable d'ici à la récolte.

Je dirai à Tisseau de conserver les ceps de vigne le long de l'allée des pruniers pour être mis en treille, et lui parlerai de la plantation de ce qui a été ajouté ; mais comme le mur n'est pas encore fait et qu'il entraînera sûrement de la dégradation, il sera je crois plus expédient d'attendre.

Adieu, mon cher ami. Salut et santé.

LADOUESPE.

XV

Au citoyen Loyau, membre du Corps législatif, rue Grenelle-Germain, n° 1138, à Paris :

Fontenay, 25 brumaire an VIII.

Je suis encore une fois, mon cher ami, arrivé à Fontenay après une absence de 10 ou 12 jours comme je vous l'ai marqué, le reste de ma famille a été pendant cet intervalle forcé d'abandonner Mouchamps où 15 ou 16 brigands sont venus il y a quelques jours faire comme ailleurs le pillage. Julie y était restée seule avec les Clémenceau mère et fille, mais je l'ai envoyé chercher hier voyant désormais qu'il est impossible d'y tenir et crainte de plus grands excès que ceux du pillage.

Nous apprenons aujourd'hui ici par la Chataigneraye, qu'après la grande affaire des Aubiers des pelotons considérables circulaient dans la partie de St-Michel et la Flocellière, que les postes de Pouzauges et la Chataigneraye s'étaient portés dans cette partie-ci avant hier, qu'un combat long et opiniâtre s'était engagé à la suite duquel nos troupes avaient été obligées de se replier avec perte de plusieurs hommes notamment d'un capitaine de la Chataigneraye appelé Pigeon, et du citoyen Constant, gendarme de Pouzauges ; l'on dit que Travot y était accouru des Herbiers, mais c'était une affaire finie. L'on parle encore de rassemblements considérables vers les Sables qu'ils ont semblé un moment vouloir attaquer, mais qu'ils se sont portés depuis vers la Roche-sur-Yon pour cerner et inquiéter les postes de ce lieu et du voisinage; vous voyez que c'est toujours la même chose et que notre situation est bien loin de s'améliorer; les troupes de la Vendée, c'est-à-dire de ce département, n'ont pas été renforcées d'un seul homme depuis votre départ.

Le comité central vient de me dire qu'il avait des nouvelles positives qu'un vaisseau anglais chargé de 800 émigrés et 30 mille fusils, etc., venait d'échouer près Paimbœuf, que 5 hommes seulement et 5 caisses de fusils avaient été sauvés, les 5 hommes ont fait le rapport, on dit encore qu'un autre vaisseau marchant avec le premier paraissait courir le même danger, mais on ignore ce qu'il est devenu. Vous voyez quelle était la destination de cette cargaison, et que nos maux présents sont encore l'ouvrage des Anglais réunis à ceux de l'intérieur pour les seconder. Puissent les grandes mesures qui viennent d'être prises à Paris apporter remède à un état de choses aussi affligeant; tel est le désir et l'espoir des amis sincères de la chose publique et de l'humanité.

Comme le temps est très beau aujourd'hui je verrai chez le citoyen Favreau si je trouverai les arbres et les asperges à planter à la Durandrie, je ferai de mon mieux pour que le tout soit fait suivant les règles et à votre satisfaction; mon fils a bien reçu le livre d'instruction militaire que vous avez eu la complaisance de lui envoyer avec la montre de la citoyenne Labarre qui s'est trouvée absolument morte en arrivant.

Le pauvre Desgrois père est ici bien malade et accablé par des douleurs néphrétiques à la suite desquelles il a été sondé hier sans qu'on ait rien trouvé, on croit que son mal provient d'un ulcère; cette situation est bien affligeante pour lui et sa famille réfugiée ici et

manquant de bien des choses qu'il avait ainsi que nous
en abondance.

Duvignaut est au lit depuis six jours avec une forte
attaque de goutte à tous les membres, un pied excepté.

Salut amical et bonne santé.

LADOUESPE.

XVI

*Au citoyen Loyau, membre du Corps Législatif, rue Gre-
nelle-Germain, n° 1138, à Paris:*

Fontenay, 1 frimaire an VIII.

Depuis une décade surtout, mon cher ami, la situation de ce département devient de plus en plus critique
et alarmante, il ne s'est presque pas passé de jour
depuis l'affaire des Aubiers qu'il n'y ait eu quelques
attaques de postes : ceux de la Chataigneraye et Pouzauges réunis, de concert avec celui des Herbiers qui ne
put rejoindre, attaquèrent les rebelles il y a six jours
vers les Epesses au Puy-du-Fou. Le petit nombre de
nos troupes les fit replier avec désordre, il y a eu perte
en cette affaire de 15 à 20 volontaires tués et 15 prisonniers qui ont eu le même sort à ce que l'on assure ;
3 gendarmes ont péri dans cette affaire, notamment
Constant, de Pouzauges, dont je vous ai parlé par ma
dernière : on a bien de la peine à avoir des rapports

certains sur tout cela; le lendemain ils ont été attaqués par le poste des Herbiers à Chambretaud, à cette fois ils ont été battus avec perte, assure-t-on, de 60, au nombre desquels tous les rapports s'accordent à mettre votre ancien voisin, le jeune Grignon, chef le plus dangereux dans le pays et vers la Sèvre par son influence et son opiniâtreté, car il avait figuré un des premiers dans les attaques précédentes.

A la suite de cette dernière, le poste des Herbiers s'est replié sur Montaigu; on parle encore d'un nouveau combat à une lieue de là le surlendemain; le poste de Pouzauges se trouvant isolé par la retraite de celui des Herbiers s'est replié avant hier à la Chataigneraye avec les habitants et tout cela se rendra vraisemblablement ici sous deux jours.

Une autre affaire a eu lieu encore vers Palluau, où ils ont été, dit-on, battus par Travot, mais on ne voit plus que le poste de Montaigu qui tienne dans tout l'intérieur; il paraît que celui-ci est fort de 1,000 hommes avec le château pour retraite. Cette évacuation des postes intérieurs est une calamité, parce que la masse encore retenue par la crainte et l'opinion pacifique, ne pourra plus s'empêcher de se réunir à eux, et que deviendra alors le département où il a déjà péri beaucoup d'hommes et où il ne s'est rendu aucune nouvelle troupe; nous ne savons ce qui se passe dans les Deux-Sèvres vers Châtillon et au-delà, où il paraît qu'il y a des forces. Toutes ces circonstances malheureuses donnent le champ libre aux bandes de voleurs de l'intérieur qui pillent et désolent à tout instant tout ce qui reste de bons citoyens à qui tous les genres de misères ne peuvent permettre de partir. Le pauvre Labarre, Desgrois au Tail, le petit Brethé, à la Barbière, le fermier des Roches ont été les jours derniers, pillés et emmenés par eux à quelques distances et ensuite renvoyés après les plus mauvais traitements, il en est de même dans les villages et les métairies, Monsireigne n'a pas été exempt, Majou a eu aussi sa visite pendant laquelle il a été caché dans un galetas et s'est rendu ensuite vers la plaine avec son fils. Le vol est le seul mobile de ces petites bandes. On parle de troupes nombreuses, parties de la Hollande, mais il sera trop tard.

La mort du chef Grignon est confirmée par deux témoins du pays qui étaient à l'affaire, il était nanti d'une bonne provision de pièces d'or qui ont été partagées par deux ou trois des plus près et d'une correspondance assez étonnante qui a été portée à Montaigu.

Malgré toutes nos inquiétudes j'ai trouvé un beau jour pour faire planter à la Durandrie 8 poiriers qui manquaient à votre mur entre la vigne et l'aire ainsi que les treilles près l'arcade.

J'ai désigné à Tisseau la place aux asperges et la manière d'ouvrir les fosses pour les mettre, mais je n'ai encore pas trouvé le plant, Favreau n'a rien qui vaille en ce genre; je tâcherai d'en trouver de manière ou d'autre; j'ai dit à Tisseau de ramasser de la graine qui est fort belle. Il croit qu'il y aurait du risque de faire semer les baillarges à vos juments au printemps, qu'elles seront trop avancées, il craint d'être obligé de faire revenir les deux bœufs de Pultaut et alors il craint aussi pour le foin. La pauvre Aimée est morte il y a huit jours, cela est bien fâcheux, mais l'on devait s'y attendre.

Belaud traine la misère vers Ste-Hermine chez la Barre et Duportail: *et sic de cæteris.*

Adieu, mon cher ami, salut amical et bonne santé.

LADOUESPE.

XVII

Au citoyen Loyau, membre du Corps Législatif, rue Grenelle-Germain, n° 1138, à Paris :

Fontenay, 5 frimaire, an VIII.

Il paraît déjà, mon cher ami, que les premières propositions de paix font effet dans le pays. Depuis quelques jours, il n'est plus question d'attaque ni de rassemblement, mais l'on ne pourra bien juger que lorsque les cantonnements seront rétablis.

Voilà ce que l'on a appris par l'officier envoyé par le général en chef aux chouans, il se rendit d'Angers à Cholet avec une escorte de Monsieur d'Autichamp, et de là à Montaigu d'où il se rendit à une maison voisine où se trouvait Suzannet, autre chef dans cette partie, celui-ci parut accepter avec satisfaction les propositions qui lui furent faites, et envoya de suite à Saint-Denis-la-Chevasse disperser, dit-il, un rassemblement de brigands qui y était déjà formé au nombre de 3,000. Suzannet reçut pendant la conférence une dépêche qui lui apprenait le résultat du combat de la veille à Chambretaud où, dit-il avec attendrissement, le meilleur de ses amis, le comte de Grignon avait perdu la vie, ainsi, plus de doute sur cet événement ; Grignon avait reçu le matin l'avis de la pacification, mais soit qu'il n'ait pas voulu le communiquer à sa bande, soit qu'il ait été forcé par nos troupes, le combat n'en a pas moins eu lieu et l'on ignore encore de quoi sont devenus les 5 ou 600 vauriens qui étaient avec lui ;

nous serons en quelques jours plus à même de juger
du résultat de ces préliminaires. L'officier qui a passé
ici se rendant à Niort a dit que les chouans qu'il avait
vus en divers endroits pendant sa route en avaient paru
fort contents.

J'ai parlé à Tisseau de la besogne que vous voulez
faire à la Durandrie, mais bien loin d'avoir du monde
disponible, il se trouve absolument seul dans le moment
et à peu près occupé tout le jour du soin du bétail et
des chevaux : l'homme qui avait coupé vos buailles
s'était rendu chez lui et y est mort peu de jours après ;
Groleau, après les semailles faites, s'est rendu hâtivement
à Pultaut où il paraît qu'il était appelé par une affaire
de cœur. L'autre jeune homme a perdu son père il y a
quelques jours et doit se rendre chez lui sous deux jours
pour y rester et conduire ses affaires, de manière que
Tisseau est absolument seul ; il me fait dire aujourd'hui
qu'il a trouvé quelqu'un de notre pays pour remplacer
celui qui s'en va ; marquez-moi de suite si vous voulez
qu'il le gage, je lui ai toujours recommandé de préparer
la terre pour les asperges, en ai fait faire un rang
devant moi, et porterai sous peu le plant passable que
fournira le bonhomme Gautier que j'ai vu à cet effet.
Quant aux préparatifs pour la plantation de la vigne
il faut attendre du monde. Il n'y a point ici de pêchers
ni même, m'a-t-on dit, à Niort ; ceux que vous enverriez
de Paris courraient bien des risques et coûteront
beaucoup, autrefois il n'y avait aucun embarras par le
jardinier d'Orléans, mais nous n'y sommes plus.

Toute ma famille est ici, à l'exception de Julie qui
a toujours voulu rester avec les Clémenceau, je lui ai
envoyé un exprès pour la ramener, elle arrive en ce
moment. Duportail était avec moi à La Rochelle et était
décidé alors à se rendre à Paris, je ne sais si les
circonstances actuelles changeront sa détermination.

tous les hommes sages par ici conçoivent les plus grandes espérances des nouvelles dispositions du gouvernement.

Ayant appris ce matin que le jardinier ordinaire était arrivé ici, j'ai été de suite le trouver et ai pris 10 bons pêchers pour mettre le long du mur de la vigne, il les vend fort cher et on se les arrache des mains : demain matin, tandis que le temps est superbe, je les porterai avec le plant d'asperges et le tout sera planté de suite. L'on a apporté aujourd'hui de Pultaut les plants de cytise et de genièvre qui sont en terre à la disposition du citoyen Gaudin.

J'apprends que la bande d'Yon continue son brigandage dans notre canton et environs, l'un d'entre eux appelé Chapeleau de Boisgoyer, a été rencontré le 3 par la troupe rentrant aux Herbiers près les 4 chemins, comme il était en armes sur la grande route il a été consigné pour l'éternité.

Salut amical et bonne santé.

LADOUESPE.

Les deux Duvignaut sont au lit avec la goutte, le pauvre Desgrois est toujours ici en fort mauvais état d'une colique néphrétique.

Les cantonnements de Pouzauges, des Herbiers, etc., sont rentrés, à ce que l'on nous assure, aux lieux qu'ils occupaient. Le capitaine Pigeon, commandant à La Chataigneraye, prisonnier des chouans, a été renvoyé par eux, plusieurs autres ont été égorgés.

XVIII

Au citoyen Loyau, membre du Corps législatif, rue Grenelle-Germain, n° 1138, à Paris :

Fontenay, 9 frimaire an VIII.

Les espérances dont je vous ai parlé par ma dernière, mon cher ami, ne paraissent encore pas se démentir jusqu'à un certain point, surtout depuis la gauche de la Loire jusque vers les Herbiers ; il y a eu cependant une affaire dans la commune de Moutiers près Châtillon, où les chouans ont perdu du monde et cinquante cavaliers prisonniers ; mais comme cette attaque a eu lieu le 30 dernier, sans que la proclamation du général en chef eut été connue, ils ont été relâchés à Cholet, où on les avait envoyés. Mais des avis de Palluau annoncent que les rebelles vont leur train sous le commandement de Voineau, émigré, et de Lecouvreur : enfin, il faut encore attendre pour porter son jugement. Les postes réciproques tiennent toujours les lieux qu'ils occupaient. J'ai encore à vous faire part d'un événement où mon fils et 5 ou 6 de ses camarades ont couru les plus grands dangers, ils firent la partie il y a 4 jours sur les nouvelles d'une apparente tranquillité d'aller à Chantonnay et de là, s'il le pouvait, à Mouchamps : je leur fis sentir l'imprudence et le danger de ce voyage, dont je ne fus instruit qu'au moment du départ, mais comme l'ardeur de la jeunesse est difficile à contenir, je fus réduit à recommander la prudence si nécessaire en pareil cas. Arrivés à Chantonnay, les enfants de Desgrois et eux se rendirent aux Grois où l'on passa la soirée et la nuit ; le lendemain, à 9 heures, les Desgrois se rendirent à Chantonnay où une vingtaine de patriotes passent les nuits ensemble comme dans une citadelle ; les 5 ou 6 autres se rendent à Mouchamps. Dans notre ancien domicile, où étant occupés à se rafraîchir, vers les 6 heures du soir, la bande d'Yon, au nombre de 15 à 16, viennent frapper au portail, se disant militaires des Herbiers ; la petite troupe qui n'en fut pas dupe, au lieu d'ouvrir, monte dans ma chambre et mal à propos avec une lumière, comme ils regardaient vers la fenêtre, un coup de fusil parti de la rue, atteignit le bois du fusil que mon fils tenait à la main, la balle glisse et porte sur la poche du gilet et il doit la vie à quelques écus qui étaient dans sa poche et dont deux ont été faussés par la balle dont il n'a reçu qu'une légère contusion ; quelques coups de fusil furent alors tirés par les fenêtres et dans l'obscurité, quelques autres furent rendus par les brigands qui n'osaient ni enfoncer les portes, ni escalader le mur, il se passa ainsi un assez long intervalle ; enfin les jeunes gens, en plus petit nombre, passent par le petit jardin, de là dans la menuiserie et par la porte qui s'y trouve, gagnent les jardins voisins où ils restèrent plus d'une heure à entendre les coups redoublés des brigands sur le portail, enfin las de frapper et craignant la fusillade s'ils entraient dans la cour, ils prirent le parti de se retirer sans entrer, les autres en firent autant alors et se rendirent à minuit à Chantonnay ; vous voyez par cet échantillon à quoi a tenu leur vie et la situation des patriotes dans le pays où ils ne peuvent faire un pas sans être vendus par le grand nombre de scélérats dont il est parsemé. Puisse cet exemple leur servir pour l'avenir.

J'ai reçu votre dernière des 3 et 4 par laquelle vous m'annoncez une cargaison de différents arbres et arbustes, je remplirai de mon mieux aussitôt qu'ils seront arrivés la destination que vous leur assignez : il est seulement fâcheux, comme je vous l'ai dit par ma précédente, que l'occasion m'ait procuré des pêchers que j'ai déjà fait planter le long du mur de la vigne; mais comme ceux-ci, il faut l'avouer, m'ont paru un peu secs et qu'il est fort à craindre qu'ils ne fassent pas bonne fin, je mettrai, sauf votre meilleur avis, ceux que vous envoyez dans leur place, dont l'aspect est très convenable, et ferai planter, à tout risque, les autres entre les poiriers du jardin qui ont encore assez d'espace, pour voir périr les pêchers avant de trop se gêner. J'ai profité du beau temps des jours derniers pour faire planter vos asperges dont il a été aussi ramassé de la graine : j'ai mis les pattes à 2 pieds et les rangs à peu près à 2 1 2 de distance, ils ont été alignés à la corde, creusés presque jusqu'au solide, foncés de 4 pouces de bon fumier, recouvert d'autant de terre, sur laquelle ont été placées les pattes bien étendues, que j'ai recouvertes de 5 pouces de terre et enfin d'une légère couche de fumier, la terre était meuble et convenablement préparée, la providence fera le reste. Les anciennes ont été couvertes de fumier. J'ai entretenu de nouveau Tisseau sur le projet de prolongation de la vigne ; je ferai, si vous voulez, allonger le mur jusqu'auprès du chemin et retourner le coin vers la pièce de blé seulement de quelques toises, vous le ferez ensuite prolonger à volonté : s'il peut trouver de l'aide, on transportera les pierres de l'ancien mur dans un rang en place auprès du nouveau et les pierres entassées en attendant conserveront assez la vigne des bestiaux en attendant la nouvelle clôture. Partie des arbres du jardin, marronniers, sycomores, etc., ont été mis dans un rang; j'y ferai mettre le reste qui pourrait gêner les espaliers, dont plusieurs auront grand besoin d'être dressés si l'on veut qu'ils prennent bonne tournure.

Tisseau n'aurait pas envie de labourer le long, sous et vis-à-vis le grand noyer; il dit que jamais la luzerne ou le sainfoin que vous y mettriez ne feraient autant de service que le pacage que produit le terrain, qui seul nourrit les vaches le printemps et l'automne et sur lequel les volailles sont continuellement; le terrain labouré derrière la grange et la maison ne suffirait-il point pour cette année, avec ce que l'on prendrait au bout des cyprès pour le sainfoin de Barbarie. Voyez ce qu'il y aura à faire.

L'on dit en le moment que sur de nouveaux avis de rassemblements vers la Sèvre, le poste de Pouzauges, rentré depuis 4 jours, a ordre de se replier encore à la Chataigneraye. Vous voyez combien l'arrivée des troupes annoncées est urgente.

Salut amical.

LADOUESPE.

Le jeune Duvignaut sera marié demain, son père et son oncle sont toujours gisant.

XIX

Fontenay, 13 frimaire an VIII.

Rien de nouveau encore jusqu'ici, mon cher ami, sur notre horizon, les attaques si multipliées vers la Sèvre il y a quinze jours paraissent suspendues, une lettre de Dugravier que j'ai vu ce matin, annonce les mêmes dispositions vers Pouzauges; les rassemblements de rebelles dans les diverses parties restent aussi sur le même pied sans se séparer, l'on prétend que les dispositions sont plus favorables à la tranquillité sur la rive gauche que sur la droite, les cantonnements ont été repris partout où ils étaient, le général Travot a passé ici le 10 allant à Angers où il est appelé par le général en chef qui l'a remplacé dans son commandement de la Vendée par le général Gilibert, on ignore jusqu'ici la cause de ce changement du moins provisoire; notre département vient aussi d'être déclaré en état de siège dans toute son étendue, et l'on croit que cette mesure est générale à tous les départements de l'Ouest, puisse-t-elle contribuer au rétablissement le plus prompt de la tranquillité.

Si les grands rassemblements étaient une fois dispersés il y aurait encore une besogne bien importante, la destruction des bandes d'assassins et de voleurs qui continuent à désespérer les bons citoyens dans leur domicile, notre commune surtout, qui en fournissait un bon nombre, est dans la désolation, toutes les nuits présentent de nouvelles horreurs en ce genre, un métayer de Mouchamps fut emmené par eux la

même nuit où ils vinrent attaquer nos jeunes gens et
égorgé dans la forêt, les autres pressés et retenus
par la misère, ne peuvent se résoudre à abandonner
leurs maisons. seul but que veulent atteindre les brigands, et restent exposés à toute leur férocité : jusques
à quand un pareil état de choses peut-il subsister ? nos
jeunes gens sont de retour. leur fermeté et le plus
grand hasard leur ont sauvé la vie.

D'après les informations que j'ai prises, vos caisses
se rendront jusqu'ici, je prendrai les moyens de les
faire venir s'il y avait du retard. et de faire arranger
le tout pour le mieux en conformité de vos précédentes
et de la dernière du dernier courrier. J'attends votre
réponse sur quelque aide à donner à Tisseau, qui ne
peut guère. étant seul, que panser le bétail, je crois,
comme vous. surtout si les bruits de pacification se
soutiennent, que vos poulinières seraient beaucoup
mieux et à peu près sans risque à Pultaut, cette espèce
n'est pas la plus recherchée des voleurs, je pense surtout que la jeune jument qui a la grosseur à la jambe
ne courrait aucun risque. tant par la difficulté qu'ils
auraient d'en tirer de l'argent, qu'à s'en servir pour la
marche. ajoutez que le régime du foin pur de la Durandrie lui est peu convenable. j'attendrai votre décision à
cet égard ; car il est difficile de prendre le meilleur
parti en pareille circonstance.

Tous les avis s'accordent sur la mort d'un scélérat
appelé Vrignaud, chef des bandes comme Yon ; on
assure qu'il a été fusillé par ordre des chefs des chouans,
on saura en quelques jours si ce fait se vérifiera.

Le citoyen Chessé, secrétaire du département, vous
prierait de lui procurer l'almanach naturiel à l'adresse
ci-jointe. il me remettra ici ce qu'il pourra coûter franc
de port : je prie mon neveu de vouloir bien me faire
cette emplette.

Un hasard assez singulier a fait trouver dans la poche de Grignon un billet de Chapelain, cette trouvaille a donné lieu par ici à divers contes que Chapelain a cru devoir éclaircir par l'explication imprimée ci-jointe :

« *Le citoyen Chapelain à ses concitoyens,*

« Lorsque Grignon fut tué à Chambretaud, le **27** brumaire, on trouva sur lui un billet de moi, et l'on en tira de mauvaises inductions.

« Voici ce billet tel qu'il existe entre les mains du général Travot, de mot à mot et de lettre pour lettre :

« La métayère du petit Gât de Trésevent donnera à
« Treillard le blé qu'elle me doit de reste de l'an der-
« nier et pour cette année : je lui en tiendrai compte et
« lui enverrai quittance de ce qu'elle aura donné.

« A Fontenay-le-Peuple, 13 brumaire an VIII.

« CHAPELAIN. »

« Treillard est mon ancien domestique, il est marié à mon ancienne gouvernante, il fait valoir ma borderie de Chateaumur ; je n'ai point d'autre agent que lui. Il est très connu à Fontenay où il a demeuré pendant la dernière guerre, et a été employé pendant trois ans dans les charrois de l'armée.

« Il y a quelque temps, les rebelles sont allés chez lui, ont maltraité sa femme, et l'auraient tuée, sans un de ses voisins qui la sauva.

« Quelques jours avant la mort de Grignon, sa bande enleva Treillard avec deux chevaux à lui, et une jument poulinière à moi. J'ignore les détails de ce qui s'est passé, parce que je n'ai pas vu Treillard, et que je ne puis que difficilement correspondre dans le pays.

« Je pense que les rebelles, voyant mon billet dans l'inventaire du portefeuille de Treillard, le firent passer à Grignon, pour qu'il s'emparât de mon blé, ce qu'il a peut-être effectué.

« Si je n'étais qu'un simple citoyen, je ne ferais pas le moindre état de cette affaire : mais je suis fonctionnaire public, et je dois tranquilliser les esprits inquiets sur le civisme d'un membre de l'Administration Centrale.

« CHAPELAIN. »

Desgrois va mieux depuis quelques jours, le médecin Rousse le soigne dans son état fâcheux, ce genre de maladie est ordinairement long et sujet aux rechutes, ses deux fils sont toujours à Chantonnay et tiennent le siège avec la gendarmerie et quelques citoyens courageux, si la pacification prenait de la consistance, il y aurait plus de moyens pour détruire les bandes de voleurs assassins qui seront toujours un grand obstacle à la réorganisation de la société et des administrations dans ces contrées. J'ai fait sortir une grande partie des débris de notre mobilier aujourd'hui dispersé çà et là, car la crainte et les mauvais chemins n'ont pas permis d'en disposer à son gré, la maison est entre les mains et à la garde des domestiques qui ne pourront peut-être pas tenir, car les coquins n'ont d'autre but que de tout expulser ce qui leur est contraire ; le froment n'a pu être vendu, cette denrée ainsi que toute espèce de blé se vend moins à présent, et le prix en a baissé ; le plus beau froment est ici à 300 fr. au lieu de 360 et plus, et tant mieux, c'était encore une inquiétude de plus, les semailles se sont faites le plus heureusement. Je verrai

ici le citoyen Picault avec plaisir et ne lui dirai que la
vérité sur notre situation. Adieu, mon cher ami, salut
et bonne santé.

LADOUESPE.

Julie qui avait été à Luçon quelques jours est
rendue ici et nous sommes encore une fois réunis. La
femme de Clémenceau est toujours à Mouchamps à
tout risque avec deux de ses filles, vous connaissez les
réflexions qu'il y a à faire lorsqu'on laisse tout à
l'abandon et qu'on n'envisage que le dénuement et la
misère.

XX

*Au citoyen Loyau, membre du Corps législatif, rue Grenelle-
Germain, n° 1138, à Paris :*

Fontenay, 19 frimaire an VIII.

Il serait fort difficile de deviner, mon cher ami,
où nous en sommes dans le pays sur l'objet de nos
plus grands intérêts ; il est toujours question de pacification vers la Loire, dit-on, car nous n'en avons pas
plus de nouvelles que des terres australes, cependant
par ici les chouans vont leur train en faisant des
rassemblements plus nombreux et plus permanents que

ceux qui les ont précédés, les citoyens Camus, juge de paix, Daquin, commissaire, et Pinochon, habitants des Essarts, se rendirent ici hier tout effrayés par la bande de Rezeau qu'ils portent à 600 à Chauché réunis depuis 10 jours par la force, les menaces, le pillage des bestiaux et des grains et peut-être aussi par l'inclination : le poste des Essarts de 60 hommes ne se trouvant pas bien sans doute d'un pareil voisinage s'était replié le même jour vers Saint-Fulgent, et avait été suivi par les jeunes citoyens qui couraient les mêmes risques ; l'on assure que vers Le Luc et Palluau des bandes plus nombreuses encore sont sous les ordres de Voineau, Lecouvreur, etc... Caillaud, qui vers Mareuil et Bournezeau avait posé les armes, les avaient aussi reprises avec son monde, jugez des intentions pacifiques de ces Messieurs, qui ne jouent peut-être ainsi le rôle que pour en imposer : enfin d'après tout cela l'opinion générale est que si les intentions pacifiques du gouvernement ne sont secondées de forces réelles et imposantes, les plus grandes calamités sont encore sur le point de fondre sur ces contrées malheureuses. Nous ignorons s'il est arrivé ou s'il arrive quelque troupe vers la Loire, mais ce qu'il a de plus positif, c'est qu'il n'y a pas dans ce moment à Fontenay 20 hommes en état de défense, le service se fait par 40 hommes de la compagnie où est mon fils, tous jeunes gens qui viennent de quitter la charrue et qui rendus ici depuis 3 mois au nombre de 80 sont réduits à moitié par la désertion journalière : les deux autres compagnies un peu plus nombreuses sont aux Sables et à Noirmoutiers ; les petits cantonnements anciens sont bien encore dans l'intérieur, mais n'ont pas été augmentés d'un seul homme, les 100 qui étaient ici sont partis depuis deux jours pour Nantes et Fontainebleau, dit-on, pour se réorganiser : tout cela serait minutieux, si vous ne connaissiez pas le pays. et si les intérêts d'une grande population de la République n'y étaient pas compromis. Enfin il ne faut rien préjuger d'après les mesures d'humanité que prend le gouvernement, mais il serait bien difficile d'être dans la sécurité.

J'ai reçu ce matin votre caisse d'arbrisseaux en bon état, je la ferai transporter demain matin à la Durandrie, et tandis que le temps est superbe je ferai planter en rangs assez espacés et suivant l'ordre des numéros chaque objet à sa place. ainsi que les pêchers d'après les dispositions contenues dans votre dernière. sans doute que vous voulez envoyer le surplus de cette espèce à Pultaut, où j'ai indiqué leur place à Sarrazin que j'ai vu ici il y a deux jours. inquiet d'un procès de visite à sa maison de Chavagne et dans lequel je crois qu'il a raison; il m'a dit qu'il y avait rien de nouveau à Pultaut, qu'ils y étaient assez tranquilles depuis quelque temps, nous verrons en quelques jours ce qu'il y aura à faire pour vos poulinières, leur transport sera subordonné au prochain dénouement. Tisseau ne laisse point d'avoir aussi des inquiétudes à la Durandrie. je lui ai dit. et il m'a promis de faire marché avec l'homme qui s'était présenté ou tout autre.

Les bandes Yon et autres circulent toujours dans nos parages. ils ont été faire visite il y a peu de jours à la citoyenne Blampain et lui ont volé sa jument et quelques nippes, la sage bête s'est rendue à la maison de Clémenceau à Mouchamps. d'où on la reconduite dans son écurie. Le bonhomme Ferrand a eu aussi son entrevue, il en a été quitte pour sa montre et quelques pièces de monnaie: il n'y a pas jusqu'à l'ancienne douairière de la Plisonnière qui n'ait été, dit-on, forcée de fournir son contingent en recevant quelques horions et quelques bourrades : voilà, la guerre civile à part, l'état de notre pays et la perspective de ses anciens habitants.

Adieu, mon cher ami, salut et bonne santé.

LADOUESPE.

La caisse à l'adresse du citoyen Cavoleau se rendra après demain à Luçon.

XXI

Au citoyen Loyau, membre du Corps législatif, rue Grenelle-Germain, n° 1138, à Paris :

Fontenay, 21 frimaire, an VIII.

J'arrive, mon cher ami, de la Durandrie, où je suis allé par le plus beau temps possible faire vos plantations, mon fils me dit que ce matin le commandant de la place a fait lire l'ordre du général en chef portant suspension d'hostilité entre les troupes républicaines et celles des chouans, à compter du 14 courant, les dernières s'obligent à rétablir la sécurité des routes, voitures publiques et l'ordre intérieur, il faut avouer qu'ils prennent là une tâche importante et difficile, quoi qu'il en soit, leurs rassemblements continuent et se recrutent à force, surtout sur la gauche de la route d'ici à Nantes, et consomment en abondance les grains, bestiaux, etc., des seuls patriotes et ne laissent que les yeux pour pleurer à cette classe malheureuse dans ces contrées, tandis que les brigands et les assassins pillent complètement ceux qui échappent à leurs fureurs ; il faut espérer que cet ordre de choses aura peut-être une fin si les négociations entamées ont quelque succès ; il faut avouer que depuis qu'il en est question il n'y a pas eu d'attaque entre les postes.

Pour revenir à vos arbustes, je les ai fait mettre en trois rangs espacés de 18 pouces, et autant entre chaque plant, j'ai choisi le carreau à droite en entrant dans le jardin le long de l'allée, comme le meilleur, j'ai fait ouvrir de petites fosses et chaque pied a été recouvert à la bêche avec soin. Le premier numéro commence auprès du semi d'aubépine, le long de l'allée, près les anciennes asperges, en continuant par ordre jusqu'au coin près la porte, le premier rang contient **23** numéros, le vingt-quatrième commence le second rang en remontant vers les asperges et le troisième rang contient le surplus jusqu'au numéro 81 et dernier, en revenant vers la porte du jardin ; les arbres verts, épicea, etc., non numérotés suivent immédiatement en descendant le long de l'allée qui conduit vers le petit grenier.

Les pêchers ont été mis où il n'y en avait pas et à la place de ceux d'Orléans, du côté de la vigne, entre les poiriers, comme l'aspect le plus convenable au nombre de 8, sept autres de ceux de Paris avec les 10 que j'avais achetés ont été placés autour du jardin où il en manquait aussi entre les poiriers à peu près espacés comme ceux de la vigne ; le prunier armoniaca a été mis à la place de l'abricotier mort, le tout et surtout les pêchers s'est trouvé aussi frais que s'ils eussent été arrachés du jour d'hier, les pêchers sont superbes et beaucoup plus frais que ceux que j'avais rencontrés ; il en est resté 15 pour Pultaut qui doivent partir sous

4 ou 5 jours et mis en terre en attendant, j'en avais déjà expliqué la place et la manière de les planter à Sarrazin, j'ai réitéré le tout à Tisseau. Tous les numéros se sont trouvés, excepté le 3. comme l'un des arbustes s'est trouvé en manquer, je ne sais comment il a été mis dans la place du 3. J'ai fait marché pour 63 francs avec le citoyen Préaut, cy-devant domicilié de la Vendrie, réfugié au Langon depuis 5 ans, pour aider à Tisseau jusqu'à la moisson, le prix est un peu cher, mais Tisseau dit qu'il ne pouvait guère l'avoir à moins, d'ailleurs il le louait pour bon travailleur, bon laboureur et paisible : ils sont occupés avec un journalier de Petosse, pendant une quinzaine, à remuer les pierres du mur de la vigne, que je vous conseille de laisser dans un rang qui servira de clôture à la vigne jusqu'au printemps, vous savez ce que c'est que les maçons à l'époque où nous sommes. Lorsque les pierres du mur de la vigne seront transportées, je leur ai dit d'en faire autant de celles du mur au bout du terrain où est le sainfoin, en prenant la ligne droite du coude que forme le mur le long de la grande pièce vers Petosse, en descendant jusqu'au chemin vers le grand noyer pour renfermer la petite pièce derrière la maison, laquelle vous destinez à la luzerne, je me suis rappelé que vous le projettiez ainsi, voyez si cela convient pour le moment, ceci ne se fera que le dernier, j'ai dit de mettre de la terre au pied des arbres du fossé entre la vigne et les choux. Il a été planté nouvellement 26 pattes d'asperges qui, avec les anciennes, forment un très beau carreau, d'ailleurs j'ai pris à peu près tout ce que Gautier avait de bon. Ce que l'on prendra pour suivre la direction et augmenter la vigne ne gâtera pas un demi boisseau de blé semé dans la pièce, parce que ce que l'on prend se termine en pointe.

Toute la pièce des cyprès étant ensemencée à

l'exception de ce qu'occupent les choux, il faudra bien attendre que ceux-ci soient consommés, en les prenant de bonne heure pour labourer le terrain à luzerne qui ne se prend qu'en floréal.

Je verrai aujourd'hui Duvignaut peur la commission du collègue Dillon au souvenir duquel je vous prie de me rappeler. Nous apprenons que le citoyen Picault était, il y a quelques jours à La Rochelle, peut-être n'a-t-il pas pris la route d'Angers. Tous les nôtres sont en bonne santé et vous en souhaitent autant à l'un et à l'autre.

Salut amical.

LADOUESPE.

XXII

Au citoyen Loyau, membre du Corps législatif, rue Grenelle-Germain, n° 1138, à Paris :

Fontenay, 23 frimaire an VIII.

Encore une aventure de chouannerie, mon cher ami, bien désagréable et d'un pitoyable exemple pour les patriotes du pays. Le 19, il était foire à Bournezeau, le commandant du poste de la Chaise s'y étant rendu, dit à 15 ou 18 patriotes du lieu qu'il avait eu la veille, toujours en supposant une suspension, la visite de Rezeau et Caillaud qui lui dirent qu'ils iraient le lendemain à Bournezeau. Sur les observations qu'il leur fit, qu'il fallait laisser passer la foire, ils n'y allèrent, en effet, que le surlendemain, au nombre de 150, dont le tiers n'avait que des bâtons, le surplus paraissant forcé, à l'exception de 15 à 20 qui paraissaient déterminés ; les patriotes les attendirent en bonne tenue sur une vieille tour où l'on ne peut monter que par une échelle ; la bande, arrivée au bas de la tour, ne porta que des paroles de paix, on lui répondit de même ; ils s'établissent à peu de distance pour boire et manger, ils invitent les patriotes à descendre pour fraterniser, l'un d'eux se laisse prendre par ces paroles mielleuses, descend et est ramené un moment après par la bande au bas de la tour ; une conférence s'engage, on demande le commandant des républicains pour parlementer, le désir de ravoir le compagnon et la confiance le déterminent à descendre.

— En voilà encore un, dirent les chouans ; il faut avoir le reste ou l'on verra beau jeu ; enfin, après deux heures de perplexité, l'on met les deux échelles, les patriotes descendent par l'une, les chouans montent par l'autre, s'emparent des armes et des munitions des patriotes, malgré toutes les paroles données de n'en rien faire, et les derniers sont assez heureux de se sauver avec la vie et les yeux pour pleurer, tout en recevant des chefs des espèces d'excuses sur ce qu'ils n'étaient pas maîtres de contenir leur monde ; tel est le récit qui m'a été fait hier par Egonnière et Loyau, acteurs dans cette tragédie, et qui m'ont ajouté que les chefs, en s'en allant, leur disaient : on vous remettra vos armes. Ils n'en ont pas entendu parler depuis.

Autre du dit jour : Hier, étant sur la place, je rencontre le citoyen Pinochon, dont vous connaissez le tact et les moyens.

— Connaissez-vous, me dit-il, la lettre que j'ai écrite au Gouvernement ?

— Non, lui dis-je.

— Je vais mettre une lettre à la poste, voilà une copie de la première, lisez-la, et je viens vous rejoindre.

Je trouve dans cette lettre, adressée au consul Bonaparte, mille choses sur les circonstances présentes, qui ont été dites mille et mille fois et que tout le monde connaît, plus la copie d'une lettre écrite par Rezeau aux patriotes des Essarts, dans laquelle il leur dit qu'il a été instruit qu'ils détournaient les habitants de se rendre avec lui, en les menaçant du pillage et de la responsabilité de leurs familles, que si cela continuait, il y mettrait bon ordre. Pinochon envoie cette lettre sans démentir les menaces du pillage qui n'ont jamais été faites, et il est à craindre que si le Gouvernement voit la dépêche de Pinochon, il ne conçoive de mauvaises impressions, dans la circonstance présente, sur les pauvres diables qui sont tout du long les victimes et n'en peuvent mais. Pinochon dit dans cette lettre au citoyen Bonaparte, qui pourrait bien ne le pas connaître, qu'il s'informe de lui aux citoyens Loyau, Dillon, etc., qui rendront bon compte de son civisme, de sa probité, etc. Si, par hasard et très hasard vous en entendiez parler, expliquez donc le fait de la lettre de Pinochon, qui m'a été rendu par Camus, qui m'a dit qu'à la vérité quelques bons laboureurs étaient venus les consulter sur les invitations menaçantes de Rezeau, qu'ils les avaient dissuadés d'y obtempérer, mais sans menacer qui que ce soit de pillage. J'ai cru devoir vous faire cette petite narration par laquelle vous voyez qu'avec de bonnes intentions on s'éloigne parfois du but que l'on se propose.

Autre nouvelle qui vaudrait mieux : Quelqu'un qui croit le savoir de bonne part m'a dit, il y a une heure, qu'en vertu de la promesse faite par les chefs chouans de délivrer le pays des scélérats qui l'infectent, ils avaient fait venir le chauffeur Yon à Saint-Amand, vers la Sèvre, en supposant avoir quelque ordre à lui donner : que ce coquin s'y étant rendu, avait été conduit à un poste de républicains pour que justice en fût faite, comme elle l'a été par eux-mêmes sur Vrignaud, homme de la même troupe. On saura sous peu si le premier fait est vrai : on dit qu'il ne s'est pas rendu à l'appel qui lui a été fait. On ne sait par ici encore rien sur les propositions de pacification, on dit cependant que les demandes des chefs ayant paru peu admissibles, il en avait été référé au Gouvernement. L'on assure encore qu'ils sont toujours alimentés d'armes, d'équipements et de munitions par l'Angleterre.

Vous trouverez ci-jointes les pièces quittancées du citoyen Dillon, lesquelles j'ai acquittées avec 314 fr., prix de votre caisse chez le citoyen Duvignaud.

J'ai présenté le certificat de vie au citoyen Patrou ; cette pièce était sûrement destinée à recevoir un traitement quelconque, mais le premier m'a dit qu'il n'avait pas de fonds et m'a remis le dit certificat que je garde jusqu'à nouvel ordre.

18 scélérats ont été la nuit dernière à une métairie près le Langon, ont lié, maltraité les métayers appartenant au citoyen Biossay, ont volé leur linge et nippes, 800 fr. et un cheval, et ont laissé les malheureux dans la désolation. Tisseau, effrayé, est venu ce matin me témoigner son inquiétude sur vos paquets à la Durandrie : je lui ai dit d'apporter ici ce qui serait le plus transportable, on fera en sorte de le serrer : tant de désordres sont bien alarmants.

Le commissaire des guerres d'ici a ordre de préparer ce qui sera nécessaire pour 500 hommes arrivant en deux jours : je ne sais ce qui en sera, ni leur destination positive.

On dit qu'il est revenu de la troupe aux Essarts et

que Travot est de retour aux Sables, ce qui fait beaucoup de plaisir à ceux qui le connaissent.

Salut et amitié.

LADOUESPE.

XXIII

Au citoyen Logan, membre du Corps législatif, rue Grenelle-Germain, n° 1138, à Paris :

Fontenay, 25 frimaire an VIII.

Je vous annonçais, mon cher ami, par ma dernière, les obligations quittancées du citoyen Dillon et cependant je me suis aperçu que j'ai oublié de les mettre avec ma lettre, je répare aujourd'hui cette omission et vous les trouverez ci-inclus.

Hier ont passé ici 700 hommes venant, dans le jour, de Bressuire, allant aux Sables, aux ordres du général Travot qui y a repris son commandement. en arrivant et à peu de distance des Sables, une bande de chouans a tenté de le cerner et de s'emparer de sa personne, comme il n'avait avec lui que 5 ou 6 chasseurs, il s'est sauvé de vitesse et est arrivé par des chemins détournés, cette dernière aventure annonce que les gens sont incorrigibles. La dernière troupe qui vient le joindre est en état avec ce qu'il a, de leur en imposer fortement dans cette contrée ; nous sommes toujours ici dans le plus absolu dénûment de forces, nous apprenons tous les jours que dans nos parages ils continuent leurs incursions en désarmant les bons citoyens individuellement.

Tisseau a apporté ici vos paquets de la Durandrie, l'on dort bien peu tranquille dans les maisons isolées, rien au surplus de nouveau depuis ma dernière.

Salut amical.

LADOUESPE.

XXIV

Au citoyen Loyau, membre du Corps législatif, rue Grenelle-Germain, n° 1138, à Paris :

Fontenay, 27 frimaire an VIII.

Je vous écrivis, mon cher ami, les deux derniers courriers et je le fais encore aujourd'hui, le bonhomme Beland est venu me trouver ce matin de Sainte-Hermine où il est depuis longtemps, il avait avec lui un sien neveu que vous connaissez sûrement, Tisseau, de la Durandrie, l'accompagnait aussi ; Belaud m'a confié qu'il craignait beaucoup pour son neveu du côté de Mouilleron où il demeure, que le jeune homme s'était montré en plusieurs occasions qui lui ont attiré quelques ennemis de son voisinage, que sur ce qu'il avait appris qu'il restait peu de monde à la Durandrie, ils désireraient beaucoup l'un et l'autre que vous le prissiez à votre service, en effet tandis que le transport de vos murailles durera, Tisseau est souvent obligé d'avoir un journalier de Petosse pour aider à Préaut tandis que Tisseau est occupé au bétail; je lui ai dit en conséquence de congédier son journalier et de garder le jeune Belaud à sa place tandis que vous pourrez me marquer si vous voulez le garder à demeure jusque vers le milieu de l'été, d'un autre côté je vois que Tisseau est très épouvanté de ce qui se passe dans les environs, et qu'il ne serait pas fâché d'avoir avec lui le jeune homme qui passe pour brave, il paraît qu'à l'occasion ils seraient décidés à faire bonne contenance. Belaud s'en est allé avec le citoyen Coquillaud qui ne m'a rien dit de nouveau sur vos affaires de Pultaut, coucher chez lui pour se rendre ensemble demain passer une heure ou deux à Monsireigne. Je vous avais demandé par une précédente si vous vouliez diriger en droite ligne le mur qui descendra de la pièce de sainfoin à venir vers le gros noyer, Tisseau dit qu'en transportant la pierre il faudra gâter un peu de jarosse, dont la pièce où il faudrait prendre se trouve ensemencée, comme cet ouvrage se fera le dernier, vous aurez le temps de me dire ce que vous voulez faire.

Les recrutements de chouannerie se font toujours à force sur la gauche de la route depuis Sainte-Cécile, les Essarts, etc., jusque vers les Sables. Rezeau, Caillaud, occupent nos environs, tandis que plus loin d'autres chefs agissent de la même manière sans pourtant dans ce moment, commettre d'hostilités meurtrières, mais en continuant d'enlever les armes, les grains et les bestiaux des patriotes ; leurs réquisitions sont ainsi conçues, du moins le citoyen Meunier de Chantonnay m'a dit qu'il en avait vu une faite par Caillaud à Motais de Cécile. « *En vertu de la suspension d'armes entre les républicains et les royalistes. le citoyen Motais. fermier et acquéreur de biens nationaux, est requis de fournir, etc...* » en conséquence, avant hier on lui a enlevé avec 80 hommes tout le grain qui était chez lui. Cette mesure est bien propre à achever de ruiner tout ce qu'il y a de bons citoyens ; on m'a assuré que le directeur de la régie d'ici en avait envoyé plusieurs de ce genre à la régie.

Le général Travot a dans ce moment des forces assez imposantes à sa disposition, car outre les 700 hommes qui passèrent ici il y a deux jours pour se rendre aux Sables sous ses ordres, l'on nous a assuré qu'il lui était venu 400 hommes de La Rochelle il y a peu de jours, 200 venant de Nantes ont aussi passé aux Essarts pour la même destination, il a de plus ce qui est à Montaigu au nombre de 600, et ce qui occupe les divers cantonnements à peu près même nombre qu'il fait réunir dans ce moment vers Montaigu, pour former dit-on des colonnes nombreuses et imposantes au premier besoin. que l'on croit généralement peu éloigné d'après les manœuvres actuelles. Mais les retraites de cantonnement laissent les bons citoyens dans une perplexité dont il est difficile de se faire une idée.

Tous ceux qui ont vu les bandes. ce qui a été plus facile depuis la suspension. s'accordent à dire qu'elles sont d'une tenue à faire pitié. qu'elles sont composées pour la plupart. de gens qui paraissent forcés, mal armés et que leur marche a plutôt l'air d'une bande de faux sauniers d'autrefois que de militaires, cependant il en résulte de grands maux.

Les nouvelles parlent de paix générale, ce serait le grand remède à tant de calamités.

Clémenceau qui est ici. et vous dit bien des choses, se plaint qu'il y a longtemps qu'ils n'ont eu de vos nouvelles vers Sainte-Hermine où il réside.

Nous nous attendons sous peu à quelque chose sur la nouvelle forme du gouvernement de la République, si le projet ou l'ensemble vous est distribué, faites donc en sorte de nous l'envoyer. Salut amical.

LADOUESPE.

Au moment où je cachetais la présente, Motais me remet les pièces dont je vous parle dans la présente, le conteste m'en paraît si étonnant que je désirais vous en envoyer copie, mais le courrier presse, ce sera pour la prochaine.

XXV

Au citoyen Loyau, membre du Corps législatif, rue Grenelle-Germain, n° 1138, à Paris :

Fontenay, 29 frimaire an VIII.

Tout semble aller de mal en pire, mon cher ami, dans nos contrées misérables ; un moment de calme apparent n'a fait qu'enhardir la horde qui nous environne, ils ne l'ont employé qu'à se recruter, s'armer, s'organiser et piller le reste de la fortune des bons citoyens. Je vous parlais, dans ma dernière, de ce qui est relatif au citoyen Motais ; ce matin, il est arrivé ici avec la pièce ci-jointe signée de lui, qui ne contient que la vérité, les preuves multipliées qui sont à la connaissance de tout le monde et entre les mains de l'administration, et qu'il a fait certifier par le commissaire central ; elle est adressée aux consuls de la République, il nous a paru qu'elle ne doit leur parvenir que par l'intermédiaire du ministre, il me prie de vous la transmettre pour en faire l'usage que vous croiriez le plus convenable, soit par vous-même, soit en la communiquant à vos collègues intéressés comme nous dans la cruelle catastrophe qui accable notre pays. Le général Travot est ici depuis hier pour voir sans doute aux mesures à prendre dans la circonstance ; il fait encore une fois replier les cantonnements, crainte de surprise ; les patriotes des Herbiers se trainèrent encore hier pour la quatrième ou cinquième fois vers Hermine avec les lambeaux de leurs familles et de leurs effets, il en est de même partout où il y avait du cantonnement. Chantonnay s'était toujours soutenu avec la gendarmerie, les jeunes Desgrois et quelques autres bons citoyens ; les gendarmes ont reçu l'ordre de se rendre à Hermine, voilà 3 à 4 lieues de plus en possession des rebelles qui, le lendemain de la retraite de la force armée, y placent des gardes, vexent le peuple pour se réunir à eux et affament le pays ; ces mesures cependant ne leur réussissent que par la force et les menaces, leur petit nombre encore dans cette partie en est la preuve la plus sûre, car ils n'y manquent pas plus qu'ailleurs d'activité ; tous les rapprochements démontrent assez que des forces permanentes, disséminées dans le pays, étaient le seul remède à tant de maux, mais l'étincelle est devenue un incendie, comme nous l'avions prévu et dit tant de fois ; il faut que le mal soit encore beaucoup plus grand dans la partie des Sables, à voir les mesures que prend le général pour y porter presque toutes ses forces. Tout ce qui se passe d'ailleurs ôte toute espérance dans le succès des mesures d'humanité qu'avait voulu prendre le Gouvernement. Cette funeste guerre a été renouvelée et alimentée par l'Angleterre, les secours en tout genre qu'ils promettent et envoient aux rebelles entretiennent parmi eux l'espoir de la réussite et contrarient tous les moyens pacifiques que l'on tente d'employer; enfin, je crains et je prévois tous les maux dont nous avons été accablés il y a quelques années.

Je vous remercie de la Constitution que vous m'avez envoyée, elle est arrivée ici dans la nuit par un courrier extraordinaire, je l'ai déjà lue plusieurs fois avec le plus grand intérêt; ma petite conception m'y fait voir un grand avantage pour la marche du Gouvernement dans la centralisation du pouvoir; des lois organiques atteindront sans doute le même but pour la marche administrative, car il faut avouer que les longueurs des délais dans cette partie nuisirent infiniment à l'exécution.

J'ai reçu et remettrai au receveur la rescription jointe à votre lettre et vous ferai passer son récépissé pour plus grande sûreté, comme j'ai fait ceux du citoyen Dillon.

Je pense que la caisse de plantes destinée pour Luçon y est arrivée à bon port, d'après la promesse que m'en fit à l'arrivée le directeur de la messagerie.

J'apprends dans ce moment, de voie sûre, que Travot s'est déterminé, après beaucoup de représentations sur les inconvénients d'abandonner le pays à lui-même, à faire reprendre les cantonnements des Herbiers et Pouzauges, mais il paraît qu'il craint quelques invasions sur la côte; le général Grigni est nommé divisionnaire pour notre partie.

Salut amical.

LADOUESPE.

Jenny souffre beaucoup, depuis quelques jours, d'un abcès sous le bras, vers l'aisselle ; sa sœur de Luçon a la fièvre depuis longtemps, ainsi que son mari ; la citoyenne Descloux est aussi fort malade et tend à l'hydropisie. Ainsi, toute la maison est en mauvais état.

XXVI

Au citoyen Loyau, membre du Corps législatif, rue Grenelle-Germain, n° 1138, à Paris :

Fontenay, 3 nivôse an VIII.

Tout est à peu près ici, mon cher ami, dans la même situation, à la gelée près qui est très forte ; j'ai vu ce matin chez le citoyen central une lettre du général Hédouville, qui témoigne son indignation sur la conduite des chouans depuis les propositions avec eux ; il dit que d'Autichamp a promis de passer lui-même sur la gauche de la Loire pour faire cesser tous les excès, qu'au reste il y a lieu d'espérer que tout se pacifiera sans effusion de sang, qu'au surplus encore toutes mesures sont prises dans le cas contraire. *Fiat.*

L'on m'a dit que depuis le départ de la gendarmerie et des patriotes de Chantonnay, ils y avaient été faire une visite, c'est une suite de leur manière d'agir ; ils mettent tout en œuvre pour se rétracter, mais la masse du peuple ne veut pas y mordre, c'est ce que m'a confirmé encore aujourd'hui un habitant de Nantes, où il y a 6,000 hommes. S'il y en avait ici 200,

l'on serait content, mais il n'y a absolument que les
habitants. Demain arrive ici de nuit le citoyen Picaut
qui, apparemment, fera route par les Sables vers Nantes.

Les inquiétudes de Tisseau sur vos effets ne sont
pas encore causées par l'apparition des chouans, mais
par celle de bandes de voleurs, non moins à craindre
dans le voisinage ; ce qu'il apporte ici ne consiste guère
qu'en boîtes et matelas difficiles à emballer, je lui ferai
transporter les barriques restées à la Durandrie au lieu
que vous indiquez. Si je vous ai parlé d'un très petit
espace à prendre dans la pièce pour augmenter la
vigne, c'est que Tisseau m'avait dit que vous comptiez
terminer en pointe cette augmentation en la prolongeant seulement vers le milieu, vis-à-vis du fossé qui
sépare la vigne de la pièce aux Cyprès ; mais comme
le mur ne se fera pas à présent, vous serez toujours
à même de faire comme vous le croirez convenable.

Ils seront occupés pendant le froid, ne pouvant
travailler au grand air, à baisser et déblayer la chambre sous la pièce ; je leur dirai de laisser le mur en bas
de la pièce au sainfoin dans la place où il est. Il faudra
bien manger les choux avant de préparer la terre pour
la graine étrangère. J'ai dit de mettre de la litière
coupée menue aux pieds des arbrisseaux ; si quelques-uns
d'entre eux sont d'un climat chaud, il y a à craindre
qu'ils n'en souffrent si ce temps se prolonge.

Le pauvre Villars fut, il y a deux jours, au coin
de son foyer en arrivant de lire les nouvelles, frappé
d'une attaque de paralysie qui lui a ôté toute disposition du côté gauche ; il conserve cependant encore
quelque connaissance, mais il serait, selon moi, fort
étonnant s'il passait une décade dans cet état, c'est
ainsi que nous sommes dispersés çà et là, comme il
plaît aux circonstances et à la nature.

J'ai bien remis votre inscription au receveur des

domaines nationaux : mais, après trois voyages, je n'ai pu avoir encore le récépissé qu'il m'a promis pour demain. Les derniers articles de la Constitution sont consolants pour les acquéreurs, mais ne plairont pas aux émigrés.

J'ai communiqué au citoyen Michaud la lettre qui le concerne, il a été plus fâché que surpris de son contenu : il me charge de vous remercier de votre attention, il dit qu'il croit qu'il n'était guère possible de se pourvoir avant l'époque à laquelle il l'avait fait, mais les plus près du feu se chauffent toujours les mieux. Il y a ici comme ailleurs sans doute bien du monde dans la perplexité, relativement aux nouvelles fonctions à remplir et aux lieux où elles pourront l'être ; je voudrais bien pouvoir remplir les miennes tranquillement vers mon pays natal en labourant le jardin et les champs, je ne sais quand cet heureux moment pourra arriver. Je vois aussi qu'il y aura bien des places vacantes à Paris et que ce moment en est peu éloigné. Puissions-nous jouir encore une fois de la tranquillité au dedans et au dehors ; c'est le grand résultat de mes vœux, peut-être qu'enfin ils s'accompliront.

C'est bien 220 pattes d'asperges que j'ai fait planter nouvellement. Desgrois, qui est ici avec toute sa famille, est infiniment mieux s'il ne vient pas de nouveaux accidents. Adieu, mon cher ami : quel parti prendrez-vous si vos fonctions ne vous retiennent plus ? Vous voudrez peut-être voir la tournure ultérieure des affaires de notre pays.

Salut et amitiés.

LADOUESPE.

Chessé a bien reçu son almanach, je lui en dirai le prix. J'ai dit au citoyen Cochon que vous acquitteriez les 181 fr. à Paris, il les a remis à Duvignaut qui commence à sortir du lit.

XXVII

Au citoyen Loyau, membre du Corps Législatif, rue Grenelle Germain, n° 1138, à Paris.

Fontenay, 8 nivôse an VIII.

Les horreurs dont je vous ai fait part par ma dernière, mon cher ami, se perpétuent et se propagent chaque jour, hier le bordier de la Chopinière arriva ici tout effrayé d'une visite de Caillaud, la veille, avec 40 des siens qui pillèrent 100 boisseaux de froment qui appartenait à mon fils et qu'on avait dit de vendre depuis longtemps sans que cela eût été effectué par la difficulté de se faire payer comptant, c'est une perte à ajouter à tant d'autres; Motais, quelques jours après qu'on eût pillé le sien, rencontra vers Chantonnay un des meuniers, Thomas, qui était de la partie, et à qui il en fit des reproches; le lendemain il reçut de Caillaud une épitre dérisoire dans laquelle il lui dit qu'il est trop honnête et trop ami de la paix pour enfreindre les ordres qu'il a reçus d'après la pacification, portant qu'il ferait prendre les subsistances de ses troupes sur les acquéreurs de biens nationaux: Motais a encore apporté ici cette pièce remise de suite au citoyen Picaut arrivé ici d'hier soir, lequel a paru fort étonné de son contenu, a pris par devers lui l'original avec les deux autres dont vous avez vu copie, pour les faire passer par le courrier d'aujourd'hui au Ministre de la Guerre, qui ne pourra plus douter de cet excès d'impudence. Au reste les pillages partiels d'armes et de tous autres effets se continuent chez les citoyens attachés à la révolution,

avec la plus grande activité ; la nuit dernière, ayant eu
connaissance que quelques réfugiés de nos environs se
tenaient au bois Gats chez des amis, ils sont venus 12 à
15 enlever six fusils sans y avoir trouvé les propriétaires qui se sont sauvés ; de là, ils ont été en faire
autant au bourg de la Rhéorte, vous voyez qu'ils s'ap-
prochent de la plaine, et que le défaut de cantonnement
de ce côté laisse tout à découvert, et quels sont les effets
de cette prétendue pacification, qui n'a servi qu'à les
enhardir en leur donnant des forces. L'on m'a dit
aujourd'hui que le général Travot se disposait à les
poursuivre ; peut-être que le général en chef ou celui
qui le remplacerait aurait enfin ouvert les yeux, je vois
par tous les papiers que les choses sont encore pires
dans les pays de la grande chouannerie, puissent les
robustes ressorts du nouveau parti social, comprimer
cette féroce et audacieuse anarchie. Je vois qu'ils sont
presque tous tendus et prêts d'être en mouvement, je
désirerais bien que le calme pût nous réunir et que
nous puissions ensemble jouir de ses heureux effets,
mais nous ne pouvons encore l'espérer tout à l'heure
dans notre pauvre patrie.

Je fis dire, il y a quelques jours, à Tisseau de transporter ce qui est chez lui au lieu que vous indiquez, il
doit avoir été d'abord sur les lieux pour voir s'il serait
possible de passer la rivière qu'il présume, ainsi que
moi, prise par la glace, il ne m'a pas encore fait son
rapport ; je lui ai dit de laisser le mur derrière l'étable
aux bœufs tel qu'il est, de mettre de la litière aux pieds
de vos arbustes ainsi que d'en couvrir les pêchers
restés pour Pultaut qui n'avaient pu être transportés
avant les gelées et ne peuvent être plantés maintenant.
Ils ont comme fini de déblayer la chambre sous la pièce,
l'on y passera aisément, le bout du côté de la grange
porte d'un pied dans le mur et l'autre est appuyé sur un

bon pilier de maçonnerie de manière que le tout est très solide. Les cavales n'y sont point encore, partie est logée dans la boulangerie et partie dans l'étable aux bœufs. Tisseau dit que pour épargner le foin, il va conduire encore deux bœufs à Pultaut et qu'il peut s'en passer pendant 4 ou 5 décades. Le neveu de Belaud est venu passer quelques jours à la Durandrie puis est retourné vers Mouilleron où il veut, dit-on, se marier, de manière que peut-être ne reviendra-t-il pas, je crois bien comme vous qu'il est un peu volage.

Paulet est venu faire un tour ici ce matin, ils sont assez tranquilles vers Pultaut où il n'y a absolument, m'a-t-il dit, rien de nouveau.

J'ai lu avec plaisir l'écrit du citoyen Cabouis, il donne bien des éclaircissements sur la nouvelle constitution, dont l'acceptation ne peut être douteuse, je vois que la somme dépassera de plus 500 votes, ce qui est beaucoup eu égard à la population. Adieu, mon cher ami, salut et amitiés ; le froid est excessif par ici.

LADOUESPE.

XXVIII

Au citoyen Loyau, membre du Corps Législatif, rue Grenelle-Germain, n° 1138, à Paris.

Fontenay, 10 nivôse an VIII.

J'apprends avec plaisir, mon cher ami, que vous êtes l'un des membres du nouveau corps législatif, cependant je ne vous en féliciterais pas si nous pouvions jouir par ici du bonheur qui fuit toujours loin de nous, et qui s'éloigne de plus en plus à mesure que l'audace des rebelles s'accroît de jour en jour ; ils ont fait la nuit précédente une incursion sur les communes de la Vineuse et du Simon, où ils ont pillé les grains, les armes et les effets transportables ; ils étaient au nombre de 50 avec des voitures pour enlever les grains, et se sont retirés avec leur butin à Puymaufray au delà de la rivière où ils sont, dit-on, 500 en bonne tenue et d'où ils menacent le voisinage et la plaine. Ce dernier événement a jeté la consternation vers Sainte-Hermine et jusqu'ici où il n'y a aucune espèce de force à leur opposer quoiqu'on en annonce toujours sans en voir paraître : cet état de choses paraît avoir déterminé le général Travot à donner sa démission qui ajoute encore à l'inquiétude des patriotes qui se voient absolument abandonnés à leur malheureux sort, les enlèvements continuels des grains jettent surtout dans le désespoir, s'ils se propagent dans la plaine comme rien ne s'y oppose, la famine en deviendra la suite d'après la petite récolte de l'année dernière. Le froment est à 380 fr. et la baillarge à 300 ; il paraît que les enlèvements, toujours sous prétexte de pacification, sont destinés à alimenter l'Angleterre en échange de leurs munitions, etc. Nous avons mis tout cela sous les yeux du citoyen Picaut, qui ne peut qu'en instruire le Gouvernement et répéter ce qui a été dit mille et mille fois, il est aujourd'hui d'un grand dîner que lui donnent toutes les autorités réunies ; il va après demain à La Rochelle d'où il voudrait aller à Nantes si le passage est possible.

La liste que vous m'avez envoyée, et la suite venue par le courrier, je la lui ai communiquée.

Les papiers publics parlent toujours de pacification et en attendant de toutes espèces d'horreurs de la part des chouans, comment tout cela peut-il s'accorder, il faut encore attendre si nous en avons le temps.

Tisseau ne peut passer vos effets à cause de la glace, tout ce que j'ai est dans les mêmes risques vers Sainte-Hermine, l'on ne pouvait jamais s'attendre que les trois derniers mois n'eussent apporté aucun changement en bien à notre malheureuse position.

Le département apprend aujourd'hui un évènement fâcheux arrivé à Pouzauges ; le cantonnement qui y tient encore, avait construit des baraques dans l'intérieur de l'église pour être à couvert du froid, le feu ayant pris à une de ces baraques fut communiqué aux autres, et à la voûte en bois qui est devenue la proie des flammes avec tous les effets des soldats et les lits fournis par les habitants. Les militaires n'ont plus de ressource que le vieux château, s'il peut les mettre à couvert. La belle-mère de Duvignaut vient d'être attaquée d'une paralysie, qui lui ôte l'usage d'une jambe et d'un bras, mais l'attaque n'est pas si forte que celle de Villars et on croit qu'elle survivra encore quelque temps. Je félicite notre ancien camarade Dillon, il est mieux là qu'à Pouzauges ou au Poiré.

La composition des grandes autorités de la République paraît faite à chaux et à ciment, elle doit plus faire réfléchir les ennemis du dehors et du dedans que la levée d'une grande armée lorsqu'elle aura pris son mouvement et son aplomb : Salut, amitiés.

LADOUESPE.

Le citoyen Litard, sans trop savoir où en est son affaire, me charge de vous faire ses remerciements en se rappelant à votre souvenir.

XXIX

Au citoyen Loyau, membre du Corps législatif, rue Grenelle-Germain, n° 1138, à Paris :

Fontenay, 15 nivôse an VIII.

J'ai bien reçu, mon cher ami, votre dernière du 10 par laquelle vous m'annoncez les mesures d'humanité qu'a prises le gouvernement pour éteindre les torches de la guerre civile qui embrase les départements de l'Ouest. La proclamation et les arrêtés qui y sont joints vont y être répandus avec profusion et célérité ; puissent-ils faire cesser ou du moins diminuer les ravages dont nous sommes incessamment accablés ; diverses lettres d'Angers parlent aussi d'un arrangement qui y aurait été conclu avec le général en chef et qui doit dans ce moment être connu à Paris. S'il n'y a pas bientôt quelque changement dans la situation de ces contrées si malheureuses, ceux qui les habitent ou qui sont obligés d'en tirer leur moyen d'existence, ne pourraient être plus à plaindre. Le domestique de Desgrois, arrivé hier au soir, nous dit que le brigandage et le pillage y étaient au comble ; ils sont venus il y a deux jours aux Roches-Baritaud avec plusieurs charrettes, ils ont enlevé 530 boisseaux de grains ; les deux nuits précédentes, ils ont parcouru les communes de la Jaudonnière, Saint-Martin-Lars, etc., où ils ont tenu la même conduite en enlevant aussi l'argent, les effets et un grand nombre de fusils ; la nuit dernière, une bande qui a été vue vers Changillon, Thiré et

Pouillé, a traversé la plaine et s'est portée au delà la
rivière, au ci-devant château de Brillac, où je crois l'on
ne cherchait pas des patriotes, mais où l'on a lié les
domestiques, pillé la maison et volé beaucoup d'argent,
à ce que l'on assure ; la vieille maîtresse de la maison
était à Fontenay, d'où elle est allée ce matin voir son
désastre. J'apprends qu'à Mouchamps ils se sont établis
dans ma maison, d'où ils ont chassé et maltraité les
domestiques pour y vivre à discrétion, tandis qu'il y
restera quelque chose, enfin la désolation est à son
comble et augmenterait encore s'il était possible. Voilà,
mon cher ami, quelle est la situation de notre pays,
dénué de toute force militaire, sans cantonnement dans
tout l'intérieur, excepté à Pouzauges et à la Chataigneraye et encore à Montaigu, dont on n'a presque aucune
nouvelle. Il est à croire qu'il y aura quelque changement à l'issue de la crise pacifique qui dure depuis un
mois, pendant lequel le désordre a quadruplé d'activité.
Fontenay est toujours sans aucune autre force que la
gendarmerie, exposée à toutes leurs incursions.

J'ai réitéré ce matin à Tisseau de faire son charroi,
mais la glace s'y oppose encore, si le dégel continue, il
pourra le faire dans deux jours ; il m'a parlé de conduire
deux bœufs encore à Pultaut à cause de la barge et
voir en même temps si les métayers pourraient lui
conduire de quoi chauffer son four ; il paraît difficile
dans ce moment de les conduire à la Durandrie. Je lui
ai dit aussi de dire ou faire dire à Sarrazin de venir
me parler, mais je crois qu'il aura de la peine à traiter
encore tout à l'heure de sa location ; je m'imagine
qu'on ne le consultera pas pour cet article. J'ai vu ce
matin Grassard la Lande venant de l'île de Rhé avec
votre ancien voisin, qui se promet bien, dit-il, de prê-
cher la paix et surtout les restitutions, mais en attendant
il prend domicile par ici ; les contrées d'où il vient

espèrent participer aux mêmes douceurs du gouvernement. Dieu veuille que le passé les instruise sur l'avenir et qu'ils fassent pour le bonheur de l'humanité leur
profit des sages avis qui leur sont donnés dans la proclamation qui les concerne.

Tout le monde est persuadé que les pillages énormes
de grains qui se font depuis quelque temps sont pour
le compte des Anglais; s'il en est autrement, et que
d'après ce qui se passe, la tranquillité doive renaître,
ce ne peut être qu'une spéculation des chefs et sous-
chefs pour à cette époque, s'en tirer les mains nettes;
peut-être quelque jour, si nous y sommes encore,
saurons-nous tout cela; ce qu'il y a de plus certain,
c'est que nous en avons été et en serons encore les
seules, les uniques victimes. Puissions-nous encore à
ce prix respirer en paix.

Adieu, mon cher ami.

LADOUESPE.

L'on me dit dans ce moment que le ministre de la
justice vient d'instruire le président près le tribunal
que la pacification conclue à Angers avait été présentée
à la ratification du gouvernement.

J'apprends dans l'instant que Clémenceau a pensé
payer cher l'imprudence qu'il a eue il y a trois jours
d'aller passer une nuit avec sa femme. 7 ou 8 scélérats
qui en ont sans doute été instruits, ont cerné sa maison
la nuit, il s'est sauvé en chemise chez un voisin et de là
est revenu à Hermine; je ne sais ce qui sera advenu à
sa femme et deux de ses filles, que l'inquiétude du
refuge y a toujours retenues à Mouchamps.

XXIX

Au citoyen Loyau, membre du Corps Législatif, rue Grenelle-Germain, n° 1138, à Paris :

Fontenay, 17 nivôse an VIII

Et nous aussi, mon cher ami, nous entendons parler de paix et de pacification dans les départements de l'Ouest, mais rien de ce qui se passe sous nos yeux n'est propre jusqu'ici à donner de la sécurité ; on dit ici, et même il paraît positif, que Rezeau et Caillaud dans les parties de Montaigu et de la Roche-sur-Yon ont congédié leur monde à l'exception de 12 à 15 autour d'eux pendant quelque temps, que cette détermination a été prise à la suite d'une grande conférence entre les principaux chefs ; si ce fait est exact, il annoncerait, sans doute une amélioration dans l'état actuel, mais il ne passe ni jour ni nuit qui ne soit marqué par quelque nouvelle atrocité ; ils étaient il y a trois jours en assez grand nombre vers et à Monsireigne d'où vient d'arriver le citoyen Majou effrayé, dit-il, de leur visite qui s'est prolongée à Sigournais, où s'est trouvé le citoyen Blampain, monté sur un petit coursier élégant et enharnaché de même, qu'il a fallu leur abandonner malgré toutes les représentations du cavalier, revenu ici hier à pied ; l'un des Coquillaud me dit aussi hier qu'ils avaient enlevé une poulinière et sa pouline à votre métayer de la Brouardière et son argent, toutes les parties sont exposées à la fois aux mêmes incursions. Vers Mareuil, Bessey, les environs de Luçon et toute la plaine on en entend parler chaque jour, le bonhomme Cortez, beau-père de Gallot, a eu aussi sa visite et souffert, dit-on, un pillage considérable : on dit et je crois aussi que ce sont des bandes d'assassins et de brigands distinctes des autres, mais les résultats sont si ressemblants qu'il est malaisé d'en faire la différence. Cependant si les chefs en titre sont de bonne foi dans les promesses que l'on dit qu'ils ont faites, il serait facile de ramener encore la tranquillité, en disséminant des troupes sur le pays qui en est totalement dépourvu. Tisseau m'a envoyé le neveu de Beland ce matin, me témoignant leur inquiétude sur le passage d'une bande, la nuit dernière à Pouillé et qui a été dispersée par un ou deux coups de fusils ; je leur ai dit de tenir ferme et de les recevoir de même, ils y paraissent bien déterminés ; je lui ai réitéré d'aller à Velluire, ce qu'il a promis pour demain matin.

Je reçois dans l'instant une lettre de Duportail qui me confirme plusieurs des faits dont je vous parle et me donne le détail de beaucoup d'autres, notamment d'une attaque la nuit dernière près du village de la Coudraye dont ils ont été chassés par quelques coups de fusil en l'air, il en sera de même pendant longtemps, si les commandants militaires ne placent la force armée dans l'intérieur des campagnes en la tirant des villes où elle est comme en garnison ; nous n'entendons plus parler du général Travot depuis sa démission dont j'ignore le résultat et les suites.

J'ai parlé à Godet de votre paiement, il se rappelle bien de l'avoir fait mais non si c'est pour le tout ou partie. J'ai voulu voir Duvignaut qui ne s'y est pas trouvé, et qui ne se le rappellera pas davantage, j'en ai parlé de nouveau au citoyen Lévêque, receveur, qui persiste d'après ses registres à dire que les deux tiers n'ont pas été payés, ce qui est vraisemblable, il vous en coûtera 60 fr. pour les 3.000 fr. restants, que je lui compterai demain en recevant récépissé.

Mon fils fut attaqué il y a trois jours d'une fluxion de poitrine, toux, oppression, forte fièvre, crachement de sang, tout était alarmant, mais à l'aide de deux saignées le lendemain, ordonnées par le médecin, presque tous les symptômes ont disparu, il est aujourd'hui à peu près hors de danger en se ménageant.

Puisqu'il me reste du papier il faut que je vous parle encore de brigandage. Vous vous rappelez de la belle cuisinière à Godet qui avait fait connaissance en prison avec Come Vinet, qui l'envoya après son jugement tenir son ménage à Launay, elle avait aussi fait connaissance à la même époque avec un nommé Rousseau, de vers Mouilleron, autre coquin dont peut-être vous vous rappelez, eh bien, il a été la trouver à Launay, ils ont vidé ensemble la maison de Vinet, ont vendu blé, vin, effets, ont monté à cheval ensemble pour courir les aventures du brigandage, ont été vus l'un et l'autre en plusieurs expéditions, notamment dans la plaine où elle connaissait plusieurs maisons. Ces deux exemples prouvent assez que les coquins se corrigent difficilement. On assure que Caillaud était de la dernière incursion vers Monsireigne et Sigournais, nouvelle preuve que ces messieurs veulent faire leur bourse avant de quitter le métier, si l'on peut espérer qu'ils aient réellement cette intention, c'est ce qui se vérifiera à l'expiration de l'amnistie qui n'est plus éloignée que de quelques jours.

Salut et amitiés.

LADOUESPE.

Sarrazin arrive ici en ce moment, il me confirme le vol de la jument de la Brouardière, sa pouline est restée, il ne sont pas venus à Pultaut où tout est comme à l'ordinaire ; je l'ai prévenu de ce qui le concerne relativement à son acquisition, il m'a dit que les métayers de Pultaut, sont venus hier à moitié chemin de la Durandrie.

XXXI

Au citoyen Loyau, membre du Corps législatif, rue Grenelle-Germain, n° 1138, à Paris :

Fontenay, 20 nivôse an VIII.

Nous sommes, mon cher ami, toujours dans la même incertitude, dans la même inquiétude sur les événements qui nous occupent et nous intéressent le plus. Des bruits de pacification arrêtée à Angers nous tiennent en balance depuis longtemps, tandis que les atrocités dans tous les genres, notamment les enlèvements d'armes et de grains qui se continuent avec la plus grande activité ne peuvent permettre d'y croire au moins clairvoyant. Enfin, depuis quelques jours, 60 gendarmes, choisis dans toutes les brigades, avaient reçu l'ordre du général Travot, dont vraisemblablement la démission n'a pas été acceptée, de se réunir le 23 du courant à Luçon, avec la compagnie des chasseurs de la Vendée, à peu près en même nombre, pour entrer avec le général et sans doute de l'infanterie, dans l'intérieur du pays pour voir les dernières dispositions des chefs et de leurs bandes : aujourd'hui cette cavalerie a reçu contre-ordre, d'après de nouveaux avis dont on ignore les motifs et que l'on dit résulter de nouvelles propositions des rebelles.

Le médecin Rousse a reçu hier des Sables une lettre de son fils qui dit que l'on y croit à une pacification ; quelques personnes venues de l'intérieur du pays disent aussi que la même opinion y est répandue ; quant à nous, qui ne pouvons juger ici que par les résultats de ce qui se passe chaque jour, nous ne pouvons fixer notre opinion. Dites-moi celle que l'on a à cet égard à Paris ? notamment vos collègues qui doivent recevoir des nouvelles de divers points. Je crois bien que les chefs dans le département n'ont pas grande confiance dans le nombre ni les dispositions guerrières de ceux qu'ils forcent de se rendre avec eux, mais il peut en être autrement en beaucoup d'autres endroits, et je crois encore que les secours qu'ils attendent de l'Angleterre fixeront plus que toute autre chose leur détermination.

Après avoir vu Duvignaut, qui m'a dit vous avoir remis vos quittances et ne point se rappeler des paiements faits, j'ai pris chez lui le montant de celle ci-jointe et l'ai remis au citoyen Lévèque, qui vous en tient quitte.

J'ai vu ici hier Duportail, Marchegay et Clémenceau qui n'en savent pas plus que nous sur les affaires de notre pays et dont l'inquiétude est au moins égale à la notre. Mon fils va de mieux en mieux et je crois qu'il en sera quitte sous peu de jours.

Salut et amitiés.

LADOUESPE.

Je portais l'incluse à la poste lorsque j'ai rencontré le commandant de la place qui m'a dit que la nuit dernière était arrivé ici un capitaine porteur d'un ordre et de proclamation du général en chef, tendant à une pacification dans les départements de l'ouest; il a dit avoir été escorté par des chouans d'Angers à Cholet, où est le général Delage avec 3.000 hommes; de là, il s'est rendu à Montaigu et ici, tout ceci explique la lettre trouvée sur Grignon après sa mort, laquelle était, dit-on, adressée par Delage pour l'instruire des intentions pacifiques du gouvernement, de tout quoi il ne faisait sans doute aucun cas, puisqu'il se battait avec cette lettre dans sa poche et sans en instruire son monde; sa qualité d'émigré qui, d'après la proclamation, ne lui laissait pas espérer de pardon, peut lui avoir inspiré son audace. Enfin, il a payé et c'est une affaire finie pour lui. Il est à espérer que les mesures pacifiques, accompagnées d'une force imposante, nous ramèneront encore une fois la tranquillité ; il paraît, en conséquence, que les cantonnements seraient rétablis comme ci-devant, dans l'espérance que le plus grand nombre des rebelles entendront les paroles de paix qu'on leur porte. Puisse cette flatteuse espérance se réaliser.

XXXII

Au citoyen Loyau, membre du Corps Législatif, rue Grenelle-Germain, n⁰ 1138, à Paris :

Fontenay, 23 nivôse an VIII.

Je vous ai parlé, mon cher ami, dans mes précédentes lettres, des horreurs toujours croissantes de notre situation; aujourd'hui, le mal est à son comble, les rassemblements dans l'intérieur sont aussi nombreux, armés, organisés comme ils l'étaient dans la dernière guerre, la violence et l'opinion ont amené ces résultats, que quelques cantonnements çà et là auraient prévenus ou empêchés, 2.000 hommes auraient plus fait il y a deux mois que le triple aujourd'hui. J'apprends, dans le moment, qu'une bande nombreuse s'est portée hier vers Bazoges, Thouarsais et Pulteut; que tout avait été brisé dans votre maison et beaucoup d'autres; que le pauvre Coquillaud, celui qui voyait à vos affaires, avait été massacré; que deux autres personnes des environs, au nombre desquelles un nommé Morandière (1), ont été emmenés par eux; qu'à Mouchamps, 600, commandés par un Verteuil Bourbon, etc., y résidaient depuis trois jours et jetaient tout dans la désolation, qu'ils devaient hier prendre la position de Chantonnay; jugez des suites. Aujourd'hui, le citoyen commandant de la place d'ici fait rentrer les cantonnements de Pouzauges et de la Châtaigneraie; jugez-en encore. Il en est de même partout, et il ne restera plus personne dans tout l'intérieur qu'à Montaigu, où ils sont réduits à extorquer leurs subsistances par des sorties. Tout nous présage les plus grands malheurs si on n'y apporte le plus prompt remède; l'on ignore encore les motifs du contre-ordre du général Travot qui devait marcher le 25; on dit qu'il en a été fait autant dans les Deux-Sèvres. Quelques personnes parlent encore de pacification, mais comment donc pourrait-on faire la guerre. Si le courage et la fermeté du gouvernement

(1) Ce n'est point Morandière qui a été emmené; le pauvre Coquillaud, instruit de leur marche, avait averti le matin plusieurs de ses voisins; étant enfin monté à cheval lui-même, il se trouve à leur rencontre, veut passer parmi eux, en tue un d'un coup de pistolet et succombe enfin sous leurs coups.

ne nous étaient pas connus, nous serions plus près du désespoir que de l'espérance.

Adieu, mon cher ami, je crains aussi que le mal n'empire.

Salut, amitiés.

LADOUESPE.

XXXIII

Au citoyen Loyau, membre du Corps Législatif, rue Grenelle-Germain, n° 1138, à Paris.

Fontenay, 25 nivôse an VIII.

La retraite dont je vous ai parlé, mon cher ami, par ma dernière des cantonnements de la Châtaigneraye et Pouzauges, nous présente depuis hier, comme je l'avais prévu, le tableau déchirant de 150 ou 200 réfugiés de ces deux endroits, Mouilleron, etc., qui nous rappellent les horribles époques de 93. Et d'après la conduite des scélérats de l'intérieur qui ont entrepris de détruire tout ce qu'il y a de patriotes dans les contrées, il est à croire que sous peu nous en verrons beaucoup d'autres, vu que, si la misère les retient, ils seront sacrifiés les uns après les autres. Tout votre monde de Pultaut est arrivé ici aujourd'hui à l'exception de la bonne femme Pequin et le plus jeune qui est resté pour soigner le bétail. Il n'est pas vrai comme on me l'avait dit que la bande qui a assassiné Coquillaud

ait tout brisé chez vous, ils n'ont parlé qu'à Pequine
sans même entrer dans la maison ; ils voulaient des
armes, elle leur a présenté sa quenouille en disant que
les hommes étaient partis et qu'auparavant ils avaient
emporté leurs armes, ce qui était vrai ; et ils ont fait
retraite après avoir cherché les chevaux qu'ils n'ont pas
trouvés à l'exception de la jument de Plancher que l'on
espère qui reviendra parce que le bonhomme a été à sa
recherche. Sarrazin et Paulet m'ont rapporté un vol plus
fâcheux s'il se vérifie, c'est l'enlèvement des dix bœufs
de la Sanelière il y a 5 à 6 jours ; ils le tiennent de
Suaudeau de la Chauvinière à qui ils ont aussi volé sa
jument ; je m'en suis informé aujourd'hui à Bretin et à
un autre de Monsireigne venus ici hier au soir qui n'en
ont pas ouï parler, que cependant les métayers avaient
été fort maltraités, il est à penser qu'ils ne nous épar-
gneront aucun moyen de ruine ni d'humiliation, puisqu'ils sont entièrement les maîtres de les employer à
leur gré ; je pense qu'à Mouchamps les 5 ou 6 qui y
sont depuis quelques jours ne resteront pas en arrière
sur ce point. Apparemment que tout votre monde va
rester à la Durandrie jusqu'à nouvel ordre ; Groleau est
retourné ce matin avec les caillerots à Pultaut pour
essayer d'en tirer quelque chose à leur usage, et vos
livres, je ne sais s'il réussira ; les gens de la plaine se
sont armés et montent la garde dans leurs bourgs et
villages, ils pourront éloigner les bandes de voleurs.
Douze gendarmes escortant un général venant de Nantes
en rencontrèrent hier une trentaine qui faisaient le
pillage à Chantonnay, ils fusillèrent les gendarmes qui
à leur tour les chargèrent si rudement, qu'ils en laissèrent deux sur le pavé, les autres se sauvèrent dans
les jardins et les maisons en jetant leurs fusils et leurs
sabots, je crois qu'il en serait de même dans une affaire
générale, s'ils étaient pressés par de bonnes troupes.

La dernière proclamation du consul Bonaparte annonce aux généraux ce qu'ils ont à faire après l'insuccès de l'amnistie, il est à croire qu'ils vont entrer en campagne après la funeste inaction qui leur a donné tant de forces ; il n'y avait aucun rassemblement encore depuis Châtillon jusqu'ici, tout l'ancien district de la Châtaigneraye est maintenant à leur disposition, ils ne perdront ni le temps ni l'occasion.

Pequine a vendu un cochon 66 fr. que Paulet m'a remis, il en reste un autre à peu près semblable qu'ils voulaient tuer, reste à savoir qui le mangera.

Salut et amitiés.

LADOUESPE.

XXXIV

Au citoyen Loyau, membre du Corps législatif, rue Grenelle-Germain, n° 1138, à Paris :

Fontenay, 21 pluviôse an VIII.

Nous avons bien, mon cher ami, la paix proprement dite, dans le pays, mais nous n'y avons pas la tranquillité, des pelotons de scélérats plus ou moins nombreux, inquiètent toujours les bons citoyens, pillent et volent les passants et même les domiciliés pendant la nuit ; de sorte que les contrées ne me paraissent guère habitables à moins d'avoir fait le sacrifice de son repos et de sa vie, à quelques intérêts particuliers et à l'amour de ses anciens pénates. Les tristes réflexions auxquelles cet état de choses me livre à tout moment me feraient facilement renoncer à mon pays natal, quelque mauvais qu'en serait le résultat pour mes inclinations et mes affaires, si je pouvais trouver quelque arrangement tant soit peu passable par ici, j'ai déjà même eu une conférence à ce sujet avec notre voisin le citoyen Tétard pour son reste de Cordeliers occupés dans ce moment par lui et le citoyen Godet ; vous connaissez le local et le logement, après la cession qu'il a faite au citoyen Lévèque, de la grande maison et de la grande partie du clos, il reste encore 10 boisselées en culture propre à jardin, vigne, luzerne, belle cour, joli jardin au pied de la maison du côté du clos, quelques servitudes, beaucoup de superbes murailles à espalier, mais tout cela n'est pas fait, il s'en faut ; plusieurs chambres aussi faites et à faire avec peu ou beaucoup de dépenses, *ad libitum*: il a refusé de tout cela à ma connaissance 8.000 l. et en voulait 9 ; je lui en ai offert à peu près 7 ; il a un objet en vue, s'il conclut, il voudrait déjà les tenir, mais ma proposition est subordonnée à encore quelques moments des circonstances présentes ; il veut jouir de ce qu'il occupe encore jusqu'en vendémiaire prochain, époque à laquelle Godet aurait le projet, si faire se peut, d'aller à Saint-Aubin ; je vois que tout cela un peu mis en valeur tant en domicile qu'en culture pourrait rendre à peu près 500 fr. Je voudrais que nous puissions y trouver une retraite commune pendant le séjour que vous feriez au pays, convaincu que je suis que vous trouverez autant de difficulté que nous à un séjour des champs, dont un grand nombre d'habitants sont d'une perfidie inouïe et quelques-uns d'une atrocité dont il n'y ait guère d'exemples à la fin de la dernière guerre, et dont le caractère est devenu effrayant pendant le peu de temps qui s'est écoulé. L'embarras où l'on se trouve est extrême, mais je vous avouerai que j'aimerais presque mieux passer le reste de ma vie en prison qu'au milieu de cette perverse génération.

J'ai vu ce matin les deux Coquillaud à qui j'envoyai hier la jument de leur frère volée après son assassinat et rachetée par Chapeau de Mouchamps, après avoir passé par plusieurs mains et qu'ils ont remise sur la connaissance qu'ils avaient de sa qualité; ils m'ont dit que leur frère n'avait reçu le payement ni de votre bois, ni de votre foin, que Juliot et les gendarmes de la Caillière devaient bonne partie de cette dernière denrée, qu'au surplus tout était écrit sur le registre de leur frère qu'ils ont sauvé, mais qu'ils pensaient qu'il n'avait que très peu d'argent de reste à vous. J'ai remis à Dutail sur son récépissé, une somme de 600 fr., il me reste à vous, cinq cent vingt-sept francs. Je n'ai vu aucun de vos gens de Pultaut depuis leur retour, ni depuis la dernière vente de votre blé, dont le Lièvre ne m'a fait passer qu'à peu près trois cent quarante francs, y compris un peu de monnaie que je n'ai encore pas comptée, et dont j'ai remis à Tisseau 5 l. pour avoir une poêle à frire et un panier à semer le blé qu'il m'a demandés. Le Lièvre m'avait dit qu'il croyait qu'il restait deux tonneaux à peu près de froment méteil, quantité qui aurait dû rendre plus d'argent, mais peut-être en a-t-il réservé pour la provision, ou le tout n'a-t-il pas été payé, ou en a-t-il donné à quelques ouvriers, c'est ce qu'il me dira à la première vue.

J'ai bien dit à Tisseau de ne point disposer du petit coin de terre, je lui ai donné un billet pour vos gens de Pultaut portant la quantité et l'espèce du plant de vigne que vous voulez faire ramasser et mettre en terre; nous aurons de Saint-Aubin du raisin de Corinthe, il y en a plusieurs belles et bonnes treilles dont j'ai mangé l'automne dernier.

Tisseau m'a dit que le maçon Mériau de Monsireigne lui avait demandé à faire votre mur de vigne, étant peu occupé et peu à son aise dans le pays, je lui ai dit de nouveau de venir me parler ; s'il vient, je verrai avec lui sinon avec quelqu'autre et je lui ferai arranger ce qui est nécessaire pour le plancher et pour poser les soliveaux. Le citoyen Pervinquière m'a promis un aperçu... (1)

J'attends des nouvelles de mes filles qui sont encore restées à Mouchamps avec celles de Clémenceau, Desgrois est à Chantonnay avec ses enfants, mais il y a beaucoup de différence dans l'habitation, la citoyenne Desgrois mère est toujours ici, son mari va beaucoup mieux. Je suis bien aise que le pauvre Lépaux soit content dans sa retraite, je l'ai toujours cru homme honnête et honnête homme.

Belaud parti subito avec les autres pendant que j'étais à Hermine et sans que je les ai vus, doit amener sous peu une paire de bœufs à Tisseau qui ne peut se passer d'en avoir six pour semer les baillarges, il ne m'avait remis que 768 l. des bêtes vendues, dont la rentrée m'a-t-il dit, n'est point équivoque.

L'on me dit dans l'instant qu'une bande de brigands a pillé complètement la nuit précédente un fermier de la Bodinatière, près de Saint-Hilaire-de-Vouxt, sous prétexte qu'il était acquéreur de biens nationaux, on y a envoyé quelque troupe ; 700 hommes en bonne tenue, sont passés ici aujourd'hui pour être, sans doute, cantonnés dans l'intérieur. il faut en finir avec les brigandages de l'Ouest avant d'asseoir son jugement. Par ici les nouvelles sont rares.

LADOUESPE.

(1) Le reste a été mangé par les rats.

XXXV

Au citoyen Loyau, membre du Corps législatif, rue Grenelle-Germain, n° 1138, à Paris :

Fontenay, 25 pluviôse, an VIII.

Je suis allé hier à la Durandrie, mon cher ami, avec le citoyen Mériau qui est venu me prendre ici ; nous avons fixé ensemble, sauf votre approbation, les limites du nouveau mur de la vigne à 47 pieds à peu près de largeur en approchant du chemin de l'abreuvoir, sur une longueur dans la pièce de terre, jusques et vis-à-vis le fossé de la vigne d'à peu près 36 toises, j'ai calculé que cette augmentation vous donnera lieu de planter à peu près 1.500 ceps de plus ; il dit que les anciennes pierres avec celles qui sont dans la pièce du Cyprès auront peine à suffire ; il a promis de finir l'ouvrage à l'époque de la plantation de la vigne, c'est-à-dire vers le 10 floréal ; la hauteur, y compris le fondement, serait de 2 mètres, il a demandé 5 fr. par double mètre de longueur, ce prix m'a paru déraisonnable pour travailler à pierre sèche, il m'a allégué la cherté du pain et le transport, je n'ai rien voulu lui promettre : il m'a dit que vous l'aviez fait travailler à la journée, que vous connaissiez son activité, qu'il prenait ordinairement 35 s., mais que l'ouvrage étant fait au premier printemps, il diminuerait quelque chose, c'est-à-dire apparemment qu'il le ferait à 30 s. S'il emploie le temps, je pense que le dernier parti est le plus convenable. Marquez-moi de suite ce que vous voudrez faire, j'ai

promis de le lui faire savoir, il viendrait à la quinzaine ;
cette augmentation vous donnerait une superbe vigne,
surtout si vous la prolongez dans la même largeur dans
l'autre pièce des Cyprès, alors il faudrait faire attention
à ne semer le sainfoin que dans le haut si votre projet
est de prolonger la vigne vers la toise de pierres.

Pendant que j'étais à la Durandrie, Groleau a amené
de Pultaut deux grands bœufs qu'a achetés Belaud ; ils
sont beaux, mais ils ont le ventre trop large pour la
barge à Tisseau, il faudra les revendre ou les renvoyer
vers Pultaut aussitôt que les baillarges seront semées.
Groleau a apporté, et j'ai fait planter sur le champ un
bon paquet de gros plants d'osier, de manière que vous
en aurez ample provision ; ils vont s'occuper à ramasser
le plant de vigne que vous avez demandé, Tisseau
mettra à part celui du cep que vous aviez marqué ; je
lui ai dit aussi de laisser ceux qui font le tour de l'allée
des pruniers pour former un échalas, mais ils ne sont
pas bien droits dans cette direction, ce qui nuira à
l'alignement. Thomas, de Pétosse, n'a point payé le
seigle qu'il a eu de la Durandrie, mais est prêt à le
faire, à ce que m'a dit Tisseau. Le citoyen Coquillaud
m'a remis hier 35 l. 10 s. que quelqu'un de Pultaut lui
a remis pour du blé qu'il n'avait pas payé ; j'ai compté
votre sac de monnaie, montant à 54 l., de sorte que,
tout compte fait, il me reste à vous dans ce moment
616 l. 10 s., outre les 600 fr. qu'a reçus Dutail, qui
serait bien aise que vous eussiez reçu le reste qui lui
est dû à Paris. Je n'ai point vu encore le Lièvre, Duvignaut m'a dit qu'il n'avait point ouï parler non plus de
la maîtresse de Puimain.

Plusieurs de vos arbustes étrangers sont en pleine
végétation, et peu me paraissent avoir souffert, quelques-uns ont déjà des feuilles.

Groleau m'a dit qu'il n'y avait rien de nouveau à

Pultaut, que tout y paraît tranquille ; je n'ai rien appris non plus de tout l'intérieur, il y a ici à présent environ 1.200 hommes qui vont sans doute y être distribués, je ne sache pas qu'on y ait encore pris de mesures de police pour le désarmement, etc. Les nouvelles des autres départements de l'Ouest annoncent partout la pacification, reste à en assurer la durée ; il est à croire qu'on ne négligera aucune précaution, le dernier et funeste exemple doit être une leçon pour l'avenir.

Je n'ai encore point eu de nouvelles de mes filles, rendues depuis 4 ou 5 jours à Mouchamps, j'en attends avec impatience. J'apprends de Saint-Hermine que Clémenceau et Destouches s'y rendent aujourd'hui par la foire de l'Oye, j'attendrai aussi des leurs ; l'on dit que nombre de coquins sont toujours sur pied ; ils doivent en ce moment être en peine et peut-être que cela aura un terme.

Le neveu de Belaud a passé il y a quelque temps, comme je vous l'avais écrit, 12 à 15 jours à la Durandrie, est retourné à Mouilleron, ensuite s'est mis dans une compagnie franche, partant vous en êtes débarrassé ; cependant Tisseau, considérant qu'il y a à faire vigne, jardin, charrois de pierres, semailles de baillarge et les guérets du printemps, pense qu'il ne peut guère se passer d'un autre aide, il propose un sien neveu, appelé Preau, que vous avez déjà eu et qui reviendrait avec lui ; marquez-moi ce que vous voulez que je lui dise à cet égard, le bonhomme et lui sont sans cesse occupés au labourage, et il faudrait, à présent qu'il a six bœufs, une autre charrue.

J'ai fait visite hier au pauvre bonhomme Querqui la Boule : l'ennui, le déplacement et sa mauvaise constitution le conduisent à une hydropisie de poitrine et de là bientôt au tombeau, et ainsi peu à peu des autres. Je suis aussi peu content de ma santé, je contractai

il y a près de trois mois un fort rhume dans le voyage
de la Rochelle, j'ai toujours été depuis incommodé
d'une toux opiniâtre, surtout le matin vers le point du
jour, je crache beaucoup et c'est toujours la même
chose, l'estomac ni la digestion ne souffrent point, je
n'ai point de fièvre, tout cela tend, je crois, à l'asthme
et aux maux qui en sont la suite. Rousse m'avait dit
de boire sur l'eau de fleur de sureau avec du miel, j'en
fais usage depuis longtemps et je ne suis point soulagé ;
je désirerais bien un reste de vie tranquille et être débarrassé d'affaires publiques et particulières *(sed mutatibus
ægris, missa quies)*.

Il part d'ici en ce moment plusieurs détachements
pour l'intérieur, ils prennent la route de Chantonnay.

Adieu mon cher ami, salut et amitiés.

LADOUESPE.

XXXVI

*Au citoyen Loyau, membre du Corps législatif, rue
Grenelle-Germain, n° 1138, à Paris.*

Fontenay, 29 pluviôse an VIII.

Je reçois, mon cher ami, dans l'instant votre lettre
du 24 avec celle pour le citoyen Barbotin que je lui
ferai passer par la première occasion possible, si je l'eusse
eue hier, je l'aurais remise au Lièvre qui vint m'apporter

le reste d'argent de votre froment montant à 61 francs ;
il a payé en outre à des fossoyeurs, journaliers et
maçons 52 l. 12 s. pris sur le même blé qui sans doute ne
montait pas à deux tonneaux, comme il le croyait,
puisque la recette entière de ce reste, et qui m'a été
remise sans compter les 52 fr. 12 s. ci-dessus, qu'il a
payés, ne monte qu'à 317 l. à une fois. 54 l. 16 s. en
monnaie et ces deux premières sommes, total : 485 fr. 8 s.,
plus reçu pour vous d'Hérault que je n'ai pas vu, mais
dont Godet lui a donné un reçu, la somme de 80 fr.,
plus aujourd'hui de Tisseau pour le paiement de la
mule, 170 fr. Lesquelles différentes sommes avec ce
que j'avais reçu avant, je garde à votre disposition. Je
n'ai point vu les autres bordiers de Pultaut ; je verrai le
citoyen Patrou pour les deux commissions dont vous me
parlez ainsi que le citoyen Cochon. Tisseau m'a demandé
si vous étiez toujours dans le dessein d'établir un parc
de moutons à la Durandrie, j'ai dit au Lièvre à tout
hasard que si l'on faisait quelques coupes de châtai-
gners dans vos bois, de mettre à part des verons. Le
même Tisseau est venu ici ce matin avec son neveu
dont je vous ai parlé, lequel me paraît fort épouvanté
du séjour de l'intérieur ; sur la demande de son oncle,
je lui ai dit de rester à travailler à la Durandrie jusque
à votre réponse à ce que je vous ai écrit à son égard
par ma dernière, il y a bien de quoi l'occuper dans ce
moment ; il m'a raconté que le 24 de ce mois une
douzaine de scélérats étaient venus chez David au
Boistifray à qui ils ont volé son argent et quelques
effets, de là à la Chauvinière, où ils ont dépouillé de
son reste le pauvre Suaudeau, ainsi qu'à un moulin
voisin où ils en ont fait autant en maltraitant fort le
meunier. Blaud sort d'ici et m'a confirmé ces derniers
événements ; nous avons parlé ensemble au citoyen
Delaplace pour qu'il envoyât dans les parages un

cantonnement, mais il témoigne le plus grand embarras
pour la subsistance de la troupe qui vit partout, dans
les maisons où elle est logée, le service n'étant nulle
part assuré, ni organisé, ce qui donne lieu aux plus
grands mécontentements, ceux qui les logent n'ayant
bien souvent pas de pain pour eux et leur famille;
j'en ai parlé aux inspecteurs des subsistances, fournis-
seurs et au département qui ne savent qu'y faire et
promettent toujours qu'il y aura du changement. Il y a
ici plus de 600 hommes qui pourraient être placés dans
l'intérieur et qui paraissent être arrêtés par cette difficulté majeure. De tout cela il résulte que notre pays
n'est encore guère tenable et ne le sera de longtemps
par les bons citoyens. L'on m'a dit que l'un des coquins
qui vexent le pays avait été arrêté à la foire de l'Oye,
le 25 et fusillé à Saint-Fulgent. L'on a dit aussi que
la foire avait été bonne et que le prix du bétail avait
augmenté de 40 fr. par paire de bœufs, Belaud m'en a
dit autant, je lui ai lu l'article de votre lettre concernant
le métayer de Peine Perdue, il fera en sorte de le lui
faire savoir; je lui ai aussi remis la lettre à l'adresse
de Barbotin parce qu'il se rend ce soir coucher à Pultaut,
où il n'y a rien de nouveau, il y a couché la nuit dernière.

On parle beaucoup par ici de désarmement, mais
rien jusqu'ici n'a été effectué, il faut se mettre dans la
tête que la rage des coquins à la fin de cette guerre-ci
est d'un tout autre caractère qu'à la première pacification, tout fut tranquille alors au premier moment,
mais aujourd'hui qu'on y fasse bien attention, il y a
un système de destruction contre les bons citoyens,
auxquels on a fait trop de mal pour leur pardonner, j'attends toujours les mesures ultérieures qui, sans
doute, doivent être prises pour réprimer tant de férocité, et sans lesquelles le pays restera dans une situation
désolante; les citoyens isolés, les laboureurs qui se

sont attachés à la révolution, si cela dure, seront forcés d'abandonner leurs exploitations après avoir été maltraités mille fois et dépouillés de tout ce qui leur restait; ce que je vous dis est la vérité sans exagération aucune.

Les papiers publics nous donnent encore des espérances pour la paix extérieure, c'est le seul remède de tant de maux, le départ des Russes qui paraît positif, et ce qui s'est passé dans les départements de l'ouest confirme l'espérance.

Adieu, mon cher ami, salut et santé.

LADOUESPE.

Ci jointe une lettre que Belaud m'a remise.

Duportail est de retour depuis la paix à Sainte-Hermine, trois ou quatre lieues de distance leur ont fait une grande différence et donné sur nous un grand avantage.

XXXVII

Au citoyen Loyau, membre du Corps législatif, rue Grenelle-Germain, n° 1138, à Paris :

Fontenay, 3 ventôse an VIII.

Je suis allé, mon cher ami, chez le citoyen Patrou pour remplir la double commission du citoyen Dillon;

sur la première, il m'a dit que l'obligation dont vous me parlez n'est point dans ses mains, qu'elle ne lui a point été envoyée de la trésorerie, qu'en conséquence il ne peut ni me la remettre, ni en recevoir le montant. Sur la seconde, il m'a fait les observations suivantes : premièrement qu'il fallait une procuration en forme, mais il a levé cette difficulté en me remettant une feuille de paiement imprimée et ci-jointe, qu'il pourra renvoyer après l'avoir quittancée lui-même ; il a de plus observé que l'état envoyé par la trésorerie à son bureau portait l'époque de la naissance du citoyen Dillon à l'an 1748 et ne l'employait par cette raison qu'à 800 l., quoique l'état remis par la direction centrale portât sa naissance à l'an 1742 et la pension à 1,000 l. qui jusqu'à ce que cette erreur, faite vraisemblablement par le copiste, soit rectifiée, il ne peut payer que sur le pied de 800 l. Le citoyen Dillon peut faire rectifier cette erreur à la trésorerie par extrait de naissance à la main ; il y en a, m'a-t-il dit, plusieurs autres dans le même cas. Une autre formalité à remplir, c'est celle d'un certificat de sa part attestant qu'à l'échéance de ce qu'il réclame, il ne jouissait pas d'un traitement au-dessus de 3,000 l. plus ce qui est compris dans la note ci-jointe qu'il m'a remise ; les moindres omissions en pareil cas entraînent des difficultés que le citoyen Dillon lèverait plus facilement lui-même s'il compte revenir au printemps, mais d'ici à cette époque il peut préparer ce qui sera nécessaire pour y parvenir lorsqu'il sera sur les lieux. Rappelez-moi je vous prie à son souvenir en l'assurant que rien ne me flatterait davantage que de pouvoir lui être de quelque utilité. Le citoyen Patrou m'a engagé aussi à vous prier de le prévenir lorsque vous aurez occasion de revoir le citoyen Gillaizeau, que lui, Patrou, a par devers lui des obligations qu'il invite le citoyen Gillaizeau à faire acquitter le plus tôt possible. J'ai pensé comme vous ne devoir pas me presser avec le citoyen Tétard malgré les pierres qu'il jette de temps en temps dans mon jardin, les circonstances varient tellement qu'on ne sait à quoi se résoudre. Le bâtiment en entrant à droite dans la cour de celui que nous occupons, appartient au citoyen Lévêque qui l'a fait démolir et construire un mur de séparation, la cour d'entrée et celle au midi sont de la maison à Tétard avec 8 à 9 boisselées au devant dans le parc et trois jardins dont l'un a bien 4 boisselées très propres à luzerne ; ils sont renfermés de murs en bon état ; mais je n'y songe pas jusqu'à nouvel ordre.

J'ai eu des nouvelles de Mouchamps par mon fils de retour hier, ses deux sœurs y sont toujours. Clémenceau et Destouches vont et viennent de Mouchamps jusqu'à Sainte-Hermine. L'ordre est rétabli dans le chef-lieu, mais d'après ce qu'on apprend de tout l'intérieur, les voleurs assassins circulent toujours par bandes armées, deux d'entre eux arrêtés à la foire de l'Oye, Joussemet de Chauché et Durand de Rochetrefoux, bras droit d'Yon, ont été fusillés le même jour, mais ces expéditions partielles ne font que rendre les autres plus cruels et n'avancent en rien la sûreté du pays. Un citoyen Jarry, receveur des domaines et de l'enregistrement à Châtillon, a reçu il y a quatre jours trois balles dans la poitrine en sortant de sa maison, quoiqu'il y ait de la force armée à Châtillon. J'ai vu il y a deux jours au département une lettre de Guichet, écrite de chez lui, qui était effrayante, il disait que si on n'y envoyait pas de la troupe, lui et ses voisins se disposaient à abandonner une seconde fois, il en est de même partout. Les cantonnements ne prennent encore point de mesures, l'on dit que l'on s'y prépare par des renseignements dont on a besoin, je ne sais ce qu'il en adviendra.

Vous savez ce que je vous ai dit de la Durandrie,

du maçon Mériau qui me paraît bon citoyen, mais trop cher dans son métier, je crois que s'il voulait faire votre mur à 3 fr. 50 ou 4 fr. au plus le double mètre, ce serait bien payé en égard même au haut prix du pain. La baillarge est ici à 330 fr. et le froment est à plus de 400. L'espérance des métures est presque nulle, plus des trois quarts se resèment en baillarge. Votre bas fonds à la porte de la Durandrie sera encore bon, parce qu'il y a beaucoup de froment, les autres sont à peu près perdus.

Je ferai en sorte d'avoir les renseignements sur les marais, mais on avait déjà écrit et l'on attend quelques réponses.

Je m'informerai aussi de la mère du citoyen Jourdain.

Adieu, mon cher ami, je désire bien que vous puissiez effectuer votre projet de retour au commencement du printemps.

Salut et santé ainsi qu'à mon neveu.

LADOUESPE.

XXXVIII

Au citoyen L. Loyau, membre du Corps Législatif, rue Grenelle-Germain, n° 1138, à Paris :

Fontenay, 7 ventôse an VIII.

Vous avez raison, mon cher ami, quelques années, quelques mois de guerre civile paraissent bien longs aux

amis du bon ordre et de la tranquillité, quoique celle
dont nous semblons sortis ait été beaucoup plus tôt
terminée que nous avions lieu de l'espérer. Les derniers
six mois de ma vie, avec toutes ces contrariétés qui
en ont été inséparables, ont sensiblement influé sur
toutes mes affections morales et physiques ; le médecin
Rousse, que j'ai consulté, attribue la toux et l'oppression que je ressens à un rhume mal terminé, à une
espèce de courbature dont les restes se portent sur la
poitrine et sur les poumons ; il a cru une saignée nécessaire, j'ai subi il y a trois jours cette opération qui m'a
d'abord un peu dégagé, mais non pas autant que je
l'aurais désiré ; quoi qu'il en soit, il faut avoir patience.
Je voudrais bien que la belle saison fût arrivée et que
rien ne s'opposât au retour que vous projetez. Desgrois
arriva ici hier au soir de Chantonnay, où il a passé
dix jours ; il m'a confirmé tout ce que nous savions :
tranquillité en masse, inquiétudes partielles et très
fondées sur l'existence de plusieurs bandes de voleurs,
inaction des cantonnements aujourd'hui cependant
multipliés, grand inconvénient sur leur subsistance
qu'ils prennent à peu près où ils trouvent, le service
n'étant que peu ou point organisé, enfin un ensemble
peu satisfaisant pour les malheureuses victimes de tant
d'excès, et dont tous les vœux sont dirigés vers un
meilleur ordre de choses.

Hier, le charpentier Hay est venu me trouver, il
pense comme moi que l'on ne peut songer aux planches
de sapin pour votre grenier, elles coûteraient ici 12 fr.
la toise ; il propose d'en chercher de chêne vers
Pultaut qui ne coûteront que moitié. Je lui ai dit de s'en
occuper, ainsi que des soliveaux, mais il n'ose encore
se risquer vers la Chauvinière où vous avez du bois à
mettre en œuvre ; il fera tout ce qu'il pourra pour que
tout puisse être fait avant la moisson.

Bély m'a aussi apporté 170 fr. à valoir sur ce qu'il vous doit, je lui en ai donné un reçu.

Je préviendrai Tisseau de garder le jeune Preau, son neveu, jusqu'après la moisson. Groleau est bien demeuré à la Durandrie à exercer les bœufs qu'il y a conduits, mais je vois que les pieds lui brûlent ; ils ne font que commencer à semer les baillarges, ils ont tous les jours trois charrues en activité et il serait temps de travailler à la vigne.

Je manderai au maçon Mériau que, s'il veut faire votre mur à 4 fr., il peut venir de suite, je pense que vous auriez des désagréments à le faire travailler à la journée. Je sais par expérience ce qu'il en est, de telle espèce d'ouvriers à la journée surtout lorsqu'on ne les a pas sous les yeux ; il faudra faire à hauteur la partie de bas le long du chemin et monter le reste, tandis qu'il y aura de la pierre pour mettre la vigne à couvert des bestiaux, vous le ferez finir à votre loisir ; il ne s'est point trouvé de pierre en béchant, parce qu'ils n'ont remué la terre que jusqu'au solide.

Je pense comme tout le monde que la capture du dernier état-major des chouans est de grande importance et que leur correspondance doit donner de grands éclaircissements sur les projets intérieurs et extérieurs des ennemis du gouvernement ; je pense qu'il se convaincra de plus en plus qu'ils n'ont fait qu'obéir aux circonstances, ce qui doit rendre d'autant plus nécessaires les mesures de sûreté, sans lesquelles les amis de la chose publique ne peuvent en espérer dans les contrées. Cet état de choses et ma santé délabrée me font désirer de plus en plus une retraite par ici en mettant à part tous les intérêts particuliers, qui sont peu de choses, après des considérations aussi majeures. Adieu, mon cher ami, salut et amitiés.

LADOUESPE.

Notre parente Desgrois, qui connaît Sainte-Radégonde, m'a promis des renseignements sur la famille du citoyen Jourdain; elle connaît parfaitement sa mère qui était en vie l'été dernier, elle m'a promis quelque chose de plus positif sous peu de jours.

XXXIX

Au citoyen Loyau, membre du Corps Législatif, rue Grenelle-Germain, n° 1138, à Paris :

Fontenay, 13 ventôse an VIII.

J'espérais toujours, mon cher ami, que le temps, les remèdes ou la nature me débarrasseraient de l'état fâcheux de ma santé, mais il n'en est rien et les symptômes vont toujours en augmentant, je ressens maintenant ceux de l'asthme le plus accablant et il ne m'est plus permis de dormir qu'environ une heure ou deux vers la naissance du jour. Clémenceau et Rousse, que j'ai vus ici il y a peu de jours ensemble, ont pensé que mon état pourrait tenir à la goutte à laquelle je suis sujet ; ils m'ont conseillé des bains de pieds avec la moutarde pour tâcher de l'exciter ; je commençai, hier au soir, à en faire usage ; la nuit dernière s'est passée comme les autres dans la toux, l'oppression et beaucoup d'expectorations, mais sans aucun sentiment de goutte ; je continuerai encore quelques bains semblables, puis je laisserai la nature aller son train en me soumettant au joug de la nécessité auquel dans l'univers rien ne peut résister.

J'ai reçu vos deux dernières avec les 300 francs de bons au porteur qu'elles contenaient, je les remettrai à Tisseau à mesure qu'il devra payer les contributions de l'an VIII, je ne sais si les rôles sont encore en activité. L'on me dit que les troupes, où elles sont cantonnées, font payer dans notre pays l'arriéré, je ne puis guère concevoir comment les colons et les propriétaires pourront y suffire, surtout la classe des bons citoyens, qui ont été vexés par tous les genres de malheur et d'atrocité, et qui sont encore en proie aux bandes d'assassins dont le pays est bien loin d'être purgé. L'on a dit ici, il y a deux jours qu'un citoyen Laidet, de Pouzauges, que vous connaissiez, venait d'être assassiné sur le seuil de sa porte, c'en est encore un à ajouter à ceux qui auront ci-après le même sort, si on ne se dépêche de mettre un terme à pareil brigandage.

Duvignaut me disait un jour de vous demander si vous aviez reçu quelques papiers, quelques quittances qu'il vous avait envoyés dans le temps de nos inquiétudes ici ; peut-être lui en avez-vous donné depuis des nouvelles.

Le citoyen Mallet-Vouillé a pris des renseignements sur l'existence de la citoyenne Jourdain, de Radégonde ; elle est toujours dans le même lieu, en pleine santé avec peu d'aisance ; comme je n'ai pu la voir je n'ai point eu d'autres informations sur sa famille ; l'on m'a dit qu'elle avait deux fils à la défense de la patrie.

L'on fait maintenant par ici rejoindre plus facilement ceux des compagnies franches en envoyant des garnisaires chez leurs parents ; il en arrivait chaque jour bon nombre des communes de la plaine depuis la cessation de la chouannerie. J'ai mis sous enveloppe votre lettre pour Liaigre et attends la première occasion favorable pour la lui faire passer, ce qui ne se trouve pas aisément ; je l'enverrai aux premiers jours par Pultaut si je n'en trouve pas d'autre. Je n'ai pas encore vu le maçon, je lui ai fait dire de venir s'il veut faire l'ouvrage à prix fait, car je vois qu'à la journée vous auriez avec lui du désagrément. Je ferai retirer de la messagerie ce que vous y aurez chargé. Je vous souhaite le bon jour, mon cher ami, en désirant toujours autant que possible votre prompt retour, mes filles sont toujours à Mouchamps. Clémenceau, Morisson, Destouches vont et viennent et disent que la grande masse du peuple est fort contente de la paix ; mais l'instabilité et l'inaction des cantonnements sont fort inquiétants, ils sont déplacés subito et ne reviennent quelquefois que 8 ou 10 jours après. Cependant il y a en général des troupes suffisantes sur le pays ; mais l'embarras des subsistances mal organisées est désolant pour les bons citoyens sur qui l'on rejette toujours les inconvénients des réquisitions qui résultent de cet état de choses.

Salut et amitiés.

LADOUESPE.

Le pauvre La Boule est aux abois et sent son état et dit à ses nièces qui sont auprès de lui de ne pas s'impatienter de leur retour, qu'elles ne l'attendront pas longtemps ; lorsqu'il arriva ici, il y a trois mois, il était en parfaite santé. La transplantation forcée est bien fatale aux vieillards.

XL

Au citoyen Loyau, membre du Corps Législatif, rue Grenelle-Germain, n° 1138, à Paris :

Fontenay, 16 ventôse an VIII.

Je vous écris, mon cher ami, les pieds dans un bain à la moutarde, c'est le quatrième que j'essaie sans en avoir ressenti d'effet ; cependant depuis ce matin je commence à ressentir au pied gauche quelques atteintes de goutte et peut-être demain matin serai-je pris tout de bon, l'espoir que ce cruel remède pourrait me délivrer des maux que me fait éprouver l'humeur opiniâtre qui se jette sur la poitrine et le poumon, m'a forcé de l'essayer au risque de tout ce qui peut arriver ; les inquiétudes, les souffrances physiques et morales changent le prétendu bienfait de l'existence en un pesant fardeau. Notre pauvre compatriote La Boule ne l'a pas supporté longtemps, comme je vous l'avais marqué, le jour d'hier a été son dernier, aujourd'hui la famille est réunie chez le juge de paix pour la tutelle de son neveu, les héritiers ne renonceront pas à la succession ; et c'est ainsi que nous faisons place à ceux qui nous suivront à leur tour.

Jenny est revenue ici hier de Mouchamps, où quoique le cantonnement ait levé le quinzième jour de son arrivée, il ne s'est passé aucun événement encore ; les généraux Muller et Travot sont ici depuis deux jours, peut-être se concerteront-ils pour l'organisation des subsistances, et l'activité de la force armée dans l'intérieur. L'on attend par ici avec impatience celles des administrations et de l'ordre judiciaire. L'on voit par aperçu que la situation de ce chef-lieu ne s'améliore pas, mais d'autres gagneront ce qu'il pourra y perdre, chose indifférente pour le général.

Je ferai en sorte de remplir autant que possible la commission du citoyen Dillon. Je tâcherai également d'instruire Belaud de vos intentions relativement à la haie dont vous me parlez aux Redoux. Je vous ai dit dans une de mes dernières le résultat de la conférence que j'ai eue avec votre charpentier, je pense qu'il s'occupe à présent de chercher le bois nécessaire à votre grenier, il ne m'a rien dit du châtaigner de la Limouzinière, mais j'ai fait passer à Liaigre sous enveloppe la lettre que vous lui écriviez. J'ai vu il y a quatre jours le citoyen Dupouët qui m'a dit qu'il n'y avait rien de nouveau vers Mouilleron et Pultaut ; il en est aussi de même à la Durandrie, où l'on sème à force les baillarges, malgré le froid assez vif et la neige que nous avons depuis quelques jours.

Adieu, mon cher ami, salut et santé de notre part à tous.

LADOUESPE.

Ce matin 17, le peu de goutte que je ressentais et qui me présageait une attaque est entièrement disparu pendant la nuit malgré tous les bains de pieds, je ne sais où cela ira, mais je suis bien souffrant.

XLI

*Au citoyen Loyau, membre du Corps législatif, rue Grenelle-
Germain, n° 1138, à Paris :*

Fontenay, 22 ventôse an VIII.

Je voudrais pouvoir vous dire, mon cher ami, que
tout est au mieux, que nous sommes chez nous en santé
et sûreté, mais nous n'en sommes pas encore là ; je passe
les nuits en toussant, crachant et veillant, j'ai mis
depuis trois jours un emplâtre vésicatoire au bras
dont j'entretiens la suppuration dans l'espérance de
dégager un peu la poitrine de l'humeur qui s'y porte
avec tant d'abondance, et je n'y trouve encore guère de
soulagement ; Godet, mon fils et quelqu'autre jeunesse
vont demain vers Chantonnay et Mouchamps en se pro-
menant pour être le 25 à la foire de l'Oye, peut-être
nous diront-ils quelque chose du pays à leur retour ; on
n'en apprend absolument rien dans ce moment, les
bandes de coquins paraissent un peu saisis de la peur
qu'ils inspiraient naguère, ils semblent cachés çà et là
chez leurs affidés : cependant les troupes ne font pres-
qu'aucun mouvement quoiqu'abondamment dispersées
sur la surface du pays. Les habitants de Mouilleron ne
perdant pas de vue ce coquin de Rousseau (1), fortement
blessé à la première rencontre, l'ont enfin dépisté dans
une maison du voisinage où il était caché (2), comme l'on

(1) Dit général la Crotte.
(2) Aux Bourracheries, commune de Saint-Maurice-le-Girard,
ancien moulin, aujourd'hui détruit, sur les bords de l'Oing.

pressait l'ouverture de la porte, l'homme voyant que les affaires allaient mal pour lui, se sauve sur le toit par la cheminée d'où il a été descendu à coups de mousquet et assigné à son dernier domicile; ainsi des trois frères il n'en reste plus qu'un (1), que l'on dit n'avoir pas participé aux crimes des deux autres.

J'ai fait enter vos pruniers de la Durandrie avec un paquet de greffons pris ici chez le jardinier Favreau de ses meilleures espèces, j'ai aussi donné à Tisseau pour y planter une quinzaine de bons plants de raisins de Corinthe venus de Saint-Aubin, où j'en ai mangé de fort bons l'automne dernier.

Le citoyen Testard qui a des connaissances et de la facilité, jointes à un bon moral, désirerait bien occuper ici une place auprès du préfet de ce département, lorsqu'il sera en activité; si vous le connaissiez, je crois que vous n'auriez pas regret de l'avoir recommandé, il fait depuis six mois, en qualité de son secrétaire, la correspondance ministérielle du Comité central, il m'a souvent communiqué des écrits et ses idées qui m'ont paru bien conçues et parfaitement rendues, ci-jointe une petite note de sa part qu'il me prie de vous adresser.

Je présume que nous ne sommes pas éloignés de la nouvelle organisation; déjà les papiers publics ont donné la nomenclature de beaucoup de préfectures acceptées, ce sera une place d'un grand et difficile travail dans nos départements ruinés et désorganisés, et la plus grande difficulté proviendra toujours du défaut de sujets pour les derniers degrés de l'administration; après le chaos dont nous recommençons à sortir et l'arriéré d'exécution de presque toutes les lois, mais c'est un mal sans remède dans la circonstance.

(1) Le troisième frère est mort plusieurs années après à la Bousselière-Bouchard.

Comme j'écrivais celle-ci je reçois la vôtre du 18 avec 100 francs de bons au porteur; je m'informerai de l'arrivée de votre pacotille que je distribuerai suivant votre désir. Il y a quelque temps que je n'ai vu le pauvre Belaud, il me parla aussi la dernière fois des désagréments qu'il a à éprouver de ses voisins et du peu qu'il fait dans son métier sans s'ouvrir sur ses intentions ultérieures quelconques, je lui en parlerai de votre part si je puis le voir; je le crois homme franc et loyal et pénétré d'indignation de la malice de ses semblables; qui est celui d'entre nous qui ne pourrait en dire autant?

Je crois que le citoyen dont vous me parlez ferait par honneur et par devoir tout le bien qui dépendrait de lui dans le pays, mais ce n'est pas une petite tâche, j'y vois des hommes bien différents de ce qu'ils étaient jadis, du moins un très grand nombre.

Eh bien! le cruel gouvernement anglais veut donc encore faire répandre du sang! Puissent le courage, l'ardeur, l'enthousiasme de la jeunesse française le réduire encore une fois au repentir, l'héroïsme du premier consul la conduira à la victoire; mais, pauvre humanité, quand reprendras-tu tes droits!

Je reçois dans ce moment une lettre de Clémenceau datée de Mouchamps, tout est tranquille même sans troupe, mais à quoi se fier après tant d'exemples. Jenny part demain d'ici pour aller soigner sa sœur pendant ses prochaines couches à Luçon, elle a toujours eu la fièvre depuis dix mois, son mari est en mauvais état; que de misères peuvent nous accabler à la fois!

Adieu, mon cher ami, salut et amitié.

LADOUESPE.

J'ai fait remettre au citoyen Auger la note du citoyen Dillon. Depuis plusieurs jours je ne puis guère sortir. Je n'ai pu voir Pervinquière depuis quelques jours, il m'avait dit que s'il ne recevait pas sous peu les renseignements qu'il avait demandés, il me remettrait ce qu'il savait par lui-même sur l'étendue et la situation des marais de ce département ; si je puis sortir et le voir je le lui demanderai encore.

Note du Citoyen Testard

« Je salue le citoyen Loyau, et l'invite à me désigner
« à notre préfet, pour l'emploi auquel il me croira le plus
« propre. Il me serait doux d'être encore utile à mon
« pays. Je m'en remets bien entièrement sur cela à sa
« bienveillance.

« Le citoyen La Douëspe veut bien recevoir ce billet
« dans une de ses lettres. Je sens tout le prix de cette
« honnêteté.

« TESTARD. »

Ce 21 ventôse.

XLII

*Au citoyen Loyau, membre du Corps législatif, **rue Grenelle Germain, n° 1138, à Paris** :*

Fontenay, 27 ventôse an VIII.

Le citoyen Cochon, armurier, vient de me remettre, mon cher ami, une somme de 68 fr. qu'il vous prie de

faire toucher au citoyen Le Clerc son marchand de
canons avec qui il est toujours en compte ; j'ai actuellement à vous à peu près onze cents francs des différentes petites recettes que j'ai faites non compris les
six cents francs que j'ai remis à Dutail ; je n'ai point
ouï parler de ce qui vous est dû pour vos denrées de
Thouarsais ni des trois cents francs de Puimain ; Tisseau
finit de semer la baillarge et va renvoyer ses deux grands
bœufs à Pultaut, il lui faudra vraisemblablement acheter
quelque peu de foin avant la fin de l'année.

Nos jeunes gens n'étant encore point de retour de
leur voyage à Mouchamps, je n'ai rien de nouveau sur
ce qui s'y passe, il paraît que tout est dans le moment
passablement tranquille dans l'intérieur. Vous avez
peut-être vu dans les papiers publics la dernière proclamation du général en chef sur le désarmement, qui
réduit cette opération pour éviter, est-il dit, de plus
grands inconvénients, à une déclaration devant la municipalité, par ceux qui sont nantis de quelques armes du
nombre et de la qualité de celles qu'ils possèdent, pour
être ensuite statué par les administrations sur le danger
ou non qu'il y aurait à en laisser à tel ou tel, et sur la
nécessité de les faire rendre aux autres ; vous sentez
bien quel sera le résultat de ces déclarations et l'alternative où se trouveront les municipalités, ou de
fléchir sous leur devoir, ou de se mettre de nouveau
sous les poignards des assassins. Cette opération ne
pouvait être, je crois, qu'une mesure militaire ; que
d'inconvénients, que de difficultés résultent des circonstances où se trouvent ces contrées ? N'y aurait-il pas
d'exceptions pour la réquisition des jeunes gens ?
L'arriéré des contributions devra-t-il se payer en totalité,
le pourra-t-il ? Quand serons-nous au courant des autres
départements ? Peut-être le nouveau préfet aura-t-il ou
donnera-t-il des instructions sur ces différents points

auxquels tiennent infiniment la restauration du bon ordre et la résurrection de la situation politique du pays.

Je suis toujours dans un état de souffrance accablant, je vois, tout considéré, que les symptômes que j'éprouve ont tous les caractères de l'asthme, cependant depuis deux nuits mon sommeil a été un peu plus tranquille et j'attribue ce petit relâchement au vésicatoire que j'entretiens au bras, je n'ai aucune disposition à la goutte malgré tout ce que j'ai fait pour l'exciter, le printemps changera peut-être quelque chose à ma mauvaise constitution.

Les nouvelles dispositions relatives aux rentes foncières dues à la République n'ouvriront-elles point les yeux sur le colonage partiaire des vignes, peut-être plus intéressant pour elle dans ces contrées que toutes les autres rentes.

Adieu, mon cher ami, bonne santé et prompt retour. Salut, amitiés.

LADOUESPE.

XLIII

Au citoyen Loyau, membre du Corps Législatif, rue Grenelle-Germain, n° 1138, à Paris :

Fontenay, 29 ventôse an VIII.

Je suis persuadé, et vous remercie, mon cher ami, de l'intérêt que vous prenez à ma chétive existence, et

à l'état de souffrance que j'éprouve déjà depuis longtemps, je commence à ressentir du soulagement depuis
deux ou trois nuits, l'humeur n'est plus si abondante,
le poumon moins gêné et le sommeil plus long et plus
tranquille ; je continue à attribuer ce mieux au vésicatoire que je tâcherai d'entretenir quelque temps malgré
son incommodité.

J'avais pressenti et je vous en disais un mot dans
ma dernière que la discussion sur les rentes foncières
devait nécessairement comprendre le complant, redevance autant foncière que possible, puisque même elle
n'a jamais emporté l'abandon du fond, que les coutumes
locales remettaient entre les mains du propriétaire en
cas de non culture ; condition tellement caractéristique
qu'on ne la trouve dans aucune autre espèce de concession, soit à titre de rente ou de champart dont la prestation interrompue n'a jamais emporté contre le preneur
qu'une indemnité ; mais je crains bien que la rédaction
de la loi, si le projet est admis ne nous jette dans un
nouvel embarras, si elle est motivée sur la preuve
authentique à fournir de la concession primitive, et
non sur la possession comme cela devrait être ; en
effet combien de motifs surtout dans le pays, mettent
les propriétaires dans l'impossibilité de montrer cette
preuve. La loi du 17 juillet 1793 condamnait à cinq
années de fers quiconque conserverait des titres récogni-
tifs de féodalité de quelque nature que ce fût, même
appuyés sur la concession écartée par cette loi ; le
hasard seul a conservé à quelques familles leurs titres
les plus essentiels pendant les bouleversements succes-
sifs que nous avons éprouvés, le plus grand nombre les
a perdus avec tous les genres de propriétés surtout
mobiliaires, peu d'individus en donnant des vignes à
complant n'en passaient d'actes sinallagmatiques, les
deux parties se contentaient d'une boisselée qui demeurait

au preneur, le bailleur se contentait de la coutume locale et de sa possession ; beaucoup d'autres n'avaient d'autres titres que la bonne foi parce qu'on craignait de s'exposer aux amendes prononcées contre ceux qui plantaient des vignes sans permission expresse. Vous voyez, mon cher ami, que la redevance du complant n'est le plus souvent appuyée que sur la possession, et que l'exigence d'un titre primitif serait aussi peu admissible que celle d'un métayer à moitié, qui après avoir exploité sur parole pendant cinquante ans votre métairie, vous demanderait de prouver que le fonds vous appartient. Mais il est fàcheux que cette redevance soit peut-être peu connue dans les autres départements et qu'on ne l'assimile à beaucoup d'autres qui ont une origine et une essence absolument différente ; la seule propriété des arbres et buissons toujours conservée aux propriétaires suffirait pour prouver l'origine du fonds, et que l'aliénation n'en a jamais été entière, il serait fàcheux que ces motifs n'eussent pas été saisis par les rapporteurs qui ne voient souvent les choses qu'en grand ; mais qu'on y fasse attention, cet objet est de conséquence dans le pays pour les intérêts de la chose publique, en considérant la grande quantité de revenus de ce genre restés en souffrance lors de l'aliénation des biens nationaux.

Comme j'avais engagé Gauly qui voit tous les jours son collègue Clémenceau, curateur du neveu de défunt La Boule et conseil de la famille dans la succession, à lui parler de ce que vous me dites touchant les effets publics restés en souffrance, voici un billet que Clémenceau m'a adressé à ce sujet et d'après lequel vous voudrez bien disposer de cette bagatelle dont le cours est assez connu de tout le monde.

Si vous voyez le citoyen Le Faucheux à son retour, je crois qu'il serait intéressant que la députation ne lui

déguisât pas la situation de la partie du Bocage de ce
département relativement à l'arriéré des contributions;
le Ministre des finances en est prévenu par la correspondance journalière de l'administration centrale, ainsi
que de la nécessité d'un dégrèvement pour l'an VIII.
Le citoyen La Motte que je rencontrai hier à notre
poste me disait qu'il avait avancé au Ministre que telle
propriété vendue aujourd'hui à l'enchère n'acquitterait
pas la contribution arriérée et la courante; que dire de
ceux dont les grains et les prix de ferme ont été
enlevés par les chefs rebelles, notamment sur les acqui-
/sitions nationales qu'ils ont surtout pris à tâche.

Tisseau sort d'avec moi, il a fini de semer, et il était
temps, car cette nuit même on lui a volé complètement
le soc de sa meilleure charrue; il envoie demain ses
deux grands bœufs à Pultaut pour pousser la barge un
peu plus loin, il a eu 21 agneaux dont 2 sont morts,
les autres ont bonne mine; il dit que vos arbustes
poussent très bien tous, à l'exception d'un seul du genre
des pins; il a semé des amandes que Duvignaut avait
envoyées.

Il a labouré la pièce derrière la maison pour recevoir
de la luzerne, mais où placera-t-on le sainfoin que vous
envoyez? le terrain qu'occupent les choux serait le plus
convenable, mais il ne voudrait pas les faire consommer
trop vite à cause du grand service qu'il en retire pour
les bestiaux; et, si l'on tarde trop, la terre ne pourra
être préparée convenablement et assez à temps; vous
aurez encore le temps de me dire un mot sur cet article.

Adieu, mon cher ami, salut et santé ainsi qu'à mon
neveu.

LADOUESPE.

XLIV

Au citoyen Loyau, membre du Corps législatif, rue Grenelle-Germain, n° 1138, à Paris :

Fontenay, 1er germinal an VIII.

Notre ami Clémenceau, mon cher ami, qui est ici depuis hier, vient de me remettre une somme de 150 fr. à votre disposition, en vous priant de vouloir bien faire toucher une égale somme à son fils. Il doit, m'a-t-il dit, vous écrire lui-même ; il vient de Luçon où il a laissé toute la maison en fort mauvais train, la pauvre parente Descloux est dans ce moment la plus mal, il craint que ce ne soit sa dernière maladie. Ma fille, en attendant le moment de ses couches, continue à avoir la fièvre et un rhume très fatiguant, je crains une mauvaise issue de sa situation, son mari n'est guère mieux et moi je ne ressens presque point de soulagement. Que faire à tout cela ! Souffrir et attendre. J'ai reçu et lu avec intérêt le rapport que vous m'avez envoyé sur la restitution des redevances foncières ; je vois que je craignais à tort que les difficultés d'exécution ne fussent pas prévues, elles me le paraissent toutes dans le projet, s'il est adopté et rédigé dans le sens proposé. Cependant, ne doutez pas que la chicane et la mauvaise foi ne trouvent une source inépuisable de procès, ce sera aux tribunaux à faire leur devoir en leur imposant silence, mais ils ne feront pas taire si facilement les haines, les aigreurs et tous les mécontentements de l'intérêt personnel qui est souvent injuste. Voilà ce qui résulte des fausses mesures de législation. On est occupé dans le moment dans notre pays au désarmement, je ne sais encore quels en sont les résultats ni les effets.

Bouron, avec qui j'ai eu un entretien sur tout cela, me charge de le rappeler à votre souvenir, son avis est celui de la justice sur cette importante matière.

Salut et amitiés.

LADOUESPE.

XLV

Au citoyen Loyau, membre du Corps législatif, rue Grenelle-Germain, n° 1138, à Paris :

Fontenay, 4 germinal an VIII.

Je vous remercie, mon cher ami, de l'intérêt que vous prenez à ma santé, qui est toujours bien peu satisfaisante ; cependant, depuis deux nuits, la toux et l'oppression sont un peu moindres et j'ai rattrapé quelques heures de sommeil, si le mieux continuait, peut-être pourrais-je traîner un peu moins désagréablement le peu de temps qui me reste, car je n'espère plus une entière guérison. Bouquet m'a écrit le 2 et j'ai appris avec beaucoup de satisfaction que sa femme était accouchée le même jour fort heureusement, d'une petite fille encore, mais n'importe ; que la mère était bien

pour la circonstance, peut-être cette crise la retirera-
t-elle de l'état maladif qui l'accable depuis six mois ;
la parente Descloux était toujours fort mal. Clémenceau
m'avait fait part des bonnes intentions de ses amis :
cette place, quoique contrariant un peu son humeur
ambulante, lui convient cependant, il a des talents, de
la facilité naturelle, du patriotisme, et il aime ses
devoirs ; il peut se faire seconder, et je crois qu'il s'en
tirerait bien si les contrariétés n'étaient pas aussi multipliées dans les malheureuses contrées où, comme nous
ne cessons de le dire, les derniers degrés de l'administration seront toujours un obstacle invincible à la
marche régulière des affaires ; mais cette difficulté
serait la même pour tout autre. Quant à moi, mon
cher ami, il ne me faut plus que du repos, s'il était
possible de le trouver, il ne me reste plus de forces
que pour souffrir et je n'en ai pas assez pour la moindre
activité, c'est pourquoi je vous prie et nos amis communs de ne pas songer en moi pour une place quelconque, ce serait m'exposer à de grandes contrariétés
en trompant leur attente.

Le projet que vous m'aviez envoyé aurait-il été
retiré pour l'étendre ou pour le restreindre ; le premier
article paraît positif pour la première modification, qui
ne paraît pas être entendu dans ce sens par le rappor-
teur dans le contexte de son ouvrage, et surtout dans la
pénultième page où il semble ne le regarder applicable
qu'aux rentes purement foncières et non aux autres
redevances de telle nature mêlées avec quelques conditions tenantes à la féodalité, il faut attendre ce qui en
adviendra. Je ne vous dissimulerai pas que des temps
plus tranquilles seraient peut-être plus propres à ce
grand acte de justice.

Je reçus hier votre sac de sainfoin et autres objets
qu'il contenait, que j'ai fait passer à qui de droit, ainsi

qu'aujourd'hui la lettre pour Duvignaut insérée dans la
vôtre; j'ai donné communication au citoyen Poey
d'Avant des petits paquets de graines dont il a pris
quelques petits échantillons et qu'il sèmera ici en bonne
terre. Le citoyen Cavolleau, qui se trouve ici aujour-
d'hui, par hasard, a pris les deux gros paquets qui le
concernent, de manière que tout est en ordre à cet
égard. Ferai-je semer à la Durandrie les graines potagères que vous avez pour votre compte? Marquez-moi
aussi positivement où vous voulez que le sainfoin soit
semé à la Durandrie, soit à la place des choux, lorsqu'ils seront consommés, ou de la vesce au delà des
cyprès, presque totalement détruite par la gelée; je
pense qu'il sera assez temps vers la dernière décade du
mois, mais il faudrait que la terre fût préparée.

Le maçon Mériau m'a écrit pour venir travailler,
mais je lui avais écrit moi-même quelques jours avant
de se rendre à cet effet s'il voulait faire l'ouvrage au
prix très fort de 4 fr. la toise, pour éviter tout désagrément, si vous l'eussiez employé à la journée; j'attends
sa réponse par le retour du bonhomme Preau, de la
Durandrie, qui a été passer deux jours dans le pays
pour voir à la façon de ses vignes.

Il est à croire que l'ajournement à dix jours ne sera
pas prolongé et que vous serez maître de votre temps
vers la fin du mois.

L'on m'a dit que le Ministre des finances avait
sursis aux poursuites rigoureuses pour le payement
des contributions arriérées; cet article est encore une
grosse pierre d'achoppement dans ces contrées. On
disait ici, il y a quatre jours, que deux volontaires
envoyés pour cet objet dans une métairie de la Verie
y avaient été massacrés; mais on m'a dit depuis qu'on
n'avait trouvé aucune trace positive de leur mort, mais
qu'ils avaient disparu on ne sait de quelle manière;

toute la famille de la métairie est détenue aux Herbiers jusqu'à nouvel ordre.

On dit aussi aujourd'hui que Laidet de Pouzauges, n'a point été tué pour affaire d'opinion, mais bien par quelque motif de jalousie amoureuse; il se fait à ce sujet une longue information dans laquelle un grand nombre de témoins ont été entendus.

L'on fait dans ce moment le désarmement çà et là, mais j'ignore encore le succès et le résultat de cette opération.

Tisseau n'a resemé en baillarge que 8 ou 9 boisselées de votre méture; ce n'est pas en général si perdu à la Durandrie qu'ailleurs, parce qu'il y avait plus de froment, mais on peut dire qu'il n'en est pas resté dans la Plaine et le Marais, aussi le prix du grain hausse chaque jour; les trois quarts de celui qui se vend aux marchés de Fontenay est du seigle du haut pays; sans cette ressource, il ne s'en rendrait presque pas; cependant le seigle se vend 5 fr. le boisseau à Pouzauges, mais on dit qu'il ne manque pas. Les foires sont très nombreuses en bestiaux, mais le prix, quoique meilleur, est toujours médiocre; les gras se vendraient bien, mais il y en a très peu, la disette du foin l'an dernier, les gelées de l'hiver et tous les désordres passés n'ont guère permis de songer à la nourriture des bestiaux que l'on craignait de voir enlever à tout moment. Tout cela ne fait qu'augmenter la misère du pays qui aura bien de la peine à se réorganiser.

Adieu, mon cher ami, nous sommes le 5 au matin et je n'ai pas fermé l'œil depuis hier au soir, je ne sais comment la nature peut y suffire.

LADOUESPE.

XLVI

Au citoyen Loyau, membre du Corps Législatif, rue Grenelle-Germain, n° 1138, à Paris :

Fontenay, 8 germinal an VIII.

Sarrazin vint ici, mon cher ami, avant hier, de la part du bonhomme Belaud avec la lettre et la note ci-jointe, vous voyez qu'il s'agit d'affaire du genre à peu près de celle de Villars dont nous avons parlé plusieurs fois. La promulgation de la loi du 28 ventôse an IV, qui réduisait les assignats à un pour trente est ici du 20 germinal même année, et l'on prétend que tous les payements faits dans les caisses publiques après cette époque doivent être réduits à cette quotité. L'on dit que dans l'arrondissement de la Châtaigneraye, il y a plus de 50 acquéreurs dans le même cas, il y en a bien le double à Montaigu et la Roche-sur-Yon, et j'ai vu sur le registre du directeur de la régie ici, un seul payement fait par les héritiers Guiet de 230 mille francs à Montaigu réduit à 6 ou 7 mille francs, cela est à l'infini. Relisez la loi du 11 frimaire dernier sur la prolongation du délai des payements de biens nationaux et celle survenue depuis, qui proroge encore jusqu'au 1er floréal, je crois ; vous y trouverez toutes les dispositions relatives à cet objet, qui entraînera par ici, la ruine d'un grand nombre de familles ; les intérêts surtout à payer sur le pied de 5 pour cent du prix de l'acquisition, par ceux qui seraient déchus faute de solde, sont exhorbitants, parce que les biens étaient vendus en assignats le double de la valeur réelle, tandis qu'aujourd'hui ils ne se vendent guère que sur le pied du denier 8.

Quelques personnes m'ont assuré qu'il y avait là une prolongation après la loi du 28 ventôse pour les départements de l'Ouest, mais je n'en ai aucune réminiscence. Votre collègue le citoyen Dillon ne s'en rappellerait-il point? Défunt Villars m'avait dit que ses collègues Maignen, Goupillaud, et je crois Gaudin avaient payé à la même époque que lui vers floréal ou prairial an IV. Est-il croyable qu'ils se fussent crus libérés d'après la loi du 28 ventôse, s'ils n'eussent eu quelques motifs de verser leurs assignats après l'époque qu'elle fixait pour leur admission, valeur nominale. Faites en sorte d'éclaircir cette grande question d'où dépend la fortune de tant de citoyens de ces contrées que leur situation, les circonstances de la guerre civile, la non jouissance des biens qu'ils avaient acquis, ainsi que de leurs autres propriétés pendant quatre années, mettaient dans l'impossibilité de remplir leurs engagements en temps utile. Sarrazin m'a dit qu'il avait passé chez le citoyen Préremont, dont je ne me rappelle pas le nom actuel, qui se trouve dans le même cas, ainsi que Désorière, etc., etc...

Je crois bien me rappeler que lors de l'émission de la loi du 28 ventôse an IV, l'opinion générale était, que ces dispositions n'étaient pas étendues au payement des biens nationaux, et que les receveurs continuaient à admettre en conséquence les assignats, valeur nominale, et qu'ils ne reçurent à cette époque aucune instruction prohibitive, mais c'est la loi du 11 frimaire dernier qui fixe leur admission à la date de la loi du 28 ventôse, et prescrit aux receveurs de l'enregistrement de réduire les payements postérieurs à un pour trente.

Ci-jointe une lettre de Gauly qui se trouve aussi

dans ce cas pour quelque chose, et je crois pouvoir assurer que dans le pays où a existé la guerre de l'Ouest, il n'y a peut-être pas un acquéreur sur dix qui ne se trouve atteint, parce que, encore une fois, ils n'avaient pas plus d'argent que d'assignats au mois de ventôse an IV, époque à laquelle la guerre n'était pas finie, puisque son terme ne date que de floréal et prairial suivant, et l'époque du rétablissement des affaires des patriotes d'un temps beaucoup plus reculé, et qui n'est pas même encore arrivé ni près de l'être pour le plus grand nombre d'entre eux.

Adieu, mon cher ami, ma santé et les affaires du pays sont toujours à peu près les mêmes; on a apporté, m'a-t-on dit, ici une voiture de fusils venant de la partie des Sables, l'opération se continue vers chez nous.

Salut amical.

LADOUESPE.

J'ai fait porter votre sac à la Durandrie, j'attends, par votre première, la fixation positive du lieu où vous voudrez le semer.

Sarrazin m'a dit que Belaud avait bien reçu votre lettre touchant le fossé dont vous me parliez. Rien de nouveau à Pultaut, peu de foin et beaucoup de bêtes.

XLVII

Au citoyen Loyau, membre du Corps Législatif, rue Grenelle-Germain, n° 1178, à Paris.

Fontenay, 9 germinal an VIII.

Je vous écrivis le dernier courrier, mon cher ami, en vous envoyant des notes peu satisfaisantes sur les arriérés de payement, un grand nombre de citoyens se trouvait par ici dans le même cas et dans la plus grande inquiétude ; l'on m'a bien dit que le citoyen Maignen, du payement duquel je vous parlais, a reçu le même avis, il se croyait libéré ainsi que tous les autres.

Aujourd'hui le citoyen Poëy d'Avant m'a adressé la petite note ci-jointe contenant quelques petits ouvrages qu'il vous prierait de lui faire parvenir, je vous la fais passer par le courrier dans l'incertitude où je suis de l'époque de votre retour.

Je reçois dans ce moment des nouvelles de Mouchamps, le désarmement s'opère dans tout le pays avec succès et sans difficulté, l'on reçoit à peu près 50 fusils par commune, dont le plus grand nombre sont de munitions ; l'opération se fait avec beaucoup d'exactitude, ils maudissent hautement ceux qui les ont entraînés dans cette galère, en protestant qu'ils n'y parviendraient jamais une autre fois ; tout le monde est rentré et tout paraît tranquille à l'exception d'un très petit nombre de coquins qui se cachent et pour cause. J'ai dessein sous quatre ou cinq jours d'y essayer un petit voyage, entraîné par le désir de voir si l'air natal

n'opérerait point de changement dans ma très mauvaise
santé, et par un grand nombre d'affaires où ma présence est bien nécessaire. Adieu, mon cher ami.

Salut amical et bonne santé.

LADOUESPE.

Le nouveau préfet est toujours attendu ici avec
impatience.

———

XLVIII

*Au citoyen Loyau, membre du Corps Législatif, rue
Grenelle-Germain, n° 1138, à Paris.*

Fontenay, 11 germinal an VIII.

Le médecin Martineau vint hier ici, mon cher ami,
et me communiqua un mémoire explicatif de la situation des acquéreurs de biens nationaux à la fin de la
guerre de la Vendée, à l'époque à peu près de la loi du
28 ventôse qui règle le cours des assignats au commencement de l'an IV ; il se trouve aussi lui, avec une
infinité d'autres, pressé par le receveur de Montaigu
qui menace d'expropriation faute du supplément en
numéraire exigé par la loi du 11 frimaire dernier, il
me dit qu'il vous adresserait copie du mémoire qu'il
doit avoir envoyé au Ministre des finances avec la

signature d'une certaine quantité d'acquéreurs de son
voisinage ; je connais quelques laboureurs qui pour se
rendre propriétaires de leurs métairies, ont vendu leur
patrimoine pour payer les deux ou trois premières
annuités, dont le prix réel surpasse celui auquel ont été
vendus les derniers biens au denier 8, tandis que les
intérêts exigés par la loi du 11 frimaire les porteraient
à plus du denier 30, valeur numérique. Cette grande
affaire décidera dans le pays de la ruine ou de l'encou-
ragement des patriotes dont on ne peut compter les
sacrifices depuis le commencement de la Révolution. Je
ne vois guère d'autre issue à ce labyrinthe que de fixer
la valeur des premiers biens vendus et non encore soldés à la même estimation de ceux qui l'ont été en dernier
lieu, et de tenir en compte tout ce qui a été payé,
d'après les valeurs proportionnelles du papier monnaie à
l'époque du versement, jusqu'à concurrence de l'estimation ci-dessus ; car pourquoi exiger le prix et les
intérêts toujours sur le pied de l'adjudication tandis que
les payements devaient se faire en douze termes qui, à
chaque époque, ont et devaient présenter nécessairement
une grande variation dans les valeurs à employer dans
les mêmes payements. Les préfets de nos départements
recevront sans doute un grand nombre de réclamations
sur cet objet important ; nous attendons toujours celui
de la Vendée que vous m'annoncez pour le 14 ou le 15.

Je différerai le voyage que je devais faire à Mouchamps après cette époque. Je suis bien aise de voir la
tournure des affaires dans les premiers moments,
pourvu que je n'y ai aucune part, car l'état de souffrance
que j'éprouve ne peut me permettre d'ici à longtemps,
en cas que je m'en tire, aucune application ni activité ;
je crois que les choix que vous proposez sont convena-
bles : le citoyen Lamotte surtout me paraît par sa
sagesse, ses talents, et sa probité un homme essentiel ;

pourquoi le citoyen Chapelain ne serait-il pas son second ? Bréchard ne voudra point de cette place, son travail lui rendant cinq ou six fois davantage ; le citoyen Joubert a des talents qui doivent s'être mûris, il est bon pour la partie des Sables.

Le citoyen Morisson de Mouchamps m'a dit qu'il vous devait 20 francs pour abonnement de l'an dernier au bulletin des Lois, il m'a remis ici les 20 francs avec 20 autres en vous priant de vouloir bien lui continuer son abonnement à Mouchamps à compter du n° 7, le sixième étant le dernier qu'il a reçu ; il me dit que tout continue à aller assez tranquillement dans nos parages, que le désarmement se fait toujours avec assez de facilité et en abondance, ceux qui apportent les armes n'ont pas l'air fort contents, ils jurent contre les chefs qui, disent-ils, les leur ont mis à la main pour ensuite les abandonner en faisant leurs propres affaires.

Je compte faire ce matin un tour à la Durandrie si la pluie douce qui nous rafraîchit dans ce moment n'empêche Tisseau de m'amener la jument, comme je lui avais dit, il y a deux jours ; en faisant une petite promenade pour m'essayer, je verrai définitivement avec lui à prendre les moyens de préparer le terrain que vous indiquez pour semer le sainfoin, je lui porterai aussi les autres graines potagères et les patates ; je partagerai les betteraves avec le citoyen Théroneau. Rappelez-moi je vous prie à la première vue au citoyen Le Tellier au souvenir duquel je suis très sensible, et que je continue d'aimer et d'estimer, parce que je crois qu'il le mérite. Adieu, mon cher ami.

Salut amical et santé.

LADOUESPE.

XLIX

Au citoyen Loyau, membre du Corps Législatif, rue Grenelle-Germain, n° 1138, à Paris :

Fontenay, 16 germinal an VIII.

J'allai hier, mon cher ami, faire un tour à la Durandrie tant pour y voir votre culture que pour me dissiper un peu du long ennui que je recueille auprès du feu ou au plus dans le jardin, j'y trouvai vos plantations et le jardin en bon état, vos pêchers de Paris sont couverts de feuilles ainsi que les arbustes étrangers à l'exception de deux ou trois; ils finissaient de déchausser la vigne; Tisseau a ouï dire que Mériau ne trouvait pas le prix de 4 fr. assez fort et qu'il ne viendrait point, et comme je vois que le mur ne peut être fait avant de planter la vigne, je lui dis de mettre des patates dans le terrain qui y était destiné, vous pourrez facilement faire cette muraille à votre retour ou si vous voulez je parlerai au maçon d'ici. Tout vu et considéré et d'après le regret de Tisseau de couper déjà des choux, je crois que votre sainfoin venu de Paris sera parfaitement bien au delà la toise de pierre où était la gesse détruite par l'hiver, je lui ai dit en conséquence de labourer deux fois le terrain, car je crois que cette besogne à bras serait fort longue et ne vaudrait guère mieux, on pourra également ameublir la terre à la bêche avant de semer; il commencera à faire consommer les choux auprès du fossé de la vigne, et si à l'époque de la semaille du sainfoin la terre est débarrassée, on pourrait également prendre le morceau le plus près de la vigne, mais je crois l'autre aussi convenable et je crois encore qu'il est bon de préparer la terre d'avance.

Vos asperges commencent à pousser, j'en apportai un paquet, mais elles sont dévorées en sortant par une multitude de petites loches noires grosses comme un grain de froment; je lui donnai les graines de choux, carottes, betteraves et lui dis d'en semer la moitié de chaque espèce dans une terre bien préparée, je lui ai aussi remis les patates qu'il plantera de suite, j'ai envoyé au citoyen Théroneau un peu de la graine de betteraves ; j'ai réservé la collection de graines étrangères dans l'idée que le semis se ferait mal et avec confusion ; cependant si vous le voulez je les ferai semer. Les blés qui ont échappé à l'hiver ont bonne mine ainsi que la baillarge, mais il ne faut pas en général compter sur les grosses métures, qui d'ailleurs ont été resemées presque partout en baillarge.

Hay est venu ici et m'a dit que tout était prêt pour votre grenier, qu'au premier beau temps il ferait venir les soliveaux et les planches et ferait l'ouvrage de suite ; il m'a demandé 150 fr. que je lui ai donnés ainsi que 42 fr. à Sarrazin qui m'a dit en avoir besoin, il est en marché avec les habitants de Chavagnes qui ne lui offrent que 30 fr. de loyer, mais ils se chargent des réparations, couvertures qui sont dans ce moment de conséquence, il parait que leurs pourparlers à cet égard se font assez à l'amiable ; Tisseau me dit que l'homme de Dieu avait écrit aux Coquillaud de venir toucher l'argent du blé qui leur avait été volé à Chavagnes, je ne sais ce qui en adviendra.

Le désarmement se faisait partout sans secousse et avec succès par la 70me demi-brigade qui a eu ordre de partir au milieu de l'opération, je ne sais si la besogne sera continuée, la compagnie où est mon fils est partie d'hier pour Pouzauges, et pour cet objet qui aurait été mieux rempli par la troupe de ligne, c'est-à-dire plus politiquement. On parle de brigades de gendarmerie à pied de 10 hommes pour veiller à la sûreté du pays, ses brigades seraient très rapprochées ; tandis que les choses seront sur le pied actuel, ce serait bien assez, la quantité d'armes qui se trouve sur le pays est énorme, je vois par ce qui a été rendu qu'il y a plus de 60 à 80 fusils par commune, et presque tous de munition et de fabrique anglaise, plusieurs métayers en ont rendu jusqu'à quatre et cinq, au reste tout paraît tranquille dans l'intérieur. L'espérance de la récolte dans le Bocage est superbe, mais le grain est toujours excessivement cher.

Je crains bien qu'on ne se hâte trop d'enlever les troupes du pays, surtout avant l'organisation effectuée de la gendarmerie à pied qui doit les remplacer. Nous attendons toujours le citoyen Le Faucheux, qui, ce matin 17, n'est encore point arrivé ; je suis toujours dans un état de souffrance accablant, ma fille de Luçon paraît entièrement guérie depuis ses couches ; la cousine Descloux va de mal en pis, j'attends ici Jenny qui y est encore.

Salut et santé, mon cher ami.

LADOUESPE.

L

Au citoyen Loyau, membre du Corps législatif, rue Grenelle-Germain, n° 1138, à Paris :

Fontenay, 20 germinal an VIII.

Mon cher ami,

Quelque pressant que soit le désir, le besoin que j'aurais de vous voir, si les espérances que vous concevez pouvaient se réaliser, le grand bien public qui en résulterait nous dédommagerait de notre impatience, car il est à croire qu'une nouvelle convocation n'aurait d'autre objet que la grande affaire de la paix.

Je vis hier à la Coupe le citoyen Le Faucheux arrivé du soir précédent, il m'a paru doué de l'honnêteté qui convient si bien à sa place, et disposé à tout ce qui dépendra de lui pour la restauration de nos malheureuses contrées ; il m'a dit que celles qui avaient été le théâtre des désordres pouvaient s'attendre à de grands ménagements.

Dans les contributions arriérées, rien encore n'a été fait pour l'organisation administrative, aucun de ses collaborateurs n'est connu ; il me parla de moi dans le sens que vous m'aviez écrit, mais je lui témoignai mes regrets de ne pouvoir me livrer dans ce moment à aucun travail qui exigerait une certaine activité, car, mon cher ami, le malaise et les souffrances que j'éprouve vont toujours en augmentant, les nuits se passent comme à l'ordinaire, à tousser sans pouvoir presque

respirer et le peu de moments que j'ai dans le jour ne
suffisent pas pour restaurer l'épuisement de la nuit.
L'un et l'autre me parlent d'asthmatiques qui ont vécu
ainsi longtemps, j'ai peine à croire qu'il en soit ainsi
de moi, si je n'éprouve bientôt du changement,
quoiqu'il en soit, je suis décidé à tout risque, à partir
d'ici en trois ou quatre jours pour essayer un peu de
l'air natal et des anciennes habitudes pendant une
décade ou deux, après lesquelles je verrai à quoi me
fixer dans la cruelle alternative où je me trouve ; je
parlai au préfet de notre ami Clémenceau, il me dit
qu'il attendait du gouvernement le résultat des indications qu'il avait données à cet égard. La grande et très
grande besogne sera toujours l'organisation des administrations inférieures pour lesquelles il ne se trouve
point de sujets instruits et encore moins de bonne
volonté dans la plupart des communes ; le bonhomme
Blaud qui sort d'ici avec Sarrazin viennent de m'en fournir un nouvel exemple, je vous disais que le désarmement s'opérait sans secousse avec succès et régularité
et cela était vrai en général, ils sont venus ici avec une
lettre de Dupouët au commandant de la place, se
plaindre de ce qui s'est passé vers Monsireigne, Chavagnes, Pultaut, etc. Le détachement de Mouilleron arrivé
à Monsireigne n'avait d'indication d'armes dans ce
dernier lieu que chez des patriotes, lui Blaud, vos
métayers, Mériau et quelques autres, chez qui l'on
s'est établi en garnison et où on a enlevé les armes,
sans s'inquiéter presque d'aucuns d'autres ; il en a été
de même à Pultaut d'où on a enlevé les fusils dont
Sarrazin cependant à l'aide de Dupouët s'est fait rendre
une partie, vous sentez d'où partent pareilles manœuvres, je ne sais quelles mesures y apportera le citoyen
Petit-Laurent qui ne partage pas de pareils sentiments
et a refusé hautement le port d'armes à certains petits

messieurs qu'il n'en a pas cru dignes, mais les troupes quittent encore une fois le pays, du moins le plus grand nombre, elles doivent être remplacées par des brigades de gendarmerie à pied qui ne sont pas encore de sitôt organisées. Si la police de ce pays est mal faite ou dans un sens contraire il y a tout à craindre pour la sûreté.

Belaud m'a dit qu'à la foire de Pouzauges dernière votre métayer de Peine-Perdue lui avait remis un acompte de six cents francs.

Je n'ai point ouï parler depuis quelques jours des affaires des Domaines nationaux, mais un grand nombre d'acquéreurs, aussitôt les premiers bruits à ce sujet étaient disposés à remettre leur réclamation entre les mains du préfet aussitôt son arrivée. La grande masse de pétitions fera sans doute ouvrir les yeux sur un objet aussi important, vous devez avoir reçu copie de celle du citoyen Martineau, dont il me dit qu'il remettrait ici un double au préfet de la Vendée.

J'ai échangé chez le citoyen Laval pour 150 fr. de vos bons au porteur contre des reconnaissances que je remettrai à Tisseau pour acquitter vos contributions de la Durandrie dans les communes où on les lui demande, je n'en ai pris que pour moitié de ce que vous devez avec le citoyen Perreau qui doit sans doute acquitter l'autre. Nous avons depuis quelques jours le plus beau commencement de printemps que je n'ai guère vu, les biens de la terre en reçoivent les plus grands moyens de végétation, la campagne est superbe surtout dans le Bocage.

Parmi vos bons il y en a qui ne sont admissibles que pour l'an VII, si on remettait l'arriéré dû, de quoi deviendraient-ils, si tout est payé à la Durandrie.

Adieu, mon cher ami, salut amical et santé.

LADOUESPE.

LI

Au citoyen Loyau, membre du Corps législatif, rue Grenelle-Germain, n° 1138, à Paris :

Fontenay, 23 germinal an VIII.

Celle-ci, mon cher ami, sera la dernière que je vous écrirai de Fontenay, d'ici à quelque temps ; j'entreprends demain le voyage de Mouchamps, je ne le fais point sans y avoir réfléchi plus d'une fois, mais tous les rapports s'accordent sur l'existence de la plus complète tranquillité, et tous nos voisins y sont depuis longtemps ; d'ailleurs, des affaires de tout genre m'y appellent, et surtout je voudrais essayer si l'air natal n'apporterait point quelque changement à l'état de malaise et de souffrance que j'éprouve depuis si longtemps ; je voudrais bien cependant que la gendarmerie à pied occuperait les postes qui lui sont destinés, je crois que ce serait un grand moyen de tranquillité. Je laisse à Godet, avec le petit mémoire de recette et de dépense, l'argent que j'ai à vous, ainsi que vos bons dont j'ai remis à Tisseau 150 fr. en récépissé de Laval pour les contributions de vos domaines de la plaine. Si vous avez quelque chose d'ultérieur à faire savoir à Tisseau avant votre retour, le citoyen Godet remplira à cet égard avec plaisir vos intentions. Je suis bien fâché de partir avant de vous voir ici, mais je crains la prolongation de votre séjour à Paris.

Je n'ai vu qu'une fois le préfet de la Vendée qui me remit la petite boîte pour la Châtaigneraye, laquelle j'ai fait passer à sa destination. L'organisation des employés de préfecture est à peu près faite, à ce que l'on m'a dit ; le secrétariat a été proposé à Pervinquière, qui a préféré, dit-on, de se livrer au travail judiciaire comme consultant. Le citoyen Cavoleau occupera, dit-on, encore cette place, je ne sais qui l'a mis en avant. La Motte, proposé pour le conseil, reprend sa place de chef de bureau des contributions, comme essentiel dans cette partie, son traitement sera plus lucratif que celui du conseil, mais le travail sera beaucoup plus pénible et moins approprié à sa faible santé ; les deux autres chefs sont Laval et Mazière. Je ne vois encore personne pour le conseil de préfecture, il sera difficile à former par des étrangers à la commune de Fontenay, ce qui est fâcheux et susceptible d'inconvénients. Les mêmes difficultés se présenteront dans l'organisation judiciaire. Faites-moi le plaisir, mon cher ami, de me continuer votre correspondance à Mouchamps par Chantonnay, j'y serai encore plus impatient qu'ici d'y avoir de vos nouvelles ; rendez-moi le service de m'abonner pour trois ou six mois à un papier public quelconque de votre choix, que je vous prie de me faire adresser à Mouchamps par Chantonnay, au citoyen La Douespe, propriétaire, etc. Je crois que personne de l'endroit n'en reçoit à présent et les nouvelles ne peuvent manquer d'y être fort stériles.

Je viens de voir le citoyen Lehuby, citoyen des Herbiers, qui me dit que tout y va bien, que le désarmement, lorsqu'il a des indications régulières, s'y opère avec facilité et succès ; il a parlé d'un assassinat récent aux environs, mais il paraît avoir été commis par un gendre sur son beau-père, dont le premier voulait avancer la succession, il n'y a point d'affaire d'opinion.

Clémenceau m'avait prié de lui écrire à Sainte-Hermine s'il était question de lui ici, je lui ai marqué que le préfet m'avait dit qu'il attendait à cet égard la décision du gouvernement. D'après ce qu'il me marquait, il voudra l'attendre lui-même avant de se présenter, l'on m'affirma bien que quelqu'autre avait été mis en avant. Ce sera une terrible besogne que la sous-préfecture dans l'arrondissement de Montaigu, où tout est désorganisé, surtout en matière de contributions.

Adieu, mon cher ami, écrivez-moi à Mouchamps, où je compte être après-demain.

Salut et amitié.

LADOUESPE.

Si vous pouvez m'envoyer un papier-nouvelle, le plus tôt sera pour le mieux ; je n'ai point pu voir le citoyen Poey d'Avant relativement à ses livres ; si la livraison annoncée de l'encyclopédie, il y a quelque temps, était prête, ce serait de faire un paquet du tout et de l'envoyer par la messagerie.

Tisseau m'a dit ce matin qu'il faisait manger les choux entre la vigne et les toises de pierres ; peut-être ce terrain, si vous le préférez, sera-t-il prêt à recevoir la graine de luzerne lorsqu'il faudra la semer, mais la terre sera-t-elle préparée assez à l'avance ?

LII

Au citoyen Loyau père, dans sa maison, à Pultaut :

Mouchamps, 23 thermidor an VIII.

Je profite, mon cher ami, de l'occasion du citoyen Godet et de ma fille, allant vers la Baffrie et de là chez vous, pour vous demander de vos nouvelles et vous donner des nôtres ; vous vous rappelez que la dernière fois que vous êtes venus à la maison, j'allais un peu mieux ; à la suite d'un violent accès de suffocation et de spasme, le poumon avait été dégagé par une expectoration abondante, et pendant 15 ou 20 jours je me trouvais en bon train de guérison. Le 19 courant, au moment où je me disposais à aller à Montaigu pour l'assemblée du conseil, je fus arrêté par un nouvel accident de la nature des précédents et ai éprouvé les plus cruelles angoisses pendant 48 heures ; l'expectoration survenue encore à la suite me tirera encore vraisemblablement de cette crise, en en attendant une nouvelle, jusqu'à la dernière qui me conduira insensiblement dans le pays d'où l'on ne revient point, mais le voyage est bien pénible ; je suis le seul qui puisse en concevoir les souffrances sans pouvoir les décrire. Je ressentis, il y a quelques jours, un léger mouvement de goutte au poignet qui ne dura qu'une nuit, j'aurais bien désiré qu'elle fût devenue sérieuse pour être assuré du rôle qu'elle peut jouer dans cette horrible tragédie, mais je suis encore dans l'incertitude à cet égard. D'après ce que l'on m'a dit, Flandrois, de la Bréchonère, que peut-être vous connaissez, est à peu près depuis trois ans dans la même situation ; je trouvai l'autre jour son beau-frère qui venait de devers la Roche-sur-Yon de consulter un sorcier ; il me promit, si son beau-frère en guérit, de me dire son nom. Ah ! mon cher ami, que la vie nous a été donnée à de dures conditions.

Nous finissons par ici la moisson qui n'est que médiocre et ne répond point aux grandes espérances que j'en avais conçues ; je la trouve à peu près d'un cinquième meilleure que l'an dernier ; mais il n'y a ni fruits, ni légumes, ni blés tardifs, et je vois l'année aussi difficile à passer que la précédente. Je ne crois pas avoir vu une sécheresse aussi longue et si accablante que celle que nous éprouvons.

J'ai vu dans une gazette intitulée *Nationale*, à la date, je crois, du 5 thermidor, un article ainsi conçu :

Conseil d'État.

« La section des finances présente son avis sur la
« question de savoir s'il est nécessaire de proposer
« une loi, dont l'objet serait de déclarer que la loi du
« 29 septembre 1790, sur le rachat des rentes foncières,
« et celle du 17 juillet 1793, portant suppression de
« redevances féodales, sont applicables aux baux à
« complant ou baux de vigne à portion de fruits
« usités dans le département de la Loire-Inférieure.

« Le Conseil d'État est d'avis qu'il n'est pas néces-
« saire de recourir au législateur pour maintenir ou
« conserver dans la main des bailleurs la propriété des
« biens concédés sous le titre de bail à complant dans
« le département ; que la portion de fruits que se sont
« réservée les bailleurs, doit leur être payée sans diffi-
« culté par les preneurs ; lesquels ne peuvent forcer les

« bailleurs d'en recevoir le rachat, et que le ministre
« des finances doit prescrire à la régie de l'enregistre-
« ment de se conformer à ces principes relativement
« aux redevances de cette nature qui appartiennent à
« la nature. »

Je ne sais si les receveurs de l'enregistrement
auront les mêmes instructions pour le pays, mais je
vous demande, en conscience, quelle différence il y a
à cet égard, entre la Loire-Inférieure et la Vendée;
cependant, tandis que les propriétaires de ce premier
département jouiront de ce qui leur est dû, ceux du
second seront encore, faute d'une explication, privés
d'une redevance légitime. S'il y avait moyen par vos
connaissances ou par une simple lettre à quelqu'un de
la commission des finances de faire sentir l'identité du
droit dans ces deux départements, la chose en vaudrait
la peine ; s'il était possible de lui mettre sous les yeux
le petit pli que je vous avais adressé à ce sujet, je ne
crois pas que la chose souffrit de difficulté. Mais vous
êtes le seul député de la Vendée intéressé à la chose et
on ne sait à qui s'adresser pour cette commission.
Mon fils remet depuis longtemps à aller vous voir,
mais en dernier lieu les noces de Sainte-Hermine, et à
présent le partage des grains ne permettent pas de
disposer de soi. Pour moi, je suis cloué à mon lit ou à
ma chaise.

Adieu, mon cher ami, salut et santé.

LADOUESPE.

Nos compliments à mon neveu.

LIII

Mouchamps, 8 frimaire an IX.

Je reçus hier, mon cher ami, votre lettre du **28** qui est restée sans doute deux à trois jours à la poste où je n'envoie pas très régulièrement ; j'y vois avec beaucoup de satisfaction que vous êtes rendu sans accident et en bonne santé ; pût-il en être ainsi de moi, mon cher ami, mais chaque décade, chaque jour, chaque nuit ajoute à l'état déplorable dans lequel je suis réduit, j'ai éprouvé depuis votre départ tous les malaises, toutes les souffrances, les angoisses enfin que peut supporter la pauvre humanité, puisqu'il est vrai que je n'y ai pas encore entièrement succombé ; la crise commençant la dernière fois que vous m'avez vu, a été encore plus violente que les précédentes, l'expectoration s'est faite plus difficilement et a été moins abondante ; les mauvaises nuits, les insomnies m'ont jeté dans un état de faiblesse accablant, cependant je commençais depuis quelques jours à descendre l'escalier, mais depuis **24** heures les crachats ayant été moins abondants je me trouve beaucoup plus gêné : j'avais rédigé dans un moment de mieux le mémoire ci-joint, un peu prolixe, mais puisqu'il s'agissait de raconter l'histoire d'une maladie d'un an je ne savais qu'y retrancher, s'il y a quelques moyens de calmer la constriction, le spasme du poumon, causés soit par l'engorgement des humeurs ou l'effervescence du

sang qui s'y porte avec trop d'abondance, je ne sais
lequel, c'est à quoi il faut tendre, je crois que cette
cruelle maladie, dont l'engorgement paraît la cause la
plus apparente, tient aussi beaucoup à l'affection des
nerfs. Conférez-en, je vous en prie, avec quelque ancien
praticien le plus tôt possible, attachez-vous surtout à
quelqu'un de renommé pour les maladies de la poitrine,
et qui aurait été à même d'observer des asthmatiques
pendant longtemps, il est à croire que ce genre de maladie a comme les autres, différents degrés, et qu'il y a
des nuances dans l'état de ceux qui en sont accablés ;
toujours est-il vrai que la dose qui m'a été répartie est
des plus fortes et des plus violentes. Excusez, mon cher
ami, la peine que je vous cause, mais s'il était possible,
je ne dis pas de me guérir, parce que je ne l'espère pas,
mais d'adoucir mon état de souffrance, il n'y aurait pas
au monde de service comparable à celui que vous me
rendriez ; je sais qu'il faut finir, mais la nature ne peut
suffire à tant de maux.

Nos contrées sont dans le même état où vous les
avez laissées ; il ne paraît aucune inquiétude apparente
pour la tranquillité, la plus grande résulte du recouvrement des contributions arriérées de 3 ans malgré les
différents dégrèvements accordés à ces départements,
moitié de l'an VII à peu près et les deux dernières années,
il y a dans presque toutes les communes dans ce moment des cantonnements de 10 à 12 hommes pour presser l'an IX que l'on veut sans doute mettre au courant,
ce qui je crois serait bon et politique, mais à peine le
contribuable s'est-il efforcé de satisfaire à la demande
d'un percepteur qu'il en arrive un autre faisant la même
demande. Cet état de choses est bien pénible pour le
propriétaire et le cultivateur ; j'ai vu il y a deux jours
une circulaire pressante du citoyen préfet du département, où il propose à ce pays-ci pour exemple deux ou

trois communes de la porte de Fontenay qui sont au
courant de l'an IX. Pourquoi, dit-il, n'en feriez vous pas
autant? Le raisonnement prouve qu'il ne connaît pas
notre situation, car quelle comparaison y a-t-il entre ces
communes qui n'ont rien perdu et les nôtres, où telle
exploitation qui rend ordinairement 500 ou 600 francs,
a déjà coûté en remplacement de bestiaux ou de recons-
truction de bâtiments 3, 4 ou 5 mille francs, c'est à
dire sept ou huit années de revenu, sans être encore
dans l'état où elle devrait être ? Certainement il n'y a pas
de parité, je sais qu'il faut des subsides et surtout dans
la circonstance où nous sommes, mais il y a bien des
embarras et des difficultés par ici surtout en considérant la masse arriérée. Cet état de choses ruinera le
cultivateur et bien des propriétaires.

Nous avons eu à notre foire nos parents Duportail
et Marchegay de la Coudraye, il a été question avec ce
dernier, du projet dont nous avons parlé, il m'a paru
qu'il n'était pas contraire à ses vues et nous nous sommes témoigné réciproquement le désir de le voir réaliser, cependant il m'a dit qu'il désirait laisser passer
l'hiver, que les intéressés, comme il est vrai, étaient
jeunes encore, de sorte que s'il ne vient rien à la traverse,
je regarde cette affaire comme arrangée et convenable
sous tous les rapports. Clémenceau m'a remis, mon
cher ami, 200 fr. que j'ai à votre disposition, il vous
prie de vouloir bien compter pareille somme à son fils.

J'ai adressé votre lettre au citoyen Allaire à
Nantes, où il était rendu, je n'ai encore point eu de
réponse. Adieu, mon cher ami, je vous souhaite ainsi
qu'à mon neveu la continuation de vos bonnes santés,
comme le plus précieux de tous les biens.

Salut amical.

LADOUESPE.

Je ressentis la première attaque de goutte à l'âge de 20 ans, j'en ai aujourd'hui 54, et il ne s'est pas passé un seul printemps sans qu'elle soit revenue, et n'ait eu une marche régulière la première année comme la dernière, à l'exception du printemps de l'an VIII où elle n'a pas paru ; ma vie entière avait été exempte d'autres maladies et de tout excès dans quelque genre que ce soit ; je n'avais jamais ressenti aucune affection extra-ordinaire à la poitrine ou sur le poumon, lorsqu'au mois de vendémiaire de l'an VIII, il y a plus d'un an, je fus atteint d'un rhume assez opiniâtre pendant quinze jours, et qui me parut se terminer comme à l'ordinaire par l'expectoration ; cependant la toux et des crachats glaireux continuaient toujours, surtout pendant la nuit, et au bout d'un mois à peu près je commençai à éprouver de temps en temps de la difficulté dans la respiration, et un râlement lorsque j'étais couché, tel que l'éprouvent ordinairement les asthmatiques ; j'y fis d'abord peu d'attention, cependant cet état se prolongeant, et ayant fait alors une chûte assez violente sur le côté droit, je consultai un médecin, qui croyant voir un peu d'inflammation, m'ordonna une saignée au bras, dont je ne ressentis absolument aucun changement ni en bien ni en mal. L'on m'appliqua quelques jours après un vésicatoire au bras que j'ai entretenu pendant trois mois, laissé après, et repris encore pendant longtemps sans aucun effet.

Enfin la toux et le râlement continuant toujours, cet état a été suivi d'accès de spasme très longs et très violents avec une difficulté extrême de respirer et pendant lesquels la toux est sèche et le poumon sans élasticité ; les accès commencent régulièrement et périodiquement à l'approche de la nuit par une toux longue et opiniâtre suivie de beaucoup de crachats après lesquels survient le spasme, dont l'accès dure plusieurs

heures, et me laisse pendant presque la nuit entière
dans un état de cruelles souffrances accompagnées
d'une grande difficulté de respirer qui ne me permet
absolument pas de laisser tomber la tête sur le chevet,
et me force à passer les nuits dans mon séant, jusqu'à
ce qu'enfin, épuisé par tant de fatigue et par le besoin de
sommeil, la tête tombe presque sans m'en apercevoir
sur l'oreiller vers le point du jour, où je prends une
heure ou deux de mauvais sommeil, après lequel je me
réveille, toujours avec la difficulté de respirer plus ou
moins grande pendant le jour, et qui ne me permet que
le plus léger mouvement dans la chambre, et deviendrait
à son comble si j'entreprenais de faire la moindre marche ou de monter un escalier un peu élevé.

Quoique cet état cruel soit à peu près permanent,
cependant après avoir éprouvé un peu d'adoucissement
pendant un mois ou à peu près, le poumon s'engorge
de nouveau peu à peu, et tous les symptômes augmen-
tent jusqu'à une nouvelle crise de quinze à vingt jours,
pendant lesquels la toux et l'expectoration le débaras-
sent de nouveau. A tous ces accidents l'on reconnaît sans
doute les principaux caractères de l'asthme, mais je
n'éprouve pas les longs intervalles de mieux assez
ordinaires à ceux qui sont attaqués, même depuis plusieurs années, de cette maladie, et qui après quelques
jours de malaise peuvent cependant aller à pied et à
cheval et vaquer jusqu'à un certain point à leurs affaires, chose qui m'est absolument impossible, même
dans les intervalles de soulagement, qui ont eu lieu
quelquefois depuis un an.

Comme la goutte n'est point survenue depuis à peu
près dix-huit mois, l'humeur goutteuse ne joue-t-elle
point un rôle dans l'état cruel qui m'accable? il faut
observer que j'ai tout fait pour la rappeler; bains de
pieds avec la moutarde continués très longtemps, enfin

les sinapismes également aux pieds, tout a été inutile.
J'ai employé quelque temps les pilules de cynoglosse
et tous les adoucissants pour la poitrine et le poumon
sans que rien jusqu'ici m'ait procuré le moindre soulagement.

Comme il est difficile de croire que la machine
humaine puisse longtemps résister à de pareilles secousses et à une déperdition aussi abondante que celle qui
se fait par l'expectoration journalière, j'ai tout lieu de
craindre que l'hydropisie de poitrine ne soit la suite de
tous les accidents, cependant rien jusqu'ici ne paraît
encore en annoncer les symptômes ; point de douleur
fixe dans aucune partie de la poitrine, que celle qui provient de la difficulté de respirer pendant la toux et les accès
de spasme, point de fluctuation intérieure ni d'œdème
extérieur, aucun changement dans toutes les parties du
corps que beaucoup de maigreur et de faiblesse, l'estomac ne souffre point, l'appétit se conserve, les digestions
et les sécrétions sont à peu près comme en pleine santé.

Si l'on ne peut espérer des ressources de l'art une
guérison parfaite, quels seront les moyens ou le régime
propres à détourner, ou du moins à diminuer l'humeur
catarrhale qui se porte avec tant d'abondance et d'opi-
niàtreté sur le poumon ? quels seraient les remèdes qui
pourraient calmer ou faire disparaître les accès de
spasme si douloureux et si accablants qui succèdent le
plus souvent à la toux et à l'expectoration?

Si le poumon pouvait être une fois dégorgé et l'humeur qui l'accable prendre un autre cours, il me semble
que malgré les fatigues et toutes les secousses que
j'essuie depuis plus d'un an presque sans interruption,
le peu de force et de principe de vie qui me restent,
pourraient encore me permettre de végéter, parce que
hors des accès je ne sens point de douleur fixe ou
déterminée dans la poitrine, et rien d'extraordinaire que

la grande difficulté de respirer pendant leur durée et
dont l'engorgement du poumon me paraît la principale
cause. De manière que mon état pourrait être comparé
à celui de quelqu'un qui a éprouvé un rhume opiniâtre,
mais dont à la fin il se trouve débarrassé par une expectoration abondante, au lieu que je ne le suis que pour
le moment par cette évacuation et que chaque nuit je
suis à recommencer par le renouvellement journalier
de l'humeur toujours renaissante.

J'oubliais de parler de mon régime ordinaire, le
matin une rôtie avec du lait coupé avec un tiers d'eau
et un peu de sucre, ou quelquefois du chocolat.

A deux heures, un peu de bouillon avec du pain, de
la viande de boucherie ou de la volaille rôtie ou bouillie,
un peu de vin mêlé des trois quarts d'eau ; je ne suis
point altéré et ne bois que peu, les urines sont abon-
dantes en proportion et passent aisément, elles déposent
un peu après quelques heures de séjour dans le vase.

Depuis deux heures de l'après-midi jusqu'au matin
je ne prends absolument rien.

LIV

*Au citoyen Loyau, membre du Corps Législatif, rue
Grenelle-Germain, n° 1138, à Paris :*

Mouchamps. 26 frimaire an IX.

Je reçus hier, mon cher ami, votre lettre du 20
et je commence ce matin à vous écrire celle-ci, parce
que je serais bien embarrassé de répondre qu'à tel jour

et à telle heure, je pourrais faire telle ou telle chose,
tant est accablant l'état où je suis réduit et dont,
quoique ce soient de vaines redites, il faut bien encore
que je vous entretienne en deux mots, les crises précédentes après quelques mauvais jours m'avaient toujours
donné un peu de relâche, mais depuis votre départ
ma situation a toujours été à peu près la même ; toux,
expectoration, spasme et malaise affreux pendant toutes
les nuits ; faiblesse et difficulté de respirer pendant le
jour, voilà quelle est ma triste existence. L'appétit et
les digestions se soutiennent, voilà le seul fil par lequel
je tienne encore à la vie. Quelque peu de succès que
j'aie lieu d'en attendre, j'attends avec impatience l'avis
que vous voulez bien demander pour moi ; mon mal
tient de l'asthme et du catarrhe, c'est à ces deux maladies qu'il faudrait remédier.

Nous voilà donc encore une fois aux prises ; quel
admirable début de la valeur française ! Jusqu'à quand
l'aveuglement et l'opiniâtreté serviraient-ils si bien
l'orgueil et l'inhumanité du gouvernement anglais ?
Encore quelque triomphe, et il faudra que l'Autriche
en rabatte, et c'est ce que M. Pitt paraît même insi-
nuer dans ses réponses aux membres de l'opposition ;
il n'affirme pas, dit-il, que les événements de la guerre
puissent toujours permettre au cabinet de Vienne de
persister dans sa résolution soutenue jusqu'ici, de ne
pas consentir à une paix séparée. Les succès nous sont
bien nécessaires dans l'état actuel des choses, surtout
pour notre pays où, quoique tout paraisse tranquille
jusqu'ici, du moins dans nos contrées, il ne serait pas
étonnant qu'il se fomentât de proche en proche de
nouveaux troubles, qui paraissent déjà assez importants
dans le Morbihan, puisqu'à en croire les papiers publics,
les chefs forcent déjà à coups de fusils, le peuple à les
suivre ; et voilà le fruit des guinées anglaises.

Il ne paraît par ici, comme je vous l'ai dit, d'autres inquiétudes que l'arriéré des contributions que le peuple s'obstine à ne pas payer ; après quelques jours de garnisaires, le contribuable nourrit et paye les frais, mais ne donne rien sur l'an VII et l'an VIII, en disant que les deux années ne peuvent ni ne doivent être acquittées, je croirais qu'il y a là dessous quelque intimation secrète, car ils paraissent en général de bonne volonté à acquitter la contribution de l'an IX aussitôt que le percepteur en fait la demande.

J'avais appris la retraite du préfet de la Vendée, que l'on ne disait que momentanée, quoiqu'il eût en partant vendu son mobilier, ce qui s'accorde avec le remplacement que vous m'annoncez ; je ne connais point le successeur, mais s'il est de Saumur, il est à croire qu'il sera plus au fait que l'autre de la situation du pays, et qu'il n'assimilera pas nominativement les communes de Charzais, Bourneau et Auzais au grand nombre de celles de l'arrondissement de Montaigu. Les papiers du 21 rapportent par un *on dit*, l'arrestation de Georges par un détachement de chasseurs de la 19e, cette nouvelle vérifiée vaudrait mieux pour les départements de l'Ouest que le gain d'une bataille.

Il paraît que malgré les hostilités, le congrès subsiste toujours à Lunéville, puissent enfin les yeux s'ouvrir à la lumière et les cœurs à l'humanité.

Aujourd'hui 27, l'on nous dit qu'il se répand partout dans les communes dans ce moment qu'il y a une remise totale des contributions de l'an VII et VIII. Comme vous ne m'en parlez point, et que je ne vois rien d'officiel à cet égard, je crains bien que le bruit ne soit l'ouvrage de la malveillance, qui ne cherche qu'à aigrir le peuple en le trompant, mais nous saurons sous peu de jours ce qu'il en est de cette nouvelle, qui, si elle n'est vraie, ne peut que faire beaucoup de mal.

L'on a entendu par ici de la côte le bruit du canon à l'occasion de la victoire signalée du général Moreau, puisse-t-elle n'être qu'un prélude de celles qui la suivront.

Adieu, mon cher ami, rappelez-vous d'un pauvre infirme qui espère de vos nouvelles le plus souvent qu'il vous sera possible. Salut amical.

LADOUESPE.

Je n'ai point encore ouï parler du citoyen Allaire à qui j'ai cependant fait passer votre lettre.

La présente écrite et cachetée, je l'ouvre pour vous faire part d'une anecdote que j'apprends à l'instant ; trois volontaires des Herbiers, étant en qualité de garnisaires au village de la Jonchère, près Ardelais, virent descendre dans la maison où ils étaient, trois bandits à cheval qui demandèrent à boire et à manger et proposèrent en offrant de l'argent aux militaires de s'engager dans l'armée royale, dont dirent-ils, le quartier général était vers Rennes ; l'un des militaires étant sorti, les étrangers soupçonnant une surprise remontèrent à cheval et se pressèrent tant qu'ils oublièrent quelques papiers dont les volontaires s'emparèrent ; ces papiers, dit-on, donnent beaucoup de renseignements sur cette dernière manœuvre et ont été envoyés au général Travot, on ne sait ce que les émissaires sont devenus ; mais tout ceci prouve qu'ils parcourent déjà le pays sous la direction de Georges et autres, et qu'il est bien intéressant que le gouvernement prenne toutes les mesures disponibles pour mettre ces malheureuses contrées à l'abri du mouvement malheureux ; il est à croire que les trois qui ont paru par ici ne sont pas les seuls chargés de pareille commission. Vous pouvez compter sur la vérité du fait ci-dessus.

LV

Au citoyen Loyau, membre du Corps Législatif, rue Grenelle-Germain, n° 1138, à Paris :

Mouchamps, 5 nivôse an IX.

Il faut toujours, mon cher ami, qu'il se fasse quelque quiproquo, Godet arriva ici hier au soir et m'apporta grande partie des drogues que portait la note que vous lui avez adressée en lui écrivant, tout y est à l'exception de l'esprit de sel, dont il ne s'est trouvé dans toutes les boutiques de la ville que huit onces au lieu de deux livres portées dans la note ; Loiseau a été stupéfait de la demande d'une aussi grande quantité en disant que ce remède ne pouvait être employé qu'à très petite dose et qu'il ne concevait pas qu'on pût en employer deux livres, quoiqu'il en soit j'en ai seulement huit onces.

Il a arrangé et dosé les pilules dont apparemment je prendrai une chaque soir.

Quant à la potion elle est dans une petite fiole contenant à peu près un verre, la prendrai-je pure et à quelle dose, ou bien doit-elle être mêlée dans une infusion quelconque, et dans quelle quantité, d'une cuillerée par exemple par verre ?

A quel usage dois-je employer l'esprit de sel ? C'est ce qui m'embarrasse le plus et de quelle manière.

Tout le détail que je viens de vous faire, vous paraîtra peut-être étonnant, parce que vous croyez comme je le vois par votre lettre du 28 que je reçus hier, que j'ai reçu également celle qui contenait la consultation, mais voici ce qui est arrivé ; le porteur des lettres du bureau de Fontenay remit celle-ci à ma fille à Fontenay avec celle qui était pour Godet, ma fille, voyant qu'elle était adressée directement à Mouchamps par Chantonnay, la lui rendit en lui disant qu'il fallait l'envoyer au bureau de Chantonnay comme la voie la plus sûre et la plus prompte, le distributeur la reprit et depuis trois ou quatre courriers que j'envoie régulièrement à Chantonnay elle ne m'est point parvenue, elle a été mise au rebut à Fontenay ou négligée d'être jointe aux paquets de Chantonnay, c'est ce que j'ignore, toujours est-il vrai que ne l'ayant point, ni la consultation, je ne sais comment m'y prendre pour commencer les remèdes ; je prends le parti d'envoyer ce matin à Fontenay un exprès pour voir si on la trouvera à ce bureau ou savoir enfin ce de quoi elle est devenue.

Dans le cas où la fatalité ferait qu'elle serait perdue, expliquez-moi par le premier courrier l'usage de l'esprit de sel et de quelle manière je dois prendre la potion, seule ou avec quelqu'autre infusion, si c'est le matin ou le soir.

Je vois que les différents remèdes se dirigent vers la curature de l'asthme ou le soulagement et je crois bien réellement d'après la description que j'en ai lue dans Calleu, que c'est ma maladie jusqu'ici mais poussée à l'extrème vu l'état de souffrance, la difficulté de respirer, le spasme dont je suis accablé. Quant à l'influence goutteuse, j'ai toujours de la peine à y croire, parce que apparemment ces deux maladies ne sont point incompatibles, et qu'il n'y avait que trois mois que j'avais eu la goutte lorsque j'ai été attaqué de la dernière ; d'ailleurs cette expectoration abondante, ces crachats qui s'épaississent dans les bronches, ne me paraissent qu'une maladie du poumon. Quoiqu'il en soit, lorsque j'aurai l'avis du médecin si on me le rapporte avec votre lettre, je ferai tout ce qui sera possible pour m'y conformer.

Rien de nouveau dans le pays depuis ma dernière ; tout est tranquille comme au passé ; le bruit de remise des contributions dans les ans VII et VIII vient d'une lettre du général Travot à ses cantonnements dans laquelle il leur prescrit de poursuivre seulement le recouvrement de l'an IX, toutes les incertitudes nuisent infiniment à tous les recouvrements. Je vois que le gouvernement envoie encore par ici des commissaires, puissent-ils prendre de bons renseignements, ce qui est fort difficile, mais il y a une grande récalcitrance parmi le peuple pour les contributions arriérées, et je ne crois guère qu'on puisse parvenir à en voir la fin. Il paraît heureusement que tout va bien au dehors, notre rapprochement avec la Russie est d'une grande importance.

Adieu, mon cher ami, j'attends de vos nouvelles. Salut et amitié.

LADOUESPE.

Loiseau a dû demander le surplus de l'esprit de sel à Niort. Cet article est apparemment destiné à provoquer la goutte, je ne ferai rien sans avoir la consultation ou votre réponse si elle se trouve perdue.

LVI

Au citoyen Loyau, membre du Corps législatif, rue Grenelle-Germain, n° 1138, à Paris :

Mouchamps, 7 nivôse an IX.

Ce que je craignais et avais prévu, mon cher ami, n'a pas manqué d'arriver, votre lettre et la consultation y incluse sont perdues. A l'arrivée de mon exprès à Fontenay, ma fille alla au bureau de la poste réclamer cette lettre, on lui dit qu'elle avait été mise dans le paquet de Chantonnay et que je devais l'avoir reçu ; mais il n'en est rien, malgré que j'ai envoyé régulièrement à la poste depuis. De plus de cent que vous m'avez adressées, il ne s'en est pas égaré une seule ; il faut que, par une fatalité inconcevable, celle-ci soit la première ; comment réparer ceci, par un autre précis de la consultation si vous pouviez l'avoir, ou par ce que vous me direz vous-même de mémoire.

J'ai bien reçu de Loiseau la totalité des deux livres de l'esprit de sel, mais j'ignore l'usage que j'en dois faire.

Quant aux pilules, je crois que je puis commencer à en faire usage d'une chaque soir. Elles sont sans doute destinées à diminuer les accès de spasme qui sont encore, de tous les accidents que j'éprouve, les plus effrayants et les plus accablants.

Je pense que la potion est un peu purgative. Quant à ce qui est relatif à la provocation de la goutte, que je crois bien difficile, sinon impossible, j'attendrai votre réponse, et peut-être même, d'après la dernière que je vous ai écrite, me donnerez-vous les principaux éclaircissements nécessaires.

Depuis quelques jours, je suis plus faible et plus accablé que ci-devant, parce que l'expectoration pituiteuse est beaucoup moindre, l'humeur qui sortait plus librement s'épaissit dans la substance même du poumon ou dans les bronches, je crois que c'est ce qui augmente les accès spasmodiques, et je ne me trouve un peu soulagé que lorsque enfin l'humeur s'évacue par des crachats épais, ce qui n'arrive que par le temps de 24 ou 36 heures et après beaucoup de toux et d'efforts. Les pilules pourraient peut-être remédier à ces accidents, enfin je vais y essayer.

Le moindre mouvement m'est devenu impossible, je ne puis sortir du lit qu'un moment pour le raccommoder et les nuits sont affreuses. Je suis, mon bon ami, bien à plaindre, l'estomac se soutient encore. Godet, qui part aujourd'hui d'ici, verra encore au bureau de Fontenay, peut-être par hasard le paquet se trouvera-t-il, je n'y conçois rien. Tout est toujours ici sur le même pied.

Salut et amitiés.

LADOUESPE.

LVII

Au citoyen Loyau, membre du Corps Législatif, rue Grenelle-Germain, n° 1138, à Paris.

Mouchamps, 10 nivôse an IX.

Je reçois enfin, mon cher ami, aujourd'hui par Chantonnay le paquet qui renferme la consultation du 4 et ignore toujours la cause du retard ; je suis bien fâché de la peine que vous pouvez avoir prise à cette occasion. Si vous aviez pu vous entretenir un instant avec le médecin vous auriez pu lui donner les instructions qu'il désire dans le préambule, en demandant si cette maladie est héréditaire ; ma mère est bien morte d'une affection sur la poitrine qui se termina par l'hydropisie au bout de dix-huit mois ou deux ans, mais sans avoir jamais ressenti d'incommodité sensible jusqu'à 70 ans ; je ne sache pas qu'aucun de mes parents en ait été attaqué.

J'essaierai bien encore le bain de jambes et de pieds prescrit, mais vous savez que le moyen tenté longtemps en y joignant des sinapismes n'a rien produit.

Quant aux vésicatoires j'en ai eu aux bras et à la cuisse très longtemps et dès le commencement, j'en entretiens encore un au bras sans aucun succès. J'ai aussi essayé les fumigations, mais qu'est-ce que ce moyen pour un mal tel que le mien qui ne vient pas tant du défaut d'expectoration que de l'abondance et de l'opiniâtreté de l'humeur toujours renaissante. Je n'ai jamais eu aucune atteinte d'hémorroïdes.

J'ai commencé l'usage des pilules indiquées et depuis deux à trois nuits j'éprouve un peu plus de tranquillité, plus de penchant au sommeil ; les accès spasmodiques sont moins violents et moins longs, si cela pouvait continuer, ou le mieux augmenter ce serait beaucoup, mais il faut voir encore quelques jours ; si je me trouvais bien des pilules, lorsque celles-ci seront finies, faudrait-il en continuer l'usage ? je penserais que oui, car le démon dont je suis attaqué n'est pas de l'espèce qui se chasse facilement ; ayez la complaisance de me dire oui ou non en quelques jours.

J'userai de la potion ainsi qu'elle est indiquée, quant au régime prescrit c'est à peu près celui que j'observe, hors l'exercice, car s'il ne survient point un peu d'amendement, je ne puis sortir de ma chambre sans être étouffé par le moindre mouvement.

Je continuerai à vous instruire de ce qui se passera, tant que les forces me le permettront. Rien de nouveau par ici, adieu mon cher ami.

LADOUESPE.

P. S. — J'oubliais de vous parler de l'état du pouls et des mouvements du cœur dont parle le médecin.

Hors l'état de spasme, le pouls est comme en santé, régulier, mais faible ; à mesure que commence l'accès spasmodique, il commence à s'élever en proportion de la violence de l'accès et devient très fort, son mouvement diminue aussi avec l'accès, mais il n'y a jamais d'intermittence.

Quant aux mouvements du cœur, à mesure que le spasme diminue il survient quelques légères palpitations, hors cet état spasmodique je n'y sens rien d'extraordinaire.

Consultation du docteur Corvisard

Copie de la consultation envoyée le 24 frimaire an IX au citoyen Ladouespe :

1° Le malade fera tous les jours ou tous les deux jours usage de bains de pieds et de jambes, aiguisés avec quatre onces d'acide muriatique (esprit de sel), peur environ sept à huit pintes de bains tiède ;

2° Il se fera appliquer un vésicatoire à chaque bras qu'il fera convertir en cautère au bout de quelques jours après le premier effet produit.

Le malade fera tous les jours une ou deux fois une fumigation avec les plantes aromatiques sur une poignée desquelles il versera une pinte d'eau bouillante et dont il respirera la vapeur en s'y exposant sous un linge.

S'il est ou a été sujet aux hémorroïdes, il se fera appliquer six ou huit sangsues à l'anus et il perdra environ deux palettes de sang sur l'eau chaude.

A l'intérieur, le malade prendra le matin en se levant et le soir en se couchant une des pilules suivantes :

Prenez gomme ammoniac, myrrhe en poudre, à ce demi-gros.
Arum ; Scill en poudre, à ce douze grains.
Extrait gommeux d'aloès, dix-huit grains.
Extrait d'opium, six grains.
Conserve d'aunée suf. quantité.
Mêlez très exactement et faites une masse à diviser en pilules de cinq grains chacune.

Dans la nuit, il pourra en prendre une seconde et même une troisième, si l'insomnie est opiniâtre et si l'expectoration est pénible.

Tous les jours, après la pilule du matin, le malade boira deux ou trois tasses d'infusion de quelques fleurs de camomille romaine et de sommité de chanvre pytis avec un peu de sucre.

Dans les violents accès de suffocation, il prendra une cuillerée à bouche de la potion suivante dont il pourra renouveler l'usage de demi-heure en demi-heure soit le jour, soit la nuit au besoin.

Prenez : eau distillée de tilleul, eau de menthe, eau de fleur d'orange, à ce une once.

Sirop d'œillet, une once.

Liqueur d'Hoffmann, un gros. Mêlés.

Le malade observera exactement un régime doux, sobre et léger, il s'abstiendra de graisse, de viande, de poisson fumé ou salé, de toute espèce de pâtisseries, de tout ragoût, de tout assaisonnement, il trempera son vin, se privera de liqueurs et pourra se permettre un peu de café.

Il se couvrira soigneusement pour se défendre du froid, il portera un gilet de flanelle s'il n'en a point l'usage, il aura l'attention de ne jamais laisser refroidir ses pieds, il fera un exercice modéré, surtout à cheval, autant que la saison lui permettra.

Signé : CORVISARD, 24 frimaire an IX.

LVIII

Au citoyen Loyau, membre du Corps Législatif, rue Grenelle-Germain, n° 1138, à Paris :

Mouchamps, 15 nivôse an IX.

Je fais actuellement usage, mon cher ami, de tous les remèdes indiqués par la consultation, mais que puis-je vous dire? Que mes souffrances sont toujours les mêmes, je remarque seulement que les pilules où il entre de l'opium, calment un peu les accès spasmodiques et me jettent pour quelques moments dans un lourd et douloureux sommeil, néanmoins je les continuerai à une chaque soir. Tous les 8 à 10 jours, il survient depuis quelque temps une suppression de crachats pendant 24 ou 36 heures, alors la suffocation est extrême et l'angoisse à son comble, il m'est alors impossible de sortir du lit et de faire le moindre mouvement, la toux est sèche, enfin peu à peu et avec beaucoup de travail, l'humeur se dégage avec quelques crachats cuits et épais, et j'éprouve du soulagement, mais jamais assez pour pouvoir dire un instant : je suis un peu à mon aise.

Voici le quatrième bain que je prends avec l'esprit de sel suivant l'ordonnance, je n'en éprouve absolument aucun effet, et quoique cette liqueur paraisse d'une grande effervescence, elle ne fait que rougir l'épiderme sans excoriation, j'irai jusqu'à la fin sans cependant en attendre de succès : mon mal, mon cher ami, est l'asthme, mais au suprême degré ; j'en ai conféré avec un de nos voisins attaqué depuis de longues années de cette maladie, d'après ce qu'il me dit, il éprouve les mêmes symptômes, les mêmes souffrances, les mêmes retours périodiques le soir et la nuit, mais il a, de mieux que moi, beaucoup d'intervalles où il souffre peu ou point, il m'a dit cependant avoir passé des hivers entiers dans l'état où je suis; peut-être y a-t-il dans ma situation quelques autres causes agissantes qui ne sont pas apparentes encore; quoiqu'il en soit, il faut attendre et souffrir.

De quelles nouvelles horreurs venez-vous d'avoir encore un exemple, dans la grande cité? A quoi tiennent les destinées des têtes les plus précieuses et d'une immense population ! Enfin, je ne désespère pas encore de la paix, remède le plus efficace à tant et de si grands maux.

Adieu, mon cher ami, salut et santé, ainsi qu'à mon neveu, de ma part et de tous les nôtres.

LADOUESPE.

Je n'ai point eu de nouvelles du citoyen Allaire, son adresse est rue Folard, nᵒ 7, à Nantes.

Rien de nouveau par ici, les bruits qui se répandirent étaient liés, il n'en faut pas douter, avec ce qui se tramait à Paris.

LIX

Au citoyen Loyau, membre du Corps législatif, rue Grenelle-Germain, n° 1138, à Paris :

Mouchamps, 20 nivôse an IX.

Enfin, mon cher ami, les vrais amis de la patrie et de l'humanité peuvent encore une fois ouvrir leurs cœurs à la joie et à l'espérance de voir renaître parmi nous le bonheur et la sécurité qui nous ont échappé tant de fois ; enfin une paix glorieuse va donc couronner les prodigieux succès et la valeur sans exemple des armées de la République ! Que de figures allongées dans le cabinet de Saint-James et de tous ses correspondants ; que d'humiliation pour tant d'orgueil et de féroce opiniâtreté. Donnez-nous bientôt la conclusion du grand œuvre qui se prépare, et je pourrai au moins dire comme le bonhomme Siméon, s'il ne m'est pas permis de jouir avec mes contemporains de tant de satisfaction.

En effet, mon bon ami, ma situation ne s'améliore point ; j'ai fini de prendre, de la manière indiquée, des bains de pieds et de jambes avec l'acide muriatique, sans avoir absolument rien éprouvé qui tendît au but que nous nous proposions. S'il restait encore quelque force pour attendre le printemps, ce ne serait qu'alors que la goutte pourrait reparaître, tout ce que l'on ferait jusqu'alors serait absolument inutile. Je n'ai trouvé que les pilules avec l'opium qui semblent me procurer quelque soulagement, en calmant un peu les accès spasmodiques et en me laissant prendre quelque instant

de sommeil tant bon que mauvais. Mais ce qui est bien
étonnant dans ce cruel mal, c'est le retour périodique
et à la minute, tous les soirs vers le soleil couchant,
des mêmes accidents, les premiers symptômes s'annoncent par le râlement *(raucedo)*, c'est à moi alors à
me jeter promptement sur le lit dans mon séant, où
j'éprouve pendant à peu près trois heures une toux
violente et opiniâtre pendant laquelle survient une
expectoration abondante d'humeur pituiteuse et peu
épaisse, après quoi je suis un peu dégagé ; à neuf, à
dix heures du soir survient une heure de sommeil ;
vers une heure de la nuit, le train du soir recommence
jusque vers le jour où le sommeil revient encore un
moment, après tout quoi je me traîne vers la cheminée
aussi frais qu'un mauvais cheval de poste, où je passe
le jour dans un mauvais fauteuil, dont à peine puis-je
me lever pour faire le tour de la chambre, non pas à
cause de la faiblesse qui m'accompagne, mais par
l'embarras continuel du poumon, dont l'oppression
augmente avec le moindre mouvement. Mais tout ce
que je viens de vous décrire n'est rien en comparaison
de ce qui m'arrive, lorsque l'expectoration habituelle
et aux heures ci-dessus se trouve supprimée, que la toux
est sèche et que l'humeur s'épaissit dans les bronches,
et c'est ce qui arrive tous les sept à huit jours, alors la
suffocation et les accès spasmodiques sont à leur
comble, le malaise inexprimable et les souffrances
au-dessus de mes forces, jusqu'à ce qu'enfin l'humeur
se dégage insensiblement au bout de 30 à 36 heures par
des crachats épais comme à la fin d'un rhume, et cet
état est toujours à recommencer ; ce qu'il y a encore
d'étonnant, c'est que l'appétit se conserve encore et que
cette déperdition abondante ne me cause aucune altéra-
tion et que même le liquide me répugne.

Ne serait-il point à propos de prendre quelque infusion où je mettrais un peu de nitre pour tenir le ventre libre, car quoique la digestion se fasse, il est un peu paresseux et les matières dures et recuites viennent difficilement ; je continuerai les pilules et m'en tiendrai là, car c'est ajouter aux maladies incurables de vouloir y remédier.

Notre voisin Boisson Destouches a vu dans les papiers publics un livre de son état qu'il voudrait bien avoir, intitulé *Code et Guide des Notaires publics*, par Guichard, chez Garnery, libraire, rue de Seine, ancien hôtel Mirabeau ; prix : 7 fr. de port. Si vous ou mon neveu pouviez lui faire cette petite emplette et lui adresser à Chantonnay, il vous en serait obligé.

N'oubliez pas, lorsqu'il aura reçu ses fournitures, si déjà n'est, de prendre des graines de choux chez votre marchand. S'il avait des petits ripouilles perdus par ici, qu'ils appellent, je crois, choux de Milan, il serait bon de les repeupler ; mais surtout prenez des choux-fleurs intitulés d'*Angleterre*, car de 100 grains que j'avais semés pas un n'a manqué ; ils sont tous venus larges comme des assiettes et plus.

Salut amical.

LADOUESPE.

Jetez donc un coup d'œil à votre loisir sur le *Traité de l'Asthme*, par Floyer, médecin, attaqué lui-même de cette maladie, vous verriez si la description a rapport à la mienne, vous me diriez ce que vous en pensez.

LX

Au citoyen Loyau, membre du Corps législatif, rue Grenelle-Germain, n° 1138, à Paris :

Mouchamps, 9 pluviôse an IX.

Je vois, mon cher ami, par votre dernière du 27, que la précédente que vous m'avez adressée avec une copie de la consultation est encore égarée, car je ne l'ai point reçue, mais comme j'avais l'original j'en ai suivi les dispositions ponctuellement sans aucun succès dans ce qui avait rapport au retour de la goutte ; cependant les symptômes qui m'accablaient le plus, tels que les spasmes et la grande difficulté de respirer sont infiniment moindres depuis quelques jours, au point que je puis aller et venir autour de ma maison et même à cheval, car je suis allé hier jusqu'à la Bobinière sans trop de difficulté ; je crois devoir ce soulagement aux pilules où il entre de l'opium, qui, je l'imagine, calme un peu l'irritation et favorise le sommeil qui est un peu plus tranquille, c'est pourquoi j'en ai fait venir de chez Loiseau une autre dose comme la première dont je continue l'usage ; mais je suis toujours dans la crainte du retour des mêmes accès qui sont l'effet de l'asthme le plus caractérisé, d'ailleurs la cause du mal subsiste toujours, la toux et l'expectoration reviennent toujours toutes les nuits pendant plusieurs heures, enfin il faut attendre le printemps, s'il peut revenir, peut-être apportera-t-il quelque changement.

Clémenceau passa ici il y a deux jours allant à

Sigournay aux noces de sa nièce Blampain mariée à un citoyen Pichard de Fontenay que je ne connais pas. De là il doit s'être rendu au chef-lieu faire connaissance avec le nouveau préfet arrivé depuis quelques jours, et revenir ici en se rendant.

Tout est par ici coi et tranquille, grâce à nos grands succès, et à la gendarmerie multipliée, cette dernière institution est un des grands bienfaits du gouvernement dans nos contrées, il n'est même pas question depuis longtemps par ici d'aucune attaque de nuit ou de jour dans les maisons ou sur les routes, je vois par tous les papiers qu'il n'en est pas de même en beaucoup d'endroits.

Auriez-vous lu dans les papiers que je vois, la *Clef du Cabinet*, au numéro et à la date du 27 nivôse, l'annonce d'une lettre du président de la Société de Médecine de Londres à celle de Paris, portant que l'on a trouvé dans son pays un spécifique pour faire descendre la goutte remontée et cela à l'heure même, en prenant intérieurement certaine dose de gingembre bouilli avec du lait ; il serait bon de savoir si on en a fait ou si on en fera l'expérience à Paris, si le remède miraculeux auquel je ne crois guère faisait un tel effet, il pourrait sauver la vie à quelques braves gens.

Je ferai toucher volontiers ce dont vous me parlez à Mme la Chauvinière, mais j'ai à vous deux sommes différentes, l'une que vous aviez laissée pour Allaire de cent quatre-vingt-cinq francs, ci............... 185

L'autre, remise par Clémenceau de deux cents francs, ci.................................... 200
                                                                    ——
                        Total.............. 385
                                                                    ═══

Voyez si vous voulez que je lui fasse toucher tout ou partie de la somme, ou une somme ronde de quatre cents francs ; si Allaire se pressait, je lui remettrai également ce qu'il lui faudra, j'attendrai un mot de vous à cet égard, vous pouvez en attendant écrire à La Rochelle.

La présente écrite, deux ou trois personnes arrivant de Fontenay racontent qu'on y a découvert un horrible complot tendant à piller les caisses publiques du chef-lieu. Ils disent qu'un cabaretier de Fontenay ayant remis avec mystère une lettre à un particulier, celui-ci conçut des soupçons et porta cette lettre au maire de Fontenay au lieu de la porter à sa destination, qui était dit-on, d'avertir beaucoup de coquins des campagnes de se trouver à tel jour et à telle heure à Fontenay. On ajoute qu'il y a plusieurs individus arrêtés ; nous attendions aujourd'hui le retour de Clémenceau qui est à Fontenay et nous aurait dit ce que c'est, mais il n'est pas encore arrivé. Si le fait est vrai vous devez dans ce moment en être informés, lorsque je le saurai au juste je vous en instruirai, car jusqu'ici ce ne sont par ici que des récits auxquels on ne sait quelle foi ajouter, il est cependant très apparent qu'il y a quelque chose.

Salut et amitié.

LADOUESPE.

LXI

Au citoyen Loyau, membre du Corps législatif, rue Grenelle-Germain, n° 113S, à Paris :

Mouchamps. 20 pluviôse an IX.

J'avais éprouvé, mon cher ami, pendant une quinzaine un mieux assez sensible dans l'état de souffrance

où je suis depuis si longtemps mais l'expectoration et
la toux ayant cessé pendant deux jours, un nouvel accès
de suffocation m'a tenu pendant quarante heures dans
un état d'anxiété et de souffrances approchant de
l'agonie. Enfin la toux et les crachats ayant reparu, je
me retrouve aujourd'hui à peu près comme auparavant
avec beaucoup de faiblesse et de difficulté dans la respiration au moindre mouvement; je continue et je
continuerai les pilules dont je crois recevoir quelque
soulagement, mais comme il arrive ordinairement, la
nature se fait à ce remède et les effets en deviennent
moins sensibles ; ne faudrait-il point augmenter un peu
la dose d'opium qui n'est que de six grains dans 36
pilules. Plus le mal cruel continue et plus je me
confirme dans l'idée qu'il tient par tous ses symptômes
à l'asthme le plus violent; je suis toujours sans fièvre
avec l'estomac en assez bon état, mais les maux que je
ressens sont inexprimables; je puis cependant actuellement prendre un peu plus de sommeil, malgré la
situation gênante dans laquelle je suis obligé de me
tenir pendant toutes les nuits ; mais la nature se fait à
tout tandis qu'il reste encore quelque force pour y suffire.

Je me suis informé de Clémenceau, à son retour de
Fontenay, du complot qui paraît avoir été formé de
voler les caisses publiques, il ne peut rien me dire de
bien positif à cet égard; l'on interroge ceux qui ont été
appréhendés sans trop, à ce qu'il paraît, en tirer
d'éclaircissement ; il est d'usage en pareil cas que les
coquins prennent toutes mesures pour cacher leur
scélératesse. Quatre ou cinq bandits de cette espèce
sont entrés de nuit et de force il y a huit jours chez
des nommés Bridonneau, métayers dépendant de la
Débutrie, à la Bernardière, qui est je crois du Boupère
et les ont volés sans que l'on sache de quoi ils sont
devenus.

Puisque vous avez envoyé de la graine de choux à Godet je tâcherai d'en avoir une petite partie, mais si vous trouviez occasion d'ici à un mois et demi je vous serais obligé de m'en envoyer un petit cornet de chaque espèce, surtout de choux fleurs qu'on ne peut se procurer bons d'ailleurs que fort rarement, je crois même qu'on pourrait en mettre 100 ou 150 grains dans une lettre, et cela suffirait; au surplus si ce petit envoi de graines de choux pouvait se faire par la poste j'en paierais le port avec plaisir. Nous n'avons que très rarement de nouvelles de Pultaut et même de Monsireigne, je crois cependant que tout y est comme à l'ordinaire.

Je connaissais l'arrivée de tous les citoyens dont vous me parlez, chacun d'entre eux est à présent occupé à reprendre son ancienne place, ou une meilleure lorsque le cas y échoit. L'on m'a assuré que le ci-devant chanoine Paillau et son confrère Gaudillon, faisant les fonctions épiscopales par ici se sont rendus il y a quelques jours à Fontenay où ils ont fait solennellement leur promesse de fidélité à la constitution en déclarant, dit-on, verbalement et par écrit imprimé, qu'ils ne pouvaient concevoir que qui que ce soit pût se refuser à cet acte de civisme. Je n'ai point vu tout cela, mais Gauly l'a écrit, m'a-t-on assuré, à son frère à Féole. Puisse enfin la philosophie ou la nécessité éclairer tous les hommes.

Je vous salue, mon cher ami, ainsi que mon neveu.

LADOUESPE.

LXII

Au citoyen Loyau, membre du Corps législatif, rue Grenelle-Germain, n° 1138, à Paris :

Mouchamps, 1ᵉʳ ventôse an IX.

Je suis toujours souffrant et bien malade, mon cher ami, et mon état ne s'améliore point, mais comme il n'y a pas non plus grand changement, si ce n'est par intervalle de quelques jours, je ne vous en parlerai pas plus au long, je continue les pilules que je crois favoriser un peu l'expectoration et diminuer les accès de suffocation.

Si quelques moyens moraux pouvaient contribuer à mon soulagement rien n'y serait plus propre que la grande et importante nouvelle que vous nous annoncez dans votre dernière du 24 à laquelle nous avions cependant été préparés par la forte canonnade que l'on entendit hier du côté de Nantes ; honneur, gloire et reconnaissance à la sagesse du Gouvernement, et au courage incomparable de nos braves armées : que de figures allongées je vois sortir du cabinet de St-James ! Il sera à la fin dupe de sa cruelle opiniâtreté et si quelque grand coup de politique comme il y a apparence, force la porte à la paix ou à la ruine, c'en est fait de l'orgueil et de la perfidie des insulaires.

Aussitôt que j'ai su par votre précédente ce que vous vouliez faire toucher à Madame la Chauvinière, j'ai écrit en conséquence à la Rochelle de lui remettre six cents francs ; il est vraisemblable que le citoyen

Allaire n'a point envie de son remboursement, car il est dans ce pays-ci depuis 8 à 10 jours et je n'ai point entendu parler de lui ; au reste il sera toujours à même.

L'on m'a dit, sans en avoir de certitude, que Dutail était à Paris, il pourrait, si ce fait est vrai, se charger de trois ou quatre petits paquets de graines de choux, pommés blancs, rouges, petits frisés, et à fleurs surtout, comme les plus rares.

Deux à trois jours de gelée en dernier lieu ont bien fatigué les plantes printanières que le temps doux avait fort avancées, comme pois, fèves, que je ne crois cependant pas perdus, mais les artichaux poussés comme en floréal, sont encore cette fois gelés jusqu'à la terre : j'en avais fait couvrir de trois à quatre manières, avec du chaume sec vers le nord sans fumier, avec du fumier sans terre, avec de la terre sans fumier, d'autres sans être du tout couverts, ils sont tous au même point, réduits à repousser de la souche et à ne donner que vers la fin de l'été.

Les blés de toute espèce sont partout superbes mais en bien des endroits couverts de ravenelles trop fortes pour céder à la gelée et trop épaisses pour être coupées à la main, mais en général l'apparence est magnifique, le prix de tous les grains n'a pas varié depuis la récolte, le froment de 300 à 320 fr., le seigle 3 fr. le boisseau de 120 litres. Les bestiaux de toute espèce se vendent passablement, mais à un prix médiocre. Le grand courant de la paix doit rendre l'activité au commerce et à la circulation, il est surtout bien tranquillisant pour notre pauvre pays.

Adieu, mon cher ami, salut et santé ainsi qu'à mon neveu, mes enfants vous en disent tous autant.

LADOUESPE.

LXIII

Au citoyen Loyau, membre du Corps Législatif, rue Grenelle-Germain, n° 1138, à Paris :

Mouchamps, 24 ventôse an IX.

Quoique toujours souffrant, mon cher ami, et respirant avec peine, je suis un peu moins accablé depuis quelques jours, mais la cause existe toujours et du jour au lendemain j'éprouve quelquefois un grand changement, un seul jour sans ou avec peu d'expectoration me met aux abois ; c'est une maladie bien cruelle et bien extraordinaire, je ne ressens pas la plus petite atteinte de goutte, quoique nous soyons, on peut le dire, au printemps. J'ai reçu et semé la graine de choux que vous m'avez envoyée, et Godet m'a fait part de celle que vous lui aviez envoyée également, si malgré cela vous trouviez une occasion favorable, je vous serai toujours obligé de m'en envoyer une petite provision de chaque espèce. Il paraît vraisemblable que d'après les circonstances et la besogne qui vous reste, votre retour sera différé cette année.

Duportail m'a fait passer il y a quelques jours une série de questions relatives au complant, elles lui ont été envoyées par Bouron qui les tenait lui-même du directeur de la Régie, qui les lui avait remises pour y répondre, je présume que la Régie les avait envoyées au directeur pour s'assurer si cette redevance dans la Vendée pouvait être assimilée à celle du même genre dans la Loire-Inférieure.

Je vous fais payer le port des réponses que j'ai cru pouvoir y être faites d'après ma manière de voir, qui se réduit surtout à n'envisager les sortes de concessions que comme faites conditionnellement et non d'une manière incommutable, comme les biens à rentes, à cens ou champart ; la faculté de rentrer dans la terre concédée faute de culture, m'en parait la preuve la moins équivoque, d'après cela il n'y aurait pu avoir d'inféodation, il faudrait surtout que ceux qui seraient chargés de traiter cette affaire se pénétrassent de la ci-devant coutume du pays qui établissait le régime de cette redevance. S'il en était encore question dans le pays où vous êtes, vous pourriez communiquer la manière dont on croit devoir l'envisager par ici, peut-être qu'enfin on reconnaîtrait la nécessité de rendre justice à ceux qui ont donné leurs terres à cette condition.

Nous attendons toujours la sanction des articles de paix qui ne peut tarder à être connue ; la situation du pays est toujours la même, c'est-à-dire tranquille, mais les coquins font toujours des leurs, le meunier de Vendreneau près Vendrennes a eu il y a 8 jours une visite de 7 d'entre eux qui ont fort maltraité tout le monde de chez lui, et ont volé son argent et ses effets. La diligence a été aussi arrêtée et volée il y a 8 jours vers Remouillé sans que l'on puisse faire justice de toutes ces horreurs. Cette diligence n'était point escortée, sous prétexte, dit-on, des mauvais chemins, et parce qu'elle est trop petite pour avoir une impériale propre à tenir une escorte.

Clémenceau m'a remis les 150 fr. que vous aviez donnés à son fils.

Nous n'avons encore point vu confirmer l'occupation d'Hanovre par le roi de Prusse, qui cependant parait bien décidé à soutenir la convention des puissances du Nord.

Pour revenir aux complants je me rappelle parfaitement que votre oncle et beau-père disait à propos de lots et ventes perçues à cause de ventes de vignes que c'était par abus de féodalité ou par ignorance de la nature de cette redevance, qu'il n'était point dû de rentes, et il se fondait sur la faculté d'y entrer faute de culture, et concluait de là qu'il n'y avait pas de véritable aliénation.

Adieu, mon cher ami, continuation de bonne santé.

LADOUESPE.

<hr>

LXIV

Au citoyen Loyau, membre du Corps législatif, rue Grenelle-Germain, n° 1138, à Paris :

Mouchamps, 3 germinal an IX.

Répondu le 12.

J'ai reçu, mon cher ami, depuis 4 jours votre dernière et depuis une décade j'aurais été fort embarrassé pour vous répondre, car je l'ai à peu près passée sur le lit de misère avec des souffrances difficiles à décrire, l'expectoration était moindre depuis quelques jours et cet état a été suivi de fréquents accès de suffocation qui ont enfin diminué depuis deux jours par le retour de l'évacuation accoutumée ; ces cruelles secousses laissent un grand malaise et beaucoup de faiblesse et détachent

au moral et au physique de la malheureuse existence
que je traîne depuis longtemps ; je vois que l'humeur,
les fluides épuisés ne laisseront plus lieu à la goutte et
qu'il est inutile que je l'attende, j'essaierai encore les
bains à la moutarde quoique je n'en attende aucun
succès.

Vous devez recevoir par ce courrier ou le prochain
un paquet de papiers de Pierre Favre, ancien employé,
qui m'a dit qu'il s'adressait à vous pour vous prier de
tirer de la liquidation un titre qu'on lui annonce d'une
petite pension de 80 fr. qu'il vous prie aussi, m'a-t-il
dit, de toucher pour lui, si faire se peut. Favre m'a dit
qu'il n'avait envoyé au bureau de liquidation aucune
pétition, qu'on lui a annoncé cette pension sans qu'il
s'y attendit : trois ou quatre de ses confrères en ont
reçu autant ; notre voisin Texier, ancien capitaine de
brigade à Mouchamps, vous prierait bien, et moi aussi
pour lui, de demander au bureau de la liquidation si
vous y allez pour Favre, si on a songé à lui à ce bureau
pour le même objet, son grade était comme je vous
l'ai dit, capitaine de brigade à la résidence de Mouchamps et son service de 17 ans et 10 mois. Si vous
pouviez obtenir quelque éclaircissement sur son affaire
vous obligeriez un père de famille pauvre et honnête
et toujours prêt à rendre service lorsqu'il est dans son
pouvoir.

Je vois que votre retour sera différé de quelques
temps, la ratification des traités, peut-être la sanction
du code civil exigeront une prolongation. Quelque
chose qui arrive, mon cher ami, ce sera pour moi une
grande satisfaction si je puis vous revoir encore une
fois.

Rien de nouveau par ici depuis quelques jours, une
pluie et un grand vent sans rémission, l'on ne peut
toucher aux blés, aux vignes ni au jardinage, chacun

se repose sous le fardeau, les foires à bétail sont excellentes depuis quelque temps, gras et maigre, tout se vend aisément et à bon prix.

Adieu, mon cher ami, j'espère encore bientôt vous revoir.

LADOUESPE.

LXV

Au citoyen Loyau, membre du Corps législatif, rue Grenelle-Germain, n° 1138, à Paris :

Mouchamps, 14 germinal an IX.

Quelle fatalité, mon cher ami, est donc attachée à ma chétive existence! Je recueille le peu de forces qui me reste sur le lit de misère où je suis, non pas étendu, mais dans un peloton depuis cinq jours, sans pouvoir respirer ni prendre de repos un seul instant, une expectoration abondante avait coutume au bout de 24 heures de me tirer de cet état cruel, mais dans ce dernier accès quelques crachats peu abondants me procurent quelques heures de relâche, et un instant après c'est à recommencer; non jamais, jamais je ne me serais imaginé qu'il était si difficile de mourir. Il est bien fâcheux d'avoir avec mes compatriotes et mes contemporains, le pied sur le seuil du temple du bonheur sans pouvoir y entrer, et de commencer la belle saison sans pouvoir en jouir comme le dernier

des insectes qui rampent autour de moi ; c'est une
triste condition que de naître !

Je vois, mon cher ami, que votre session est terminée, et présume que vous ne tarderez pas à rejoindre
vos foyers. Faites donc en sorte que nous puissions
bientôt nous revoir encore une fois. Quoique les maux
que l'on souffre nous paraissent toujours plus grands
que ceux des autres, j'ai cependant trois malheureux
à ma porte qui d'après ce qu'on m'en dit et ce qu'ils
m'ont dit eux-mêmes, sont dans une situation bien
approchante de la mienne, si ce n'est qu'après les accès
de quelques jours, il me paraît qu'il leur reste plus de
forces que moi ; si tels sont les effets de l'asthme,
je ne sais pourquoi les médecins en ont fait des des-
criptions aussi sèches et ne l'ont pas mis au nombre
des maux les plus cruels.

J'avais fait passer à Bouron copie des réponses que
je vous ai adressées sur les complants, je ne sais
quel usage il en aura fait ; je crois, comme vous, que
le fin mot dans cette affaire serait de distinguer ceux
qui tiennent vraiment à la féodalité, et ils sont en
très petit nombre, ils se réduisent aux terres qui avant
d'être plantées en vigne étaient sujettes à cens ou à
terrage, et dont la redevance a été remplacée par
le complant lors de la plantation, mais dans ce cas
le complant est généralement au dix ou au douze,
parce qu'il produit tous les ans au lieu que le terrage
n'était censé que sur le tiers chaque année, mais
ceux-ci, comme je vous l'ai dit, sont si peu communs
qu'il n'est presque pas la peine d'en parler, et vous et
moi qui connaissons la chose n'aurions pas de peine à
les distinguer d'avec les grandes pièces de terre qui
font l'objet des véritables complants, d'ailleurs les
uns et les autres sont parfaitement connus par la tradi-
tion de père en fils et par la bonne foi.

Pourriez-vous, mon cher ami, me faire le plaisir de m'apporter une paire de bretelles élastiques comme celles que vous portez, lorsque je puis sortir du lit je ne puis tenir mes culottes, prenez-les de la longueur des vôtres, la boucle les mettra toujours au point convenable.

Adieu, encore une fois, mon cher ami, bonne santé, prompt et heureux retour, ainsi qu'à mon neveu.

LADOUESPE.

LXVI

Au citoyen Loyau, membre du Corps Législatif, rue Grenelle-Germain, n° 1138, à Paris :

Mouchamps, 21 frimaire an X.

J'ai reçu, mon cher ami, votre lettre du 12 et vois avec bien du plaisir que votre voyage a été assez heureux pour la saison, car depuis votre départ nous n'avons vu que de la pluie et en telle abondance que la terre en est couverte et les moindres ruisseaux convertis en rivières ; ensuite viendra la neige, la gelée, etc... Tout n'est que variation et succession dans la nature, il n'y a que mes maux, mes souffrances qui sont en permanence, encore il faut l'espérer, tout cela aura une fin comme le reste.

Je suis bien aise que vous me donniez des nouvelles de nos anciennes connaissances, le général Béliard et Majou; on était inquiet d'eux par ici et la Coudraye, parce que les dernières de Marseille avaient un mois de date, j'espère que nous les verrons sous peu de temps.

Mon fils désirant depuis quelques jours voir son cousin, accompagna le domestique qui conduisit vos chevaux à Pultaut, il trouva mon neveu comme vous l'aviez laissé et un peu surpris du voyage de votre homme des champs, et embarrassé pour le remplacer, le dernier objet ne me paraît cependant pas difficile dans le moment présent : mais aujourd'hui comme en tout temps, on ne réussit pas toujours à souhait. Votre jeune homme doit avoir à présent les yeux et l'imagination élargis de moitié à l'aspect de tant d'objets auxquels sans doute il n'avait jamais songé ; s'il est raisonnable, le déplacement ne lui fera que du bien et vous aurez dans les moments de loisir au moins quelqu'un avec qui vous entretenir de vos occupations champêtres.

Je vous avais parlé, mon cher ami, d'effets publics admissibles en paiement de biens nationaux ; voudriez-vous, à l'occasion, vous informer de quelqu'un versé dans cette partie, si on pourrait s'en procurer et à quel prix, qui pourraient être employés à payer des restes de ceux mêmes acquis par annuités; si les bons sont aussi admissibles pour les intérêts comme pour le principal, et si ceux qui s'acquitteraient de cette manière auraient une prime ou remise quelconque sur les annuités non échues. Le citoyen Ragonneau, s'il était encore dans cette partie, ne vous procurerait-il point les renseignements que je voudrais avoir avant de rien faire d'une manière certaine et précise ? Si l'on connaissait quelqu'un attaché à la régie des domaines, c'est de là que l'on pourrait avoir les renseignements les plus positifs.

Rien de nouveau. mon cher ami, par ici, continuez à jouir d'une bonne santé.

Salut et amitié.

LADOUESPE.

LXVII

Au citoyen Loyau, membre du Corps législatif, rue Grenelle-Germain, n° 1138, à Paris :

Mouchamps, 9 nivôse an X.

Tout irait passablement, mon cher ami, si les souffrances toujours croissantes que j'éprouve me laissaient respirer quelques instants. Depuis la dernière que je vous ai écrite, une horrible crise m'a réduit encore à deux doigts du dernier terme. Je saisis un petit moment de relâche pour vous donner encore ce signe de vie.

Mon neveu nous a fait le plaisir, il y a quelques jours, de venir nous voir. Quoique la fièvre ne l'ait pas encore abandonné, il paraît cependant qu'elle est moins forte : il dit que le cheval ne le fatigue point : il ferait bien, si le temps était un peu plus beau, d'en prendre quelquefois l'exercice : mais la pluie continue toujours ; hier, un domestique de la Pélissonnière amenait deux belles vaches de Montaigu pour le taureau suisse, l'une d'elles tomba dans l'écluse en passant sur la chaussée du moulin à Mouchamps, fut entraînée entre les portages et y a péri, c'est une perte fort désagréable.

Le banquier duquel vous aviez pris des informations n'étant vraisemblablement chargé d'aucun paiement de biens anciens acquis et payables par annuités, n'a peut-être pas compris ce que vous lui demandiez; je désirerais savoir positivement s'il y a, et à quel prix, des effets publics admissibles pour fin de paiement de ces sortes d'acquisitions qui, je crois, n'étaient payables qu'en numéraire depuis la suppression du papier monnaie. Faites en sorte de vous assurer pour le moment de cet article seulement; ce ne serait que dans le cas d'un avantage considérable que j'en userais, puisque s'il n'y a pas de changement, j'ai encore près de deux ans pour finir, sauf les intérêts qu'il faut payer et que je serais bien aise d'amortir.

Vous étiez-vous chargé de quelques commissions pour une famille Pequin devers Rochetrejoux, ils sont déjà venus deux fois me demander si vous ne m'aviez rien écrit à leur égard.

Si nos compatriotes militaires égyptiens sont en route, ils n'auront pas beau; je les reverrais avec bien de la satisfaction, si j'étais en état d'en éprouver de réelle; mais l'état cruel où je suis absorbe mon reste d'existence et me fait borner ici ma lettre, quelque désir que j'eusse de m'entretenir plus longtemps avec vous.

Mon abonnement à la *Clef*, etc., finit le 30 nivôse, voudriez-vous me le continuer pour encore six mois, je vous envoie une des anciennes adresses, car par les dernières ils ont tronqué mon nom en l'imprimant *Douesque* au lieu de *Douespe*.

J'ai bien reçu et vous remercie des deux petits écrits sur la peinture au lait : nous n'avons encore pu en faire l'essai. Salut, amitié et santé.

LADOUESPE.

LXVIII

Au citoyen Loyau, membre du Corps Législatif, rue Grenelle-Germain, n° 1138, à Paris :

Mouchamps, 16 nivôse an X.

Mon cher ami,

Un citoyen Bourasseau, domicilié à Beaurepaire, après m'avoir communiqué les différentes pièces ci-jointes, me prie avec instance de vous les adresser en vous engageant à les remettre avec recommandation aux bureaux du Ministre de la guerre ; à sa pétition est joint l'avis du préfet du département ; est aussi ci-incluse une lettre du citoyen Chapelain qui vous prie, sans doute aussi, de vous intéresser à lui.

D'après toutes les pièces qu'il produit, il paraît évidemment dans le cas de ceux qui doivent obtenir des congés pendant le trimestre actuel ayant rempli toutes les conditions exigées par le gouvernement, c'est-à-dire un service qui date des premières campagnes de la Révolution ; il est vrai qu'il n'est pas présent à son corps en ce moment à Rambouillet, mais il a présenté un remplaçant, il est marié et chargé de nombreuses affaires domestiques et de plus il est habitant et domicilié de la Vendée ; ces divers titres devraient lui être favorables.

Je vous prie, mon cher ami, d'après le bon témoignage qui m'a été rendu du citoyen Bourasseau, de vouloir bien vous intéresser à lui et d'avoir la complaisance de me faire part de la réponse que vous pourriez avoir à son égard, aussitôt que vous aurez pu l'obtenir.

Je suis toujours souffrant, cependant un peu moins depuis quelques jours.

Salut et amitié.

LADOUESPE.

LXIX

Au citoyen Loyau, membre du Corps Législatif, rue Grenelle-Germain, n° 1138, à Paris :

Mouchamps, 1er pluviôse an X.

Enfin, mon cher ami, après vingt jours d'une belle et forte gelée, nous voilà au dégel sans pluie, la neige épaisse qui a toujours couvert les productions de la terre, les a préservées et tout est vert comme au printemps; les artichaux exceptés qui en sont encore à repousser de la racine comme les années précédentes.

Je ne sais si le temps froid m'est propice, mais depuis quelques jours la respiration est plus libre et je souffre moins la nuit, quoique j'en passe encore une grande partie à tousser et cracher; mais j'ai le jour, surtout la matinée, quelque relâche, et si cela durait, je me croirais en paradis, mais malheureusement je ne puis l'espérer (la durée du mieux).

Je pense que vous avez appris la fin du pauvre
métayer La Barre arrivée il y a quelques jours ; depuis
longtemps il était faible et traînant ; ses voisins attri-
buent l'état où il était à de continuels chagrins domestiques. Son épouse était depuis quelque temps à la
Baudonnière, et lorsque dans les derniers moments on l'a
envoyé chercher, elle a trouvé qu'on s'était bien donné
de la peine pour si peu de chose, tandis qu'elle avait
de nombreuses affaires qui n'étaient pas de sitôt terminées
à la Baudonnière ; enfin, l'en voilà encore débarrassée,
gare le troisième, soit dit entre nous.

Je pense que vous en avez bien reçu une de moi,
dans le paquet d'un citoyen de Beaurepaire désirant
un congé, je pense qu'il aurait réussi plus facilement
en s'adressant à son corps, car je vois que l'on délivre
actuellement beaucoup de congés à ceux qui sont dans
sa position.

Il paraît que vos occupations sont bien ralenties
depuis quelque temps : cette interruption est fâcheuse
pour la chose publique.

Nous avons à présent partout de nouveaux juges de
paix, il en a été de ces places peu lucratives et très
embarrassantes comme des places éminentes, elles
n'ont pas manqué de concurrence ; le citoyen Morisson,
de Mouchamps, occupe celle de notre arrondissement
dont le chef-lieu est aux Herbiers ; Desgrois a été
constitué à Chantonnay, il aura seize communes à
mettre d'accord, ce n'est pas une petite besogne.
Le bonhomme Béliard est juge de paix de Fontenay.

Tout continue à bien aller dans ce pays-ci, les
bestiaux se vendent aisément et à bon prix, les grains
sont toujours sur le même pied.

Adieu, mon cher ami, salut et bonne santé de la
part de tous les nôtres.

Je ne vous ai pas encore parlé de notre nouvelle
bru, elle est douce, active et de bonne humeur, je crois
que nous aurons tous lieu d'être contents. *Vale iterum.*

LADOUESPE.

LXX

*Au citoyen Loyau, membre du Corps Législatif, rue
Grenelle-Germain, n° 1138, à Paris :*

Mouchamps, 20 pluviôse an X.

Il y a quelques jours, mon cher ami, que je ne vous
ai écrit, aussi ne puis-je le faire qu'en saisissant quelques intervalles que me laissent parfois les souffrances
cruelles auxquelles je suis livré; je me félicitais
presque par ma dernière, mais cela n'a pas été de longue
durée, je viens d'essuyer une crise pendant laquelle j'ai
été assis sur mon lit quarante-huit heures sans pouvoir
changer de place ni respirer sans les plus grands
efforts; il ne m'est entré ni sorti du corps pendant ces
longs moments ni aliments ni sécrétion quelconque
qu'une sueur mortelle que j'avais peine à essuyer.
Enfin l'expectoration est survenue et m'a remis dans
l'état de malaise habituel qui me durera jusqu'à la fin.
C'est à cette époque où notre parent Majou est
venu me voir avec Marchegay; j'ai été bien mortifié de
ne pouvoir l'entretenir après une si longue absence; il

m'a paru sensible à ma fâcheuse situation, et je crois aujourd'hui comme ci-devant, qu'il est un excellent jeune homme, il est encore à Saint-Hermine et La Coudraye et doit repasser nous voir en se rendant à Bruxelles lieu de sa destination.

J'ai transmis, mon cher ami, au citoyen Bourasseau les démarches que vous avez faites pour son affaire; je lui dis dès le premier jour que son seul parti à prendre était de s'adresser à l'administration de son corps, mais il paraît qu'on y est un peu prévenu contre lui, peut-être que les circonstances lui seront favorables.

J'ai bien reçu le petit paquet de choux de Milan que nous sèmerons avec soin, si vous pouviez m'en envoyer autant de choux rouges et de la même manière je vous serais obligé, en attendant votre retour à l'époque habituelle, je vous en demanderais un petit paquet de chaque espèce, avec encore un assortiment de graines de raves et de radis blanc, rouge etc... Pour ce qui est des autres graines potagères nous en vendrions aux marchands de Paris.

J'ai vu il y a deux jours Clémenceau à son retour de Fontenay d'où il ne nous a apporté aucune nouvelle politique ni particulière; on dit que les filles et les prêtres ont fait répandre le bruit de la conscription dans ces contrées dont cependant il n'y a rien d'officiel; aussi se marie-t-on à tort et à travers, le mariage est un ancien remède, qui s'il ne guérit pas le malade, le soulage du moins pour le moment. Je vois, entre nous, que le parent Clémenceau a, à son tour, ses petites inquiétudes sur ce point, il a quatre filles à marier, il se présente quelques partis qu'il veut écarter, peut-être réussira-t-il, mais vous savez que le cœur et l'avoir des filles ne sont pas un propre inaliénable, le hasard en dispose souvent plutôt que la réflexion; et il y a longtemps qu'on en use ainsi.

J'espère, mon cher ami, que nous nous reverrons en germinal et que ce sera tout de bon, je le désire pour vous et pour nous.

J'ai appris avec plaisir que mon neveu se portait beaucoup mieux. Vous savez, je pense, que notre parente Loyau la Barre, a tous les avantages qu'elle pouvait désirer, que rien ne sera dérangé pendant sa vie dans sa maison, c'est un motif de plus qu'elle doit avoir de regretter son mari.

Adieu, mon cher ami, soyez toujours en bonne santé. Ce vœu les renferme tous.

LADOUESPE.

LXXI

Au citoyen Loyau, membre du Corps Législatif, rue Grenelle-Germain, n° 1438, à Paris :

Mouchamps, 9 ventôse an X.

J'ai reçu votre dernière, mon cher ami, et vous félicite de jouir toujours du précieux trésor de la santé, quant à moi je ferais mieux de ne plus parler de la mienne, à moins que désormais je ne vous en écrive de l'autre monde, car dans celui-ci ce n'est que misères, douleurs et souffrances.

Nous aurions en effet été surpris de vous voir sitôt, et cette surprise eût été agréable, mais je vous engage à persister dans le projet d'un congé, ce sera autant de gagné, car d'ici à longtemps, puisque le Gouvernement renvoie à la fin de l'année la représentation du Code civil, vous ne pouvez être fort occupés; si la session est prolongée en attendant et si le travail n'a lieu qu'à cette époque, vous avez tout le temps de considérer les murailles grises et les pavés boueux; il vaudrait mieux je crois jouir de la vie des champs de **Pultaut** et des prés de l'Arcanson, lorsque bientôt ils seront revêtus de l'habit de printemps qui sera bien apparemment de la même étoffe que l'année dernière, et puis les maçons vous attendent.

Au reste, mon cher ami, je vous félicite sur le témoignage de confiance du sénat, c'est une preuve de plus qu'il veut surtout confier la sanction des lois à des amis de la chose publique.

J'ai appris avec satisfaction que mon neveu est débarrassé de la fièvre, il était, m'a-t-on dit, l'un de ces jours à à Saint-Hermine en bonne santé.

Rien de nouveau par ici, il faut cependant puisque j'ai un petit moment à moi et du papier de reste, que je vous raconte une petite anecdote du grand pupille la **Boulais**; il a fait assigner ou plutôt sa femme, notre voisin Boisson, à se démettre des fonctions de son Conseil qui lui avaient été déférées il y a vingt-cinq ans, par un tribunal de Paris; le Conseil a répondu qu'il saisissait avec plaisir, avec empressement cette occasion de se débarrasser de son vieux pupille, le tribunal de Fontenay a renvoyé à l'assemblée de famille; Marchegay, Duportail et son cousin de la Coudraye, tous deux convoqués, ont dit sans détour qu'il n'était pas plus habile à gérer qu'il y a vingt ans, *ergo* qu'ils le laissaient en tutelle, quelques voisins réunis à défaut de parents qui aient voulu s'en mêler, ont dit qu'il pouvait bien gérer tant bien que mal, le tout a été renvoyé au tribunal. Comme chacun se retirait, le pupille avec sa sémillante compagne, en qui, dit son avoué Bréchard, il a trouvé toutes les ressources qui pouvaient lui manquer pour une bonne administration, la Boulais, dis-je, apparemment peu satisfait de la séance, a piqué son bidet qui a fait quelque mouvement dans la rue, un homme compatissant a voulu le secourir, et pour récompense a été assailli de forts horions sur les épaules, les voisins se sont rassemblés et allaient échiner la Boulais, lorsque la gendarmerie a paru, et a conduit tout le troupeau en fourrière; l'on a fait venir quelques flacons spiritueux qui ont arrangé l'affaire; je crois qu'il eût mieux valu dresser procès-verbal et le joindre à la délibération de famille pour éclairer les juges; voilà comme, quand un homme est fou, il l'est partout et toujours.

La petite dame voudrait s'emparer de la gestion pour confirmer ou continuer plusieurs ventes et emprunts sans l'intervention du Conseil, circonstances qui peuvent devenir fâcheuses pour plusieurs citoyens qui ignoraient qu'il fût encore en tutelle à quarante-deux ans et avec deux mètres de hauteur, et puis ils ont encore envie de chercher quelque chicane à leur cohéritier.

J'ai bien reçu le petit paquet de choux rouges, dont je vous remercie, au retour une petite pacotille des autres, de raves et radis.

Adieu, encore une fois, amitié et prompt retour.

LADOUESPE.

Tous les autres sont en bonne santé, Jenny est depuis deux décades avec sa belle-sœur à la Coudraye, Aubin et Luçon apparemment jusque près la Fête des fous.

Je vous avais parlé du grand nombre de mariages dans ces contrées, en raison des bruits de conscription militaire, le préfet considérant les inconvénients de tant d'unions mal assorties, a écrit aux maires une circulaire pour démentir ces bruits, mais elle est venue trop tard, les grands coups étaient tirés ; la population y gagnera toujours quelque chose et aussi vous savez combien il manque d'hommes dans ce pays agricole où un ou deux sont obligés de faire bien ou mal la besogne de trois ou quatre.

LXXII

Au citoyen Loyau, membre du Corps Législatif, rue Grenelle-Germain, n° 1138, à Paris :

Mouchamps, 7 floréal an X.

J'apprends, mon cher ami, avec bien de la satisfaction, votre heureux retour à Paris et vous félicite en continuant de voyager aussi lestement en conservant toujours votre santé. Pour moi, je suis toujours très souffrant et ne pourrais l'être davantage ; les crises horribles de ce mal affreux se rapprochent beaucoup depuis quelque temps, je sors encore depuis deux jours d'une nouvelle qui s'est encore une fois terminée par l'expectoration ; je ne sais, pour le répéter, comment je puis y attendre ; je suis fâché que vous ayez perdu l'adresse de l'opiat à tous les maux, quelque peu d'espoir que j'y fonde, je brûle d'en essayer, sur la considération du peu de risque que j'ai à courir dans l'état où je suis : c'est chez le *citoyen Jacques Mignard, rue Neuve-des-Petits-Champs, n°s 12 et 15, seconde porte cochère à droite en entrant par la rue Gaillon.* Faites en sorte de *m'en envoyer* une bouteille et un pot par la messagerie à l'adresse du citoyen *Fleurisson,* directeur de la poste aux lettres, à Chantonnay.

Quant à l'autre commission, elle consiste à me procurer des rescriptions de domaines nationaux admissibles en paiement des biens acquis par annuités, il m'en faut pour une somme approchant le plus possible de 1.971 fr. pour finir le capital, et pour une autre de 300 fr. pour les intérêts que je dois, si tant est que les rescriptions soient admissibles pour les intérêts comme pour le principal. Comme je ne crois pas qu'on en puisse douter, suivant les papiers publics, les rescriptions sont à peu près à 66 fr., de manière qu'il faut, pour avoir 2.300 fr. qui me sont nécessaires, une somme d'environ 15 à 1.600 fr.; faites en sorte, de manière ou d'autre, de me les apporter à votre retour, car je voudrais finir cette affaire, tandis que je suis encore par ici et qu'il y a quelque avantage.

Vous eûtes connaissance, à votre passage à Montaigu, de l'échauffourée de G... envers C... Ce dernier, qui était ici hier, me fit voir deux lettres du conseiller d'État et du préfet, qui sont on ne peut plus satisfaisantes sur sa conduite antérieure et notamment dans la circonstance ; l'un et l'autre désireraient que ce fût une affaire finie pour le bien de la paix, mais le substitut du conseiller, aussi blessé du même coup, va de l'avant devant le tribunal en réparation, ses témoins ont déjà comparu. Il faut encore répéter : quand un homme est fou, il l'est partout et toujours.

Tous les hommes sages et pacifiques sont bien

contents des nouvelles mesures relatives aux cultes. Je ne sais qui est l'évêque de la Rochelle pour notre département.

J'ai reçu comme vous un avis de la régie de Fontenay, relativement à des intérêts pour domaines acquis, on me demande 132 fr. Je ne sais trop pourquoi, je chargerai quelqu'un de l'éclaircir et payer pour encore en finir.

Rien de nouveau, mon cher ami, votre fils est en bonne santé. Votre menuisier a été prendre mesure des croisées pour plus de sûreté.

Salut amical et bonne santé.

LADOUESPE.

LXXIII

Au citoyen Loyau, membre du Corps législatif, rue Grenelle-Germain, n° 1138, à Paris :

Mouchamps, 21 floréal an X.

Je vois, mon cher ami, par votre dernière, que vous continuez à jouir du trésor de la santé, il me semble dans la situation où je suis qu'un pareil bien doit faire oublier toutes les autres contrariétés dont est parsemée cette vallée de misère ; je viens de passer une des meilleures quinzaines dont j'ai joui depuis deux ans : je montais demi-les-jours à cheval pendant trois à quatre heures, et puis voilà que tout à coup j'ai été hier arrêté par les accidents ordinaires de toux et de suffocation, et ainsi de suite jusqu'au dernier moment.

La belle sœur Loyau a eu en effet quelques accès de fièvre, mais elle se porte bien actuellement, nos jeunes gens allèrent la voir à la foire de Monsireigne où elle les régala avec abondance. Vous aurez su que la pauvre cousine Lambertz a payé le tribut il y a quelques jours, son époux est aussi en très mauvais état ; j'ai écrit à la cousine Heimback qui avait notifié cet évènement à la famille.

Je ne sais trop que vous dire de l'opinion populaire sur la nouvelle organisation des cultes, la plupart s'en rapportera à ce que lui dira son curé ; ceux-ci gardent le silence jusqu'à ce qu'ils soient instruits de leur sort ; l'installation et les mesures que prendront les nouveaux évêques décideront du bien ou du mal qui en résultera, mais en général j'en augure bien. Les pasteurs paraissent résignés à leur sort et voient bien qu'il serait inutile de faire la grimace ; quant aux protestants, ils sont au comble de la satisfaction, il y a longtemps qu'ils n'avaient eu une pareille chance : l'on dit que la dépense de ceux de Mouilleron sera perdue, et qu'il faudra rendre le total à sa première destination, parce que l'aliénation n'était pas complète et définitive : il faudra qu'ils se retournent d'un autre côté.

Le temps s'est beaucoup radouci depuis quelques jours, la petite pluie qui est survenue est très propice surtout aux froments qui promettent plus que tout le reste.

Je vois que lorsque la présente vous parviendra vous serez presque sur votre départ, c'est pourquoi je ne vous écrirai plus à moins qu'il n'y ait quelque chose d'extraordinaire : faites donc en sorte de songer dans mes rescriptions et de prendre la route de Nantes.

Clémenceau est ici depuis quelques jours auprès de
son épouse malade, il l'est aussi lui-même ; car hier et
avant hier il a pris l'émétique et un purgatif ; cependant
il se promène toujours.

Le médecin Jahan qui est venu le voir, et qui m'a
fait une petite visite amicale, m'a beaucoup parlé de
l'usage du soufre dans l'asthme, il m'a dit qu'une sienne
tante dont il dirigeait la maladie en a fait longtemps
usage avec succès, mais on n'en trouve point par ici ni à
Angers, ni à Nantes, où il en a demandé, il m'a dit que
cette préparation s'appelle : sel de soufre, qu'elle se prend
à un gros dans du petit lait ou autre liquide. Comme
je ne doute pas qu'on ne la trouve à Paris, rendez-moi
le service, mon cher ami, de m'en apporter quelques
onces, cinq ou six par exemple ; il m'a dit que cela
n'était pas fort cher, quand je n'en recevrais qu'un peu
de soulagement ce serait beaucoup, et ce remède ne me
paraît pas dangereux.

Je présume que nos compatriotes devers Fontenay
ne seront pas longtemps non plus à se mettre en route,
mais faites en sorte de venir par Nantes, la rivière peut
être très commode à cette époque.

Salut, amitié et santé.

LADOUESPE.

P.-S. — Encore un mot du citoyen Bourasseau.

Ci-jointe une note du citoyen Texier, concernant son
affaire dont il vous avait, je crois, parlé ici ; il s'agirait
pour l'obliger, de savoir s'il pourrait être payé de sa
pension à Fontenay et dans ce cas pour éviter les frais
de commission de retirer des mains du citoyen Fourcy
ses papiers ; dans le cas contraire, il n'y a qu'à les laisser entre les mains du citoyen Fourcy ; je pense que

pour savoir la vérité il faut s'adresser à quelqu'autre
que lui, qui ne serait pas fâché sans doute de continuer sa gestion.

Note du Citoyen Texier

Le citoyen Texier, ci-devant commandant de brigade,
des Fermes générales, qui se trouve compris pour une
pension de cent sept francs, demande s'il est possible
d'être payé par les administrateurs du département auquel
il se trouve enclavé, la marche qu'il faut suivre pour y
parvenir, donne pouvoir au citoyen Loyau de retirer
tous les papiers et brevet qui y sont relatifs, déposés
entre les mains du citoyen Christophe Fourcy, rue
St-Germain n° 125.

LXXIV

Au citoyen Loyau père, à Pultant :

Mouchamps, 26 prairial an X.

Votre voiturier, mon cher ami, a chargé sur ses
chevaux les petites croisées et il est à croire qu'il les
rendra sans avarie, le menuisier est dans ce moment
à Saint-Hermine pour le démeublement du citoyen
Lousigni (1) : aussitôt qu'il sera de retour, peut-être

(1) Marchegay.

aujourd'hui ou demain, je lui dirai d'aller chez vous
placer son ouvrage.

J'avais appris hier par le citoyen Boisson arrivant
de Montaigu, la décision du Ministre que vous me faites
passer, le préfet instruit du même ordre l'avait déjà
transmis à celui qu'il concerne et qui doit savoir à présent
à quoi s'en tenir.

Aussitôt que vous aurez fait le voyage de Fontenay
et que vous saurez au juste à quoi l'on peut s'en tenir
sur l'admission des rescriptions dans le cas où j'en ai
besoin, je vous serais très obligé de me le faire savoir
le plus tôt possible, car je ne sais pas trop si je ne serai
point obligé d'envoyer à la Roche-sur-Yon, du moins
payer les intérêts, car le receveur ne me donne aucune
patience. Cette espèce d'effets publics augmente tous les
jours, car je vois par les derniers papiers qu'ils sont à
75 fr. N'importe, ce serait encore un quart de bénéfice,
cette augmentation vient de ce que le terme définitif
approche incessamment : si vous pouviez au retour de
Fontenay, faire un petit voyage par ici, je vous en
aurais bien de l'obligation, nous verrions sur le champ
le parti à prendre.

Lorsque vous me fites le plaisir de venir ici, j'étais
beaucoup mieux, deux jours après, j'essuyai encore
une crise des plus violentes. Depuis sept ou huit jours
je suis encore sur pied, en attendant une nouvelle
misère qui vraisemblablement ne tardera pas à m'accabler ; je fais usage du sel de soufre qui est très actif et
qui me semble contribuer à diviser un peu l'humeur
qui se porte si opiniâtrément sur le poumon, du moins
elle n'est pas si épaisse depuis que j'en fais usage : il
faut encore attendre pour juger de l'effet ultérieur.
Nous avons appris que le pauvre Belaud en était enfin
quitte après de grandes souffrances ; tel est le sort
de la pauvre et triste humanité !

Mille remerciements des belles cerises que vous nous avez envoyées, il est dommage que le porteur les ait un peu menées trop vite. Le temps est superbe, comme vous dites, pour faucher, cependant nous ne comptons nous y mettre qu'en quelques jours, parce que dans les fonds, l'herbe augmente encore.

Adieu, mon cher ami, bon jour et bonne santé, ainsi qu'à mon neveu. Tout notre monde est aux noces aujourd'hui d'une de nos servantes qui, quoique peu avantagée du côté de la beauté, a cependant trouvé sa raison suffisante, mais la pauvre fille vaut mieux qu'elle ne semble. Salut derechef.

LADOUESPE.

Faites donc en sorte de me faire dire ce que vous saurez de positif après votre retour de Fontenay, je serais bien aise de le savoir avant d'écrire à Paris.

LXXV

Mouchamps, 12 messidor an X.

Mon cher ami,

Puisque d'après tous les renseignements il paraît actuellement certain que l'on peut finir le paiement des fonds acquis par annuités avec des effets publics ou rescriptions, et que vous pensez que cette liquidation peut se faire à Paris, j'ai tiré une copie exacte ci-jointe de ma dernière quittance, où toutes les dates, les paiements et reliquat de compte se trouvent rappelés ; je vous prie en conséquence de me rendre le service de l'adresser à quelqu'un que vous croirez propre à la chose pour le prier de se procurer les effets et de les verser jusqu'à concurrence, dans la caisse où ils peuvent être reçus ; quoique cette quittance par copie ne peut faire foi, je pense que cela ne peut faire de difficulté, parce que je pense encore qu'il en sera ici comme des domaines de l'an VI, dont la quittance définitive était délivrée par le receveur local sur avis du versement à la trésorerie ; quoiqu'il en soit, il faut en essayer pour éviter tous frais et risques de transport, et recommander, s'il vous plaît, toute diligence, parce que je vois chaque courrier une augmentation progressive et que je suis alimenté d'avis non interrompus par le receveur de deçà qui paraît avoir un ardent désir de toucher ses remises, qui je pense, ne lui reviendront pas moins quoique le paiement sera fait à Paris, d'ailleurs peu importe.

Je n'en serai pas quitte à si bon marché que vous et beaucoup d'autres, car je présume que vous connaissez à présent l'arrêté des consuls qui annule celui du Ministre des finances de l'an VIII, lequel portait que les assignats versés depuis la loi du 28 ventôse an IV ne seraient reçus que sur le pied de trente pour un, et dispose que tous paiements faits avant l'annulation formelle des assignats sont bons et valables, ainsi tout est fini à cet égard.

Sur l'avis que m'a donné il y a quelques jours notre parent Majou de son prochain mariage avec Mlle Heimback, je viens de le féliciter sur cet arrangement qui me paraît fort propre à le remettre à flot en lui procurant une jeune femme, un état stable et avantageux par son association à la maison et au commerce du futur beau-père.

S'il n'est pas possible de faire le paiement à Paris, il faudra bien que vous ayez la complaisance de prévenir la personne que vous chargerez de la commission, de vous faire passer les effets en question par l'occasion la plus sûre et la plus prompte, je présume que l'on peut mettre cela à la poste comme un autre paquet de papiers sans aucun inconvénient, il est très rare qu'il s'égare quelque chose à la poste.

Cependant je n'ai pas cru prudent d'y risquer l'original des quittances présumant d'ailleurs qu'on recevrait un paiement quelconque à Paris, la quittance définitive étant toujours délivrée sur les lieux, comme il s'est pratiqué pour les autres acquisitions payables en effets publics.

Notre voisin Clémenceau s'est rendu hier en voiture, fort malade de la fièvre avec oppression, il y a déjà quelque temps qu'il se plaint de sa santé. La mienne est toujours la même, cependant cela va un peu mieux, je trouve que le sel de soufre favorise l'expectoration, c'est le seul remède qui jusqu'ici m'ait un peu soulagé, je crains que cela ne soit de longue durée.

Salut et santé.

LADOUESPE.

LXXVI

Au citoyen Loyau père, dans sa maison, à Pultaut :

Mouchamps, 4 fructidor an X.

Je sors encore, mon cher ami, depuis hier, d'une nouvelle crise qui, je crois, à la vérité, a été un peu

moins violente que les précédentes, cependant cela
revient si souvent que je n'ai plus le temps de m'y
revoir ; lorsque j'ai vu votre domestique, j'ai cru qu'il
nous ramenait nos filles. Jenny et Julie, qui depuis
trois à quatre jours, sont allées vers Puimorin et la
Baffrie et de là à la Chataigneraye, voir notre ancienne
voisine Mme Mingaud, d'où elles devaient passer chez
vous au retour ; je ne sais de quoi elles sont devenues.

Je suis bien fâché que le banquier de Paris ne vous
ait pas encore donné de nouvelles positives, il ne passe
pas de courrier que je n'aie quelque avis de la Roche-
sur-Yon, si j'avais cru que cela irait ainsi, tant de sa
part que de l'autre, je lui aurais fait payer les intérêts
en espèces et nous aurions eu le temps pour le reste,
mais à présent il faut bien attendre jusqu'au bout ; vous
verrez que le banquier ne se pressera pas jusqu'à ce
qu'il soit assuré du moment où il pourra toucher ce
qu'il dit lui être dû à la trésorerie pour faire d'une
pierre deux coups, quoiqu'il en soit, il faut attendre ;
je suis bien mortifié de la peine que je vous donne,
mais je vous prie de me donner avis de ce que vous
saurez de positif à cet égard quel qu'il soit.

Vous avez le plus beau temps du monde pour bâtir
comme pour la moisson, nous serions embarrassés par
ici, faute d'eau, qui commence à bien baisser partout.

Il en est ici comme chez vous, le seigle n'a pas
donné abondance, la récolte, au total est par ici moindre
que l'année dernière. Le reste des raisins disparaît
aussi à vue d'œil.

Faites donc en sorte, quand vous serez un peu
débarrassé, de nous donner un signe de vie : pour moi
je suis toujours cloué comme le maillet de la porte.

Adieu, mon bon ami, salut et continuation de bonne
santé.

LADOUESPE.

LXXVII

Au citoyen Loyau père, dans sa maison, à Pultaut :

Mouchamps, 15 fructidor an X.

Bordron me charge, mon cher ami, de vous donner le résultat de l'examen qu'il a fait du fer nécessaire à la grille que vous voulez placer à votre cour; après avoir pesé différentes barres de deux pouces à deux pouces et demi pour les battants et traverses, d'autres de dix à onze lignes pour les barreaux dans les dimensions convenues, il regarde que quinze cents livres de fer suffiraient à cet ouvrage, qui, à douze sous la livre, se monteraient à une somme de neuf cents livres. Je lui ai demandé s'il aurait le courage d'entreprendre cette besogne, il m'a répondu affirmativement en s'associant un ouvrier de Montaigu qui en a exécuté d'autres; je doute cependant, je vous l'avouerai, que leurs efforts réunis puissent parvenir au but que vous vous proposez. Quoi qu'il en soit d'après les données, si elles sont justes, vous pouvez faire à peu près votre calcul avec tel ouvrier que vous pourrez choisir.

Le citoyen Perreau qui est venu par ici pour y voir, nous a-t-il dit, notre voisin Marchegay Lousigni, doit vous faire passer la présente.

Je suis toujours souffrant et très souffrant, mais qu'y faire. La sécheresse et la chaleur insupportable que nous éprouvons ajoutent encore à mon malaise. Adieu, mon bon ami, je vous désire ainsi qu'à mon neveu la continuation de votre bonne santé.

LADOUESPE.

Des nouvelles de notre petite commission de Paris lorsque vous en aurez; faites donc en sorte de vous dérober un instant à vos occupations et de nous donner un signe de vie.

LXXVIII

Mouchamps, vendémiaire an XI.

Je vois bien, mon bon ami, par la copie de la lettre du citoyen Robert, que le banquier s'est enfin occupé de mes rescriptions, quoiqu'il y avait encore un délai qui devrait être expiré à présent; mais, par le calcul des rescriptions à 80 fr. et de la somme délivrée par le citoyen Robert, je vois que le banquier ne s'en est procuré que pour la somme de 1.971 fr. 68, prix principal, et qu'il a laissé pour près de 400 fr. en intérêts de cette somme, depuis le mois de ventôse an VII, époque de mon dernier paiement. Quoiqu'il fût bien instruit par la copie de ma quittance qu'il était nécessaire d'acquitter les intérêts, puisque dans sa première lettre que vous m'avez fait passer, il en fait lui-même mention expresse, en outre des 1.971 fr. ci-dessus; c'est apparemment un oubli de sa part qui laissera encore une queue à cette interminable affaire, il est même vraisemblable qu'on ne recevra pas l'un sans l'autre, et même les intérêts, dans les paiements qui se font, sont toujours comptés en première ligne.

Il faut donc bien encore, mon cher ami, que vous

vous donniez la peine de lui en faire de suite l'observation, et que, s'il ne trouve pas sur-le-champ les rescriptions nécessaires pour les intérêts, qu'il les acquitte en espèces pour finir, en priant encore le citoyen Robert de lui compter la somme qui sera nécessaire, de 300 à 400 fr.

Pour qu'il y voie bien clair et dans le cas où, par hasard, il eût égaré la première copie de quittance que vous lui avez fait passer, je vous en envoie une seconde pour lui adresser de nouveau et afin qu'il ne soit pas obligé de la demander. Je ne sais encore trop si l'on recevra sur cette copie non authentique, à moins qu'en dernier résultat la quittance finale ne doive être délivrée par le receveur de l'arrondissement, comme il se pratiquait en l'an VI pour les biens payables en effets publics.

Quelle peine, quelle incertitude pour peu de chose, mais tel est le train de la vie.

Adieu, mon cher ami, salut et continuation de bonne santé.

LADOUESPE.

Je suis toujours bien souffrant.

Si le citoyen Robert n'avait pas suffisamment de fonds à vous pour le petit reste, il faudrait bien le prier d'en faire l'avance avec promesse de prompt remboursement et de juste indemnité.

LXXIX

Au citoyen Loyau, membre du Corps Législatif, rue Grenelle-Germain, nᵒ 1138, à Paris.

Mouchamps, 14 ventôse an XIII.

Ayant vu, mon cher ami, par les papiers publics que votre session pourrait bien se terminer le 15, j'étais décidé à ne plus vous écrire d'autant plus que les courts intervalles dont je puis disposer sont bien rares depuis longtemps ; mais puisque d'après votre dernière vous serez encore une partie du mois à Paris, vous pourrez encore recevoir ce signe de vie. Nous avions appris avec indignation les nouvelles trames dévoilées dans le rapport que vous m'avez adressé, les cœurs reconnaissants ont frémi d'horreur surtout dans nos contrées, car si le reste de la France eût perdu un héros et un chef illustre, nous eussions eu à regretter un libérateur, car ce n'est qu'à sa sagesse et à sa prévoyance que nous devons le calme qui a succédé tout à coup à l'orage affreux dont nous étions encore une fois menacés, quel sera donc le terme de la perfidie du cruel gouvernement britannique ?

Je vous remercie et vous prie de songer à la recette que je vous avais demandée pour faire le bon vinaigre.

Si vous aviez occasion de voir quelque jardin ou celui des Plantes, n'y aurait-il point moyen d'avoir quelques plants de fraisiers du Chili, autrefois si communs dans ce pays-ci et qui paraissent absolument détruits ; d'après les informations que j'ai prises en plusieurs endroits, vous savez combien le fruit, quoique peu productif, est beau et curieux, faites en sorte de nous remettre cette espèce. Encore s'il vous plait un petit cornet de choux fleurs et de choux frisés de Milan.

Rien de nouveau par ici, mon cher ami, tout y est tranquille et dans l'ordre dans ce moment ; je pense que tout va bien chez vous, faites donc en sorte de passer par Nantes et de nous donner un moment en passant.

Salut amical.

LADOUESPE.

LXXX

Au citoyen Loyau père, en sa maison, à Pultaut :

Mouchamps, 15 messidor an XIII.

Le 27 du courant a été fixé, mon cher ami, pour le mariage de notre Julie, nous vous prions bien instamment ainsi que mon neveu de vouloir bien assister à cette cérémonie de famille, à laquelle je vous prierai de me représenter, car le petit mieux que j'éprouve depuis quelques jours me présage une nouvelle crise à peu près pour cette époque, mais qu'y faire ! Le soleil ne s'en lève pas moins, comme disait Villars, pour sécher nos foins et brûler nos légumes, malheur à qui s'y trouve.

Je vous remercie de la note de l'ancienne coutume que vous m'avez envoyée, je crois qu'elle nous met à couvert de toute chicane.

Mon fils vous remettra le livre que vous m'aviez laissé, il serait à souhaiter qu'il en fût déposé cinq ou six, chaque année, de ce genre dans les bibliothèques, l'espèce humaine y verrait plus clair et en vaudrait mieux.

Je vous souhaite la continuation de bonne santé et suis toujours bien sincèrement et de tout mon cœur votre affectionné.

LADOUESPE.

LXXXI

Au citoyen Loyau père, dans sa maison, à Pultaut :

Mouchamps, 7 nivôse an XIV.

Il est vrai, mon cher ami, que le pauvre Godet est dangereusement malade depuis huit jours. M. Liège s'en rendit hier au soir et nous dit qu'il était un peu moins mal ; les médecins disent que c'est une fièvre putride dont ils ne peuvent encore guère prévoir l'issue ; mon fils y est allé hier matin et nous en aurons demain des nouvelles ; puissent-elles être satisfaisantes.

Je vous remercie bien de l'avis que vous nous donnez sur le domaine en question. Le propriétaire tâtonne depuis longtemps pour en tirer la quintessence,

il l'avait vendu il y a deux ans 15.000 l. Le marché
n'eut point lieu, je ne sais pourquoi, je le lui avais fait
demander par Godet sur la voie publique ; il le renché-
rit, en disant qu'il ne savait pourquoi on voulait ainsi
lui faire vendre son domaine. Giraudeau, depuis, lui a
fait demander par M. Brisson, il répondit qu'il ne
voulait s'en défaire qu'en l'échangeant pour d'autres
biens-fonds ; cependant, il se restreignit à 20.000 l. qu'il
n'aura pas tout à l'heure ni en gros, ni en détail. Il
prend aujourd'hui le parti d'essayer le dernier mode,
le moins praticable possible, vu la situation de cette
propriété ; mais vous verrez qu'il ne fera que des marchés conditionnels et, en cas que le tout monte à son
prix, il n'y en a pas un seul morceau qui convienne
partiellement à la Baffrie. Il n'a pas laissé un pied d'arbre, il vendrait les murailles s'il le pouvait. Je vous
assure que, d'après tout cela, je laisserai le champ libre
aux amateurs. Deux ou trois habitants de Pouzauges
en ont bonne envie, mais il a de la peine à les faire
monter à son but.

Le bonhomme Baudry nous a bien apporté les
pronants ; je vous remercie d'avoir songé à cette petite
commission. Le sabotier de Sainte-Cécile est bien déjà
venu voir si le permis était arrivé, il faudra bien qu'il
attende ; mais si vous avez occasion pour Fontenay,
faites en sorte de l'avoir, car le petit homme paraît fort
impatient.

Depuis les bonnes et grandes nouvelles que vous
connaissez comme nous, nous sommes sur le point de
jouir encore une fois de la paix qui, cette fois, sera
solide et durable, malgré toutes les machinations des
cruels insulaires qui doivent avoir un furieux pied
de nez.

Que n'ai-je à présent mon ancienne santé pour jouir
d'un aussi grand bienfait, mais il n'y faut plus songer.

Adieu, mon bon ami, je vous souhaite le bonjour, ainsi qu'à mon neveu ; ma bru est à peu près rétablie, quoique avec toujours un mal sourd dans le côté de la tête, qui avait été le siège de la maladie.

Vale iterum.

LADOUESPE.

Mon fils est convenu avec le voiturier de l'Oye qu'il gardera la caisse jusqu'à ce que vous ayez eu des nouvelles de celui que vous présumez avoir pu l'envoyer ; il paraît qu'elle contient des chaises fort propres ; je ne doute point qu'elle ne vous soit adressée, l'énonciation de la lettre de voiture est trop précise pour qu'il y ait erreur de noms, mais celui qui vous l'a adressée peut avoir fait comme un tailleur qui, ayant chez lui plusieurs mesures, ferait un habit à Jacques sur celles de Pierre ; ceci s'éclaircira peut-être.

P.-S. — Par réflexion, mon cher ami, si vous aviez occasion de voir M. Dupouet, faites-moi le plaisir de lui demander, en cas que la vente partielle de Puimorin n'ait point lieu, comme j'en suis persuadé, quel prix l'on voudrait avoir définitivement du tout. Si cela ne passait point 18 à 20.000 fr., je vous serais obligé de m'en donner avis (1).

(1) M. Loyau, à qui sont adressées les lettres qu'on vient de lire, était membre du Conseil des Anciens et du Corps législatif, médecin estimé et possesseur d'une fortune considérable qu'il consacrait au soulagement des pauvres. Il embrassa la cause de la Révolution avec modération et fut officier municipal de sa commune. Il faillit être fusillé en 1793 sur ordre du général Huchet et n'échappa à la mort que parce que les soldats chargés de le tuer, se trouvant fatigués d'exécutions précédentes, prétendirent n'avoir plus de cartouches et le laissèrent libre. Il fut nommé député au Conseil des Anciens en 1798, pour deux ans, et en décembre 1799 au Corps législatif, dont il fit partie pendant plusieurs années.

(Note extraite des archives de Pullaut.)

III

ACTES D'ÉTAT-CIVIL

TESTAMENTS, PARTAGES, ETC.

(1746-1810)

Extrait de naissance
de Jacques-Louis-Etienne Deladouespe

Extrait des registres de Baptèmes, Mariages, Sépultures de l'église paroissiale de Saint-Pierre de Mouchamps, diocèse de Luçon, Bas-Poitou.

Le douze décembre mil sept cent quarante-six, a été baptisé Jacques-Louis-Etienne, né le même jour, du légitime mariage de maître Jacques-Louis de la Douëpe, avocat en Parlement, et de demoiselle Gabrielle-Catherine Robert, au logis de la Bobinière. Le parrain a été César-Etienne Robert, représenté par Olivier Merlet, et la marraine Marguerite Charlotte de la Douëpe, représentée par Benigne Bridonneau qui n'ont pas signé, sauf le père, qui s'est avec nous soussigné.

De la Douëpe, Bienaimé, Prieur de Mouchamps.

Je soussigné certifie que le présent extrait est tiré fidèlement des registres de Baptèmes, Mariages et

Sépultures de la paroisse de Mouchamps, diocèse de Luçon, Bas-Poitou. A Mouchamps, ce vingt-huit septembre mil sept cent cinquante-six.

FRUCHARD, prêtre, vicaire de Mouchamps.

Nous, Gilles Rondel Deshommers, Sénéchal et seul juge civil criminel et de Gruërie des baronnies de Mouchamps, le Parc Soubize, Chatellenies de Vandrennes, St-Hilaire-le-Vouhys, certifions à tous qu'il appartiendra que les écritures et signatures ci-dessus sont de Mre Fruchard, qu'il est prêtre, et lorsqu'il a délivré l'extrait ci-dessus il était vicaire du dit Mouchamps et en faisait les fonctions. Que foi doit être ajoutée à sa signature tant en jugement que hors. Pourquoi nous avons délivré le présent certificat pour valoir et servir ce que de raison. A Mouchamps, de la distance de vingt-deux lieues du Siège Royal de Poitiers, capitale de cette province de Poitou. Ce cinquième jour de septembre mil sept cent soixante-sept.

RONDEL, Sénéchal.

Demande de dispense par Jacques-Louis Deladouespe pour épouser Catherine-Gabrielle du Planty (1)

A Monseigneur l'Archevêque de Paris, duc de St-Cloud, pair de France, commandeur de l'Ordre du St-Esprit, etc.

Supplient humblement Jacques-Louis de la Douëpe, garçon majeur de la paroisse de St-Eustache, agent

----

(1) Je donne cette pièce qui se rapporte au mariage du père de Jacques-Louis-Etienne Deladouespe pour qu'on se rende compte de la difficulté que les protestants de cette époque avaient à se

d'affaires et Catherine-Gabrielle Robert, fille majeure, brodeuse, de la paroisse de St-Benoist, de cette ville. Disent que désirant s'épouser, ils ont recours aux grâces de l'Eglise pour être dispensés sur le troisième degré de consanguinité qui est entre eux, mais étant pauvres et ne vivant que de leur travail et industrie et hors d'état de faire les frais de Cour de Rome pour obtenir la dispense sur cet empêchement du troisième degré de consanguinité ci-dessus exprimé, joint à cela la suppliante étant âgée de plus de vingt-quatre ans sans avoir trouvé de parti sortable pour le mariage, de plus les fréquentations qu'ils ont ensemble depuis dix ans font soupçonner, quoique faussement, qu'ils ont eu un mauvais commerce ensemble, ce qui empêcherait que la suppliante ne trouvât d'autre parti si celui-ci n'avait son exécution. Pourquoi ils ont recours à votre Grandeur, Monseigneur, pour leur être sur ce pourvu.

Ce considéré, Monseigneur, il plaise à votre Grandeur de dispenser les suppliants sur l'empêchement du troisième degré de consanguinité qui est entre eux et permettre au curé ou vicaire de St-Benoist de cette ville de célébrer leur mariage, nonobstant le dit empêchement, en gardant d'ailleurs les solennités requises et l'ordonnance, et ils continueront leurs prières, Monseigneur, pour la conservation de votre Grandeur.

FROIN.

Vu la présente requête, Nous, vicaire général de Monseigneur l'Archevêque de Paris, ordonnons que les

marier. Les curés du pays, les sachant protestants, ne voulaient pas les marier, ils les inscrivaient simplement sur les registres de la paroisse en faisant suivre leurs noms de ce mot *adoués*. Alors les protestants assez riches pour aller à Paris se faisaient passer pour catholiques et on les unissait régulièrement. Voilà l'explication de cette curieuse supplique dont les termes sont faux d'un bout à l'autre.

suppliants se présenteront devant nous, pour ce informer de leur consanguinité, de leur pauvreté, de la nécessité de leur mariage et s'il n'y a pas quelqu'autre empêchement canonique ou civil et dresser procès-verbal pour ce fait. Le tout rapporté à Monseigneur l'Archevêque de Paris être ordonné ce qu'il appartiendra. Donné à Paris, le onze octobre mil sept cent quarante-et-un.

Par mandement,

LAFOND.

Contrat de mariage Deladouespe-Loyau

Nous soussignés, Jacques-Louis De la Douespe et damoiselle Gabrielle Robert, mon épouse, que j'autorise à l'effet des présentes, demeurant à la maison de la Bobinière, paroisse de Mouchamps, d'une part.

Et Me François Loyau, et Charlotte-Catherine Majou son épouse, que j'autorise à l'effet des présentes, demeurant au bourg de Monsireigne, d'autre part.

Sommes convenus de ce qui suit : C'est assavoir que comme mariage serait proposé entre Jacques-Louis-Etienne De la Douespe, fils de nous dits De la Douespe et Robert, et Jeanne-Catherine Loyau, fille de nous dits Loyau et Majou ; nous dits De la Douespe et Robert promettons en faveur du dit mariage, donner en toute propriété au dit Jacques-Louis-Etienne De la Douespe, notre fils, les domaines ci-après dénommés, qui consistent : dans la maison et dépendance du grand Logis, situé au bourg de Mouchamps avec une petite borderie y joignant, la rue entre deux. Plus la métairie de Ligeardière et ses dépendances, située paroisse du dit Mouchamps.

Plus la métairie du Fossé-Rouge, paroisse de Ste-Florence, les bestiaux à nous appartenant dans icelles métairies, y compris iceux domaines comme ils ont été acquis par deux contrats de Mre Philippe Annibal de Farcy, seigneur du Rozeray.

Et nousdits Loyau et Majou, promettons en faveur du dit mariage donner à la dite Jeanne-Catherine Loyau, notre fille, une rente foncière annuelle et perpétuelle de cinq cents livres, dont le terme commence à courir du jour de la bénédiction nuptiale, laquelle rente nous assignons à prendre sur tous nos biens communs ; En outre, nous dits De la Douespe et Robert, promettons de donner à notre fils en faveur du dit mariage, le tiers de tout notre mobilier à l'exception seulement des bestiaux qui sont sur nos autres domaines, dont nous faisons réserve et nous dits Loyau et Majou, promettons donner à notre dite fille la somme de trois mille livres, lesquelles trois mille livres entreront dans la communauté dudit Jacques-Louis-Etienne De la Douespe.

Fait double sous nos seings à la Bobinière le vingt-cinquième septembre mil sept cent soixante-sept.

Loyau, De la Douespe, Catherine Majou, Gabrielle-Catherine Robert.

Promesse de mariage entre Deladouespe et Loyau

Nous, soussignés, Jacques-Louis-Estienne De la Douespe et Jeanne-Catherine Loyau, acceptons les clauses et conditions énoncées à l'acte sous seing-privé passé ce même jour entre nos pères et mères et de nous signé, concernant notre mariage, et promettons nous prendre en mariage au premier jour qu'il nous sera possible.

Fait double sous nos seings à Monsireigne ce vingt-cinq septembre mil sept cent soixante-sept.

De la Douespe, Jeanne Loyau.

Passeport pour aller en Hollande

De par le Roy,

A tous Gouverneurs et nos Lieutenants généraux en nos provinces et armées, Gouverneurs particuliers et Commandants de nos Villes, Places et troupes, et à tous autres nos Officiers Justiciers et sujets qu'il appartiendra, Salut. Nous voulons et vous mandons très expressément que vous ayez à laisser sûrement et librement passer le sieur La Douespe allant en Hollande. Sans lui donner ni souffrir qu'il lui soit donné aucun empèchement. Mais au contraire tout l'aide et l'assistance dont il aura besoin. Le présent passeport valable pour quatre mois seulement, car tel est notre plaisir.

Donné à Fontainebleau le sept octobre mil sept cent soixante-sept.

Louis.

Par le Roy,

Le duc de Choiseul.

Brevet portant permission de se marier en Hollande
en faveur du sieur Jacques-Louis-Etienne Deladouespe

Aujourd'hui sept novembre mil sept cent soixante-sept, le Roy étant à Versailles, ayant égard à la très humble supplication que lui a fait faire le sieur Jacques-Louis-Etienne De la Douespe, natif de Mouchamps en

Bas-Poitou, de lui permettre d'épouser en Hollande où
il est depuis quelque temps, la damoiselle Jeanne-
Catherine Loyau, sa parente, de Monsireigne en Bas-
Poitou, actuellement en Hollande où des affaires de
famille l'ont conduite, et sa Majesté voulant traiter favorablement le dit sieur Jacques Louis Etienne De la
Douespe, en considération des témoignages avantageux
qui lui ont été rendus de sa fidélité et de son affection
à son service, elle lui a accordé la permission d'épouser la demoiselle Jeanne-Catherine Loyau, sans que
pour raison de ce il puisse lui être imputé d'avoir
contrevenu aux ordonnances de sa Majesté, qui défendent à ses sujets de se marier hors du Royaume sans
sa permission, de la rigueur desquelles elle l'a relevé
et dispensé par le présent brevet qu'elle a pour assurance et sa volonté signé de sa main et fait contresigner par moi, Conseiller secrétaire d'Etat, de ses
commandements et finances. Signé : Louis, et plus bas :
Le duc de Choiseul.

Collationné par les conseillers du Roy, notaires au
Châtelet de Paris, soussignés, sur l'original en parche-
min du Brevet, dont expédition est d'autre part, représenté et à l'instant rendu ce jourd'hui vingt-sept janvier
mil sept cent soixante-huit.

Nau, Belime.

Extrait de mariage

Extrait du Livre des Mariages de l'église Wallonne
de la Haye en Hollande.

Le 27 décembre 1767.

Jacques-Louis-Etienne De la Douespe, natif de et
demeurant à Mouchamps dans la province de Poitou en
France, d'une part.

Et Jeanne-Catherine Loyau, native de Monsireigne dans la même province, et y demeurante d'autre part.

La première annonce publiée le 27 décembre 1767.

Et la seconde et la troisième publiées le 3 janvier 1768. La seconde avant le sermon et la troisième après le sermon. Et ont été mariés en cette église le 3 janvier 1768 par Monseigneur Guicherit.

Accordé au dit registre par moi, soussigné, lecteur et enregistrateur des mariages de la dite Eglise.

A la Haye, le 4 janvier 1768.

P. Canrédon.

Nous, échevins de La Haye en Hollande soussignés, actuellement commissaires pour les affaires matrimonielles *(sic)* attestons et certifions l'extrait et la signature ci-dessus être véritables. En foi de quoi nous avons signé de nos propres mains et fait contresigner par un des secrétaires de La Haye cette présente attestation, et y avons fait apposer l'empreinte de nos armes.

Fait à La Haye, le cinquième Janvier mil sept cent soixante-huit.

Jean Studde Dedel, P.-M. Mestre.

De par ces Messieurs :

J. Van der Haer.

Deux sceaux aux armes des deux échevins.

Nous, chargé des affaires de France auprès des Etats Généraux des Provinces unies des Pays-Bas.

Certifions à tous ceux qu'il appartiendra que l'extrait du Livre des Mariages des autres parts transcrit est véritable, que le mariage des personnes qu'il concerne s'est fait par permission du Roy, et que les signatures qui sont au bas tant du dit acte que de la légalisation de Messieurs les Echevins de La Haye qui est aussi des autres parts transcrite, sont de même véritables et que foi entière doit y être ajoutée. Et pour qu'on ne puisse y apporter aucun doute, nous signons de notre main le présent certificat et y apposons l'empreinte de notre cachet ordinaire.

A La Haye le six janvier mil sept cent soixante-huit.

DESRIVAUX.

Le cachet, très beau, porte un B. D. enlacés avec la devise : *Fidèle et constant.*

Constat de décès de Catherine Robert

Aujourd'hui vingt-septième jour du mois de décembre mil sept cent soixante-dix-huit, sur les trois heures après-midi. Ce quérant Maître Jacques-Louis-Etienne Deladouespe, avocat en Parlement, demeurant en sa maison de la Bobinière, paroisse de Mouchamps. Moi, Gabriel-Pierre Boisson, notaire Royal de la Sénéchaussée de Poitiers, demeurant au bourg de Mouchamps, me suis transporté avec André Raymond, tailleur d'habits, et Pierre Crépeau, menuisier, demeurant tous deux séparément au bourg du dit Mouchamps, faisant profession de la Religion Catholique, Apostolique et Romaine, requis également que moi par ledit sieur De la Douespe, en ladite maison de la Bobinière susdite paroisse de Mouchamps, où étant accompagné des dits Raymond et Crépeau, le dit sieur De la Douespe nous aurait fait entrer dans une chambre basse de la dite maison de la Bobinière ayant vue sur la cour étant au bout de la salle, dans laquelle chambre il y a un lit au côté droit de la cheminée, avec sa garniture de rideaux d'étoffe jaune, sur lequel lit est le corps de dame Catherine-Gabrielle Robert, vivante épouse du dit sieur De la Douespe, décédée le jour d'hier sur les six heures de l'après-midi ou environ, suivant qu'il nous l'a déclaré, âgée de soixante-huit ans ou environ. M'étant ainsi que les dits Raymond et Crépeau approché du lit et fait ouvrir les rideaux d'yceluici par Marie Guillemineau, du dit bourg de Mouchamps, ayant fait découvrir le visage de la dite feu dame Catherine-Gabrielle Robert De la Douespe, et après l'avoir attentivement regardée et examinée, à l'aspect d'yceluici nous avons tous reconnu que c'est véritablement le corps de la dite feu dame Robert, l'ayant tous connue vivante. Et ensuite la dite dame Guillemineau a recouvert le visage de la dite dame Robert, nous ayant au surplus le dit sieur De la Douespe déclaré qu'il entend faire enterrer le corps de la dite dame Robert, son épouse, dans sa terre dépendant de la ditte maison de la Bobinière, attendu que M. Boursier, prieur curé de la paroisse du dit Mouchamps, lui a refusé la sépulture ecclésiastique, de tout quoi le dit sieur De la Douespe a requis acte et certificat, que moi notaire susdit, présents les dits Raymond et Crépeau, lui ai octroyé. En conséquence, moi, notaire Royal sus dit et soussigné, ai clos le présent acte en présence des dits Raymond et Crépeau, témoins, en la dite chambre basse de la dite maison de la Bobinière, susdite paroisse de Mouchamps, le dit jour et an que devant. Lecture faite, s'est le dit sieur De la Douespe et les dits Raymond et Crépeau soussignés et a la dite Guillemineau déclaré ne le savoir, de ce enquise et interpellée, le registre des présentes est signé De la Douespe, Raymond Pierre, Crépeau et de moi, notaire soussigné. Controllé aux

Herbiers le vingt-huit décembre mil sept cent soixante-
dix-huit. Reçu vingt-deux sols six deniers.

GRAFFARD DE LA LANDE, BOISSON, notaire Royal.

Acte de décès de Jacque-Louis Deladouespe
2 août 1780

Aujourd'hui vingtième jour du mois d'août mil
sept cent quatre-vingt, sur les neuf heures du matin.
Ce requérant Jacques-Louis-Etienne De la Douespe,
demeurant à la maison de la Bobinière, paroisse de
Mouchamps, moi, Gabriel-Pierre Boisson, notaire,
demeurant au bourg du dit Mouchamps, me suis avec
André Raymond, tailleur d'habits, René Bernard, tisse-
rand, demeurant tous deux séparément au bourg du dit
Mouchamps, requis également que moi par ledit
Ladouespe en la ditte maison de la Bobinière, sus dite
paroisse de Mouchamps, où étant accompagné des dits
Raymond et Bernard le dit Ladouespe nous aurait fait
entrer dans une chambre basse de la dite maison de la
Bobinière étant au bout de la salle et ayant vue sur la
cour, dans laquelle chambre il y a un lit au côté gauche
de la cheminée, avec sa garniture d'étoffe rouge, sur
lequel lit est le corps de Jacques-Louis Ladouespe,
père du dit Jacques-Louis-Etienne Ladouespe, décédé
le jour d'hier sur les sept heures du soir suivant qu'il
nous l'a déclaré, âgé de quatre-vingt-deux ans ou
environ, m'étant ainsi que les dit Raymond et Bernard
approché du même lit et fait ouvrir les rideaux
d'yceluici par Marie Guillemineau, du bourg du dit
Mouchamps, ayant fait découvrir le visage du dit feu
Ladouespe et après l'avoir attentivement regardé et
examiné, à l'aspect d'yceluici nous avons tous reconnu

que c'est véritablement le corps du dit feu Jacques-Louis Ladouespe, l'ayant tous connu vivant, et ensuite la dite Guillemineau a couvert le visage du dit Ladouespe ; nous ayant au surplus le dit Ladouespe déclaré qu'il entendait faire enterrer le corps du dit Ladouespe, son père, dans sa terre au dit lieu de la Bobinière, attendu que M. Boursier, prieur du dit Mouchamps, lui a refusé la sépulture ecclésiastique ; de tout quoi il a requis acte et certificat que moi, notaire sus dit, présents les dits Raymond et Bernard, témoins, lui ai octroyé. En conséquence moi, notaire sus dit, soussigné, ai clos et rédigé le présent acte en présence des dits Raymond et Bernard en la dite chambre basse de la dite maison de la Bobinière, susdite paroisse de Mouchamps, le dit jour et an que devant ; lecture faite, s'est le dit Ladouespe ainsi que les dits Raymond et Bernard soussignés, le registre des présentes est signé : Ladouespe, René Bernard, Raymond et de moi, notaire soussigné. Contrôlé aux Herbiers le deux août 1780. Reçu quatorze sols.

GRASSARD DE LA LANDE.

Permission pour l'enterrement
de Jacques-Louis Deladouespe, du 20 Août 1780

Monsieur le Sénéchal de la Baronnie de Mouchamps, Le parc Soubise et Chatellenie de Vendrennes

Supplie humblement Jacques-Louis-Etienne De la Douespe, garde de Monseigneur, le duc de Chartres, demeurant à la Bobinière en cette paroisse de Mouchamps ;

Disant que M. Jacques-Louis De la Douespe, son père, en son vivant avocat au Parlement, serait décédé hier soir sur les sept heures de l'après-midi, en la dite maison de la Bobinière. Et comme M. Boursier, prieur du dit Mouchamps, serait refusant de l'enterrer, il a recours à vous pour être autorisé à le faire enterrer conformément à l'article treize de la déclaration du Roy du neuf avril mil sept cent trente-six. En conséquence il requiert que

Ce considéré, Monsieur, il vous plaise de permettre au suppliant de faire inhumer le corps du dit sieur De la Douespe, son père, âgé de quatre-vingt-deux ans ou environ, dans sa terre au dit lieu de la Bobinière, ou ailleurs où il jugera à propos, et ordonner que suivant le même article treize de la déclaration ci-dessus datée, votre ordonnance sera transcrite sur le registre du greffe de cette cour pour y avoir recours au besoin. Et ferez justice.

De la Douespe.

Instructions pour mes enfants concernant mon mariage

Lorsqu'en conformité de l'édit du Roy du mois de septembre 1787 concernant les non catholiques, il fut question de se mettre en règle relativement aux déclarations de mariage, malgré la certitude où mon beau-frère et moi croyons bien être de n'être pas obligés de faire les dites déclarations, mon beau-frère prit le parti d'écrire à M. le baron de Breteuil, alors ministre et secrétaire d'Etat, pour avoir son avis sur cette formalité dans le cas où nous nous trouvions. La réponse de M. le baron de Breteuil, dont la copie est ci-incluse, fut positive et l'assura comme on peut le voir par la copie ci-incluse, qu'il devait être dans la plus parfaite tranquillité à cet égard, son mariage ayant été célébré en pays étranger par permission du Roy. Malgré cette lettre satisfaisante, je crus que deux sûretés valant

mieux qu'une, il était prudent d'écrire à M. le Garde
des Sceaux comme premier ministre dans ce qui est
relatif à l'administration de la Justice et dont la charge
consiste surtout à faire observer les lois. J'écrivis donc
à M. de Lamoignon, alors Garde des Sceaux, et qui
donna sa démission trois jours après que ma lettre lui
fut parvenue. M. Barentin, son successeur, me répondit quelques jours après dans les termes que l'on peut
peser dans l'original de sa lettre ci-incluse avec la copie
de celle que j'avais écrite à M. de Lamoignon. Les deux
autorités de MM. de Breteuil et Barentin, l'énoncé positif que le brevet de Sa Majesté nous met à l'abri de
toute formalité tant relativement à la déclaration de
mariage qu'aux dispenses de parenté qui sont énoncées
par le brevet dont on devait, je crois, avoir conservé
note dans le Bureau que tenait M. de Choiseuil en 1767,
a fait prendre le parti à mon beau-frère et à moi ainsi
qu'à M. du Fougerais qui se trouve dans le même cas,
de rester tranquille sans observer de faire les déclarations prescrites par ledit et seulement en effet à ceux
qui avaient contracté des mariages sans avoir observé
les ordonnances, ce qui n'est pas en effet notre cas,
jamais mariage n'ayant été plus authentique, puisque
la permission est signée de feu Sa Majesté Louis XV,
du duc de Choiseul, ministre et secrétaire d'Etat; que
j'avais obtenu un passe-port pour passer en Hollande
seulement 4 mois, ce qui nous fallait à presser nos
affaires. Les consentements de nos pères et mères en
bonne forme sont restés entre les mains des magistrats
de la Haye. Nous avons observé tout ce qui concerne
le cérémonial des mariages en Hollande, notre mariage
a été célébré en présence du Consistoire comme il
pourrait se vérifier sur les registres de l'église Wallonne
de la Haye, les Echevins de la dite ville, ainsi que le
chargé d'affaires de France auprès des Etats Généraux,

ont certifié la vérité du tout, toutes les autorités
doivent assurer à nos descendants la plus parfaite
tranquillité.

J'ai cru devoir faire ce détail pour instruire nos
enfants de tout ce qui a été relatif à notre mariage
dont il n'y a point de contrat, mais seulement un
double de nos pères et mères où ils avaient inscrit les
conditions dotales.

A la Bobinière, 1er novembre 1788.

De la Douespe.

Lettre de M. le Garde des Sceaux, 16 Juin 1788

J'ai reçu, Monsieur, votre lettre du 7 de ce mois,
au sujet de la difficulté que trouvent les non-catholiques
de votre canton à se transporter à Poitiers pour y faire
les déclarations de mariages, prescrites par l'article
22 de l'édit de novembre dernier.

Je fais connaître au Lieutenant Général de Poitiers
l'intention du Roy à cet égard et il se concertera soit
avec vous, soit avec quelqu'autre personne du canton,
pour le temps et le lieu où il pourra se transporter pour
y recevoir les déclarations. Je le préviens aussi qu'il
n'est pas nécessaire pour leur validité que les parties
aient obtenu des dispenses, et qu'il suffit qu'elles se
mettent en règle à la suite de ces mêmes déclarations.

Je suis, Monsieur, entièrement à vous.

Versailles, le 16 juin 1788. Signé : De Lamoignon.

(*En note*). L'original est entre les mains de Me Gauly
avocat et percepteur fiscal à Mouchamps, à qui la présente a été adressée.

Lettre adressée à M. de Lamoignon le 28 Août 1788

Monseigneur,

Je pris la liberté au mois de Novembre mil sept cent soixante-sept, époque à laquelle je me trouvais en Hollande, de faire présenter à Sa Majesté Louis quinze, un placet par lequel je demandais la permission d'épouser une Française, ma parente au quatrième degré, qui se trouvait alors en même temps que moi dans les Provinces-Unies. Sa Majesté daigna favoriser ma demande par un brevet signé de sa main et de Monseigneur le duc de Choiseuil, alors secrétaire d'Etat. L'authenticité de cette permission en vertu de laquelle mon mariage fut célébré à La Haye le trois janvier mil sept cent soixante-huit, après avoir observé les formalités requises dans les Provinces-Unies, devrait, autant que je puis le croire, me dispenser de la déclaration de mariage à laquelle sont astreints par l'édit de Sa Majesté concernant les non catholiques, ceux qui auraient contracté des unions conjugales sans avoir observé les formalités prescrites par les ordonnances.

Les usages relatifs aux mariages en Hollande n'exigeant point de dispenses, je n'ai pas pu en solliciter, j'avais exposé par mon placet ma parenté au quatrième degré, l'énoncé du Brevet dont j'ai l'honneur de joindre ici copie et par lequel il m'est permis d'épouser la damoiselle Loyau, ma parente, semble assez exprimer la dispense nécessaire en France en pareil cas. Désirant cependant me conformer aux dispositions de l'édit de Sa Majesté, si la position particulière dans laquelle je me trouve par l'obtention du Brevet dont copie et ci-jointe, n'est pas suffisante pour me mettre à l'abri de toute inquiétude, tant relativement à la déclaration de

mariage qu'aux dispenses du quatrième degré de parenté,
mes enfants ayant été successivement baptisés et inscrits sur les registres de ma paroisse, daignez permettre,
Monseigneur, que j'aie l'honneur de m'adresser à vous
pour acquérir quelque certitude à cet égard. Convaincu
de l'intérêt que vous voulez bien prendre à tout ce qui
concerne les sujets de Sa Majesté dans quelque circonstance qu'ils se trouvent, j'attendrai, Monseigneur,
avec confiance le plan de conduite qu'il vous plaira de
me prescrire pour m'y conformer.

J'ai l'honneur d'être avec le plus profond respect,
Monseigneur, votre très humble et très obéissant serviteur.

DE LA DOUESPE.

A St-Fulgent, 29 août 1788.

Réponse du Garde des Sceaux du 25 Septembre 1788

J'ai reçu, Monsieur, la lettre que vous avez écrite à
mon prédécesseur le 2 de ce mois, par laquelle vous
demandez si, ayant contracté en Hollande avec la permission du Roy, et avec une de vos parentes au quatrième degré, un mariage duquel sont issus des enfants
qui ont été baptisés à l'Eglise, vous êtes dans le cas de
faire dans la forme prescrite par l'édit du mois de
novembre dernier, la déclaration de ce mariage et celle
de la naissance de vos enfants. Ni l'une ni l'autre de
ces déclarations n'est nécessaire. Le brevet de Sa Majesté
dans lequel il est fait mention de votre parenté avec la
personne que vous avez épousée suffit pour faire cesser
l'empêchement dont, sans cette énonciation, vous seriez
obligé d'obtenir des dispenses pour assurer la validité
de votre mariage. Quant à vos enfants, dès qu'ils ont
reçu le baptème à l'Eglise, et que les actes en sont

inscrits sur les registres de la paroisse, leur état est certain, et vous n'avez aucune formalité à remplir.

Je suis, Monsieur, très sincèrement à vous.

Versailles, le 25 Septembre 1788. Signé : Barentin.

L'original de la présente est entre les mains de M. Loyau du Coteau.

Acte de partage de la succession de feu M. Loyau du 15 juillet 1788

Aujourd'hui quinze juillet mil sept cent quatre-vingt-huit, par devant nous notaires du Marquisat de la Flocellière, soussignés, ont comparu M. Louis Loyau, docteur en médecine de la Faculté de Montpellier, demeurant au Bourg et paroisse de Monsireigne d'une part ;

Et M. Jacques-Louis-Etienne De la Douëpe, bourgeois, et dame Jeanne-Catherine Loyau, son épouse, qu'il autorise pour la validité des présentes, demeurant à la Bobinière, paroisse de Mouchamps d'autre part ;

Lesquels dits sieurs Loyau et De la Douëpe et la dame son épouse, ont dit qu'ils sont héritiers de défunts sieurs Jean-François Loyau, vivant sieur du Portal, et de dame Catherine-Charlotte Majou, leur père, mère, beau-père et belle-mère, des successions desquels il dépend plusieurs domaines et rentes dont ils ont jusqu'à ce jour joui en commun et par indivis et désirant faire cesser cette indivision, ils ont procédé au partage des dits domaines et rentes ainsi qu'il suit. etc.

(Le second lot échu aux époux De la Douespe se composait de : La maison de la Chopinière et ses dépendances, la métairie du dit lieu (plus le complant d'un fief perdu à la Révolution) celle de Morneau et du

Petit Morennne, le tout paroisse de Ste-Serille. Deux borderies au village de l'Hopiteau, paroisse de Ste-Florence. La métairie de Puymoreau, paroisse de Réaumur et Montournois ; de la rente foncière de cent cinquante livres sur les domaines du sieur Vexiau, paroisse de la Caillère.)

Acte de décès de François La Douespe, fils de Jacques mort à l'hôpital de Luçon pendant la guerre de Vendée, 18 août 1793.

Extrait du registre des décès de la commune de Luçon, district de Fontenay-le-Peuple, département de la Vendée.

Le dimanche dix-huit août mil sept cent quatrevingt-treize, l'an deuxième de la République Française une et indivisible, devant nous, officier public de la commune de Luçon, a comparu le citoyen Gauly, Directeur de l'hôpital militaire, lequel a déclaré qu'il est décédé ce jour en la dite maison, la personne du citoyen François La Douespe, àgé de vingt-trois ans, fils du citoyen Jacques La Douespe, administrateur au département de la Vendée et de Jeanne Loyau, son épouse, domiciliés dans la commune de Mouchamps, Capitaine de la compagnie franche du dit lieu, sur laquelle déclaration nous avons rapporté le présent acte qui a été signé avec nous par le déclarant.

Signé : Gauly, Directeur ; Laroche, officier public.

Nous, officier public de la commune de Luçon, certifions l'extrait ci-dessus tiré mot à mot du registre, collationné uniforme à l'original. A Luçon, ce dix de pluviôse an deuxième de la République Française une et indivisible.

Laroche, officier public.

Acte de décès de Jeanne Loyau, épouse de Jacques La Douespe, morte à Marans où ils s'étaient réfugiés. 27 Septembre 1793.

Extrait des registres de la commune de Marans en Aunis, district de La Rochelle, département de la Charente-Inférieure.

Aujourd'hui vingt-sept septembre mil sept cent quatre-vingt-treize, l'an second de la République, nous, officier public de cette commune, nommé par le Conseil général le vingt-deux décembre dernier, sur la déclaration qui nous a été faite par les citoyens Philippe Cappon et Jean Baptiste Dunoyer, que la citoyenne Jeanne Catherine Loyau était décédée rue du Batteau, nous nous y sommes transportés et après nous être assuré qu'elle était décédée, avons constaté que la dite Jeanne-Catherine Loyau était de la commune de Mouchamps, en Poitou, réfugiée en celle-ci depuis un mois, à cause des troubles de la Vendée, mariée au citoyen Jacques-Louis-Etienne De la Douespe, administrateur du département de la Vendée de Fontenay-le-Peuple, âgée d'environ cinquante-quatre ans, ainsi que nous l'ont déclaré les citoyens Philippe Cappon et Jean-Baptiste Dunoyer, le premier âgé de cinquante ans et le second de cinquante-et-un ans soussignés.

Signé : P. Cappon, Dunoyer, Penetreau, curé de Marans officier public.

Nous, officier public certifions cet extrait véritable, conforme et collationné au registre à Marans les jours et an que dessus.

PENETREAU, curé de Marans, officier public.

*Discours prononcé par Jacques Deladouespe en 1795,
avec le Commissaire Letellier, pour pacifier la Vendée*

Mes chers Concitoyens, mes anciens amis,

Vous venez d'entendre les paroles de paix que vous adresse le Gouvernement par l'organe de son commissaire, il vient dans nos malheureuses contrées pour y rétablir le règne de la loi, et avec lui la prospérité et le bonheur. Il vient d'épancher son cœur dans les vôtres, il vous a parlé comme l'ami parle à son ami. Et il ne fait que vous rendre les sentiments du Directoire exécutif envers le peuple de la Vendée, trop longtemps désolé par tous les déchirements. Quel jour heureux pour nous, mes anciens amis, que celui qui nous réunit, après tant d'angoisses, d'infortunes et d'alarmes. Ah ! lorsque la discorde est venue armer le frère contre le frère, que n'avions-nous sous les yeux le tableau déchirant de toutes les calamités qui ont jeté depuis trois ans la consternation et l'effroi parmi nous ! Qui eût pu en supporter la vue, qui n'ait pas reculé d'épouvante ! Mais l'abîme de nos maux se referme enfin, puissions-nous ensevelir dans un éternel oubli les égarements qui l'avaient creusé.

Trois années de désordre et d'agitation vous ont trop prouvé sans doute quel est l'état cruel d'une société qui a secoué le joug de la loi, l'arbitraire, le vol, le pillage ne sont plus réprimés, l'assassin n'est plus effrayé à l'aspect du glaive vengeur de la justice, le vieillard accablé sous le poids des années, la mère de famille en pleurs, l'innocent enfant au berceau, tombent également sous les coups du meurtrier, qui se fait un jeu de se baigner dans leur sang, de ravir leur propriété, le fruit de leurs travaux, qui ne reconnaît d'autre loi que sa férocité.

Si dès vos premières années l'habitude de la vie sauvage vous eût rendu familier un état de choses dont le plus grand nombre d'entre vous a gémi tant de fois, vous n'auriez à vous plaindre que du hasard ou de la nature, qui vous aurait fait naître sur une terre étrangère aux lois de la société. Mais elle n'est pas encore effacée de votre souvenir, cette heureuse époque où nous nous prévenions par tous les sentiments de la fraternité, où dans les premiers jours de la Révolution, nous nous félicitions ensemble des nouvelles lois qu'elle nous avait données ; avec qu'elle reconnaissance n'avons nous pas reçu l'abolition de tous les droits, de tous les privilèges qui dégradaient l'homme et la propriété. Avec quel empressement ne nous réunissions nous pas pour jurer ensemble un attachement inviolable à la patrie, pour faire le choix de nos magistrats, pour donner à nos concitoyens le droit de nous parler au nom de la loi, lorsque nous les en avions crus dignes.

Tel est encore dans ce jour, l'inestimable bienfait que veut nous rendre le gouvernement de la République Française.

Affermi par trois années de combats, par trois années de triomphes il est assis aujourd'hui sur les bases inébranlables de l'égalité et de la liberté, il est respecté des puissances étrangères, elles étaient jalouses de notre bonheur, elles se sont épuisées dans l'espoir chimérique de nous redonner des Rois. C'en est fait : Le peuple français ne reconnaîtra jamais de maître que la Loi, il vous invite, il vous presse encore de partager ses travaux et sa gloire. Ah ! quel est celui d'entre vous qui pourrait se résoudre à voir reparaître les scènes d'horreur qui vous ont tant de fois ravi, à celui-ci son ami, à cet autre un père, une mère, un enfant chéri, une épouse tendre qui faisait sa consolation. Qui voudrait encore voir livrer aux flammes, à la

destruction, les restes malheureux de sa famille, de ses
propriétés? Le cœur peut-il s'ouvrir à des pensées aussi
déchirantes?

Eloignons, effaçons à jamais ces tristes souvenirs,
bannissons d'indignes mouvements de haine ou de ven-
geance, n'ayons plus d'ennemis que ceux qui conser-
veraient encore le criminel espoir de troubler un repos
qui nous coûte si cher; que le travail, la culture de nos
champs, le commerce, la douce confiance et la paix
succèdent à des alarmes que nous ne devions hélas!
jamais connaître. Et vous, mes malheureux compagnons
d'infortune qui pouvez enfin embrasser des parents, des
amis, dont vous avez été trop longtemps séparés, qui
avez supporté depuis trois années sur un territoire
éloigné, la faim, la nudité, la privation de tout ce qui
peut attacher à la vie, oubliez avec courage les maux
dont vous avez été si complètement victimes, la concorde
et les champs que vous avez si longtemps autrefois
arrosés de vos sueurs, vous rendront encore et à vos
familles, le contentement de la médiocrité, qui vous
sera si chère après tant d'agitation.

Consolons-nous ensemble, sur le bord du rivage,
du naufrage qui nous a tous enveloppés, que des larmes
d'attendrissement attestent la sincérité de notre réunion,
que tous nos vœux se confondent pour la prospérité
du gouvernement républicain, à l'ombre duquel nous
trouverons encore le bonheur sous la protection des
lois.

N'en doutons pas, mes amis, il viendra à notre
secours ce gouvernement paternel; déjà le Directoire
exécutif a sondé nos plaies, il connaît nos malheurs,
déjà il a chargé le ministre de lui présenter les moyens
d'adoucir nos maux, de pourvoir à nos plus pressants
besoins. Vous ne désirez plus que des magistrats, des
administrateurs dignes de votre confiance. Des vœux si

légitimes vont être remplis, placés près de nous, ils
mettront sous les yeux des autorités supérieures l'état
déplorable dans lequel vous ont laissé les désordres et
les excès qui vous ont accablés; le gouvernement, vous
n'en pouvez douter, versera sur nous le beaume de la
consolation ; mieux éclairés sur vos propres intérêts,
convaincus par expérience que les lois de la République
Française sont surtout dirigées vers le bonheur du
peuple des campagnes, nous apprendrons à nos descendants à bénir la Révolution qui nous les a donnés, et à
détester les malheurs qui nous en avaient privés. Et
vous, braves et généreux défenseurs de la patrie, qui
avez quitté vos foyers pour ramener dans les nôtres la
paix dont nous voulons encore être dignes, qui avez
compté pour rien votre repos, votre vie, pour réunir
des Français égarés, qui avez fait tant de sacrifices
pour être les arbitres de nos querelles insensées, ne
voyez plus en nous que des frères, unissez-vous à nos
embrassements, s'il est nécessaire que vous restiez
encore parmi nous, que ce ne soit que pour jouir de votre
ouvrage, si la paix vous rappelle enfin dans vos foyers,
vous direz à vos amis, à vos concitoyens, que nous
sommes toujours leurs frères, ou si la rage insensée de
nos ennemis du dehors rendait encore ailleurs votre
courage nécessaire, les vainqueurs de l'Espagne iraient
leur apprendre que les Français savent se réunir,
vaincre leurs ennemis, mais qu'ils ne se laisseront
jamais ravir leur liberté.

Brouillon d'une lettre adressée, je suppose,
à M. Deladouespe du Fougerais

Mouchamps, le 20 pluviôse an V.

Citoyen,

L'affaire relative à la succession Vauharzelle dont
vous me parlez, m'est connue depuis longues années,

mon père et mon oncle ont sollicité longtemps la main
levée sans pouvoir l'obtenir, non qu'ils manquassent de
titre légitime, mais ils étaient contrariés par la régie
d'alors, je crois aussi que la famille Vaugelade, notre
alliée, avait fait des tentatives à la même époque.

Lorsqu'une nouvelle loi a rendu les biens aux
familles, notre parent Marchegay Lousigny ayant les
papiers et renseignements nécessaires, en chargea un
avoué à Bressuire qui est le même qui vous a procuré
la note et qui m'a aussi écrit depuis quelques jours.
Lousigny m'avait dit quelque temps avant sa mort,
arrivée il y a quatre ans, qu'ayant rencontré à Bressuire,
les personnes qui avaient obtenu main levée et qui
sont je pense les possesseurs actuels, il était entré avec
eux en conférence à cet égard pour éviter des frais
ultérieurs et en pure perte, qu'ils avaient demandé
600 fr. et non 4.000 fr. pour les indemniser de leurs
frais et qu'ils lui céderaient sur le champ leurs prétentions, reconnaissant qu'elles étaient anéanties par les
titres que présentait Lousigny Marchegay dont les prétentions sont les mêmes que les miennes et celles de la
famille Vaugelade. Mais Lousigny étant mort et les
troubles survenus, cette affaire en est restée là. Le
citoyen Montoubie demande une somme de 400 fr.
pour frais qu'il a faits. Je parlerai sous peu et à première
vue à la famille Marchegay pour savoir ce qu'ils veulent
faire, quant à la somme que pourront demander ceux
qui sont entrés mal à propos dans le domaine, je crois
que s'ils ont fait des frais c'est leur affaire, parce que
nous ne les en avions pas chargés. C'est pourquoi je ne
suis nullement d'avis de leur rien rembourser, parce
que si leurs prétentions étaient fondées ils n'abandon-
neraient pas ainsi un domaine que l'on m'a dit valoir
de trente à quarante mille francs, valeur de 90, pour
600 fr. que Lousigny m'a dit qu'ils lui demandent, au

reste si leurs droits étaient légitimes il est juste qu'ils les fassent valoir, cette affaire ne pouvant être décidée comme vous le dites que sur des faits ou titres authentiques.

Quoique la sortie de Vauharzelle ne soit pas ancienne puisqu'elle ne remonte qu'à 1735 ou 36, je ne connais qu'une personne vivante par ici qui ait présente à la mémoire notre filiation avec Vauharzelle, qui était marié je crois à une Desmé dont procède votre parenté et la nôtre. Je parlerai à notre parente Majou, Vve Bouquet, et lui demanderai ce qu'elle sait à cet égard.

Le domaine s'appelle la Bachelerie et la métairie les Laisses, vers Puny, à deux lieues de la Chataigneraie; j'ignore l'état dans lequel il se trouve actuellement.

Je parlerai sous peu de cette affaire aux Marchegay et Majou nos cohéritiers, s'ils veulent la relever j'y participerai avec plaisir et aux dépenses nécessaires. Mais je ne puis me charger de la suivre parce que ma présence ici est indispensable et que des affaires de tout genre m'y retiennent absolument. Je pense que la première démarche serait d'écrire aux personnes qui sont en possession, pour leur renouveler les propositions de Lousigny Marchegay pour la retrocession à l'amiable en leur présentant l'alternative d'une procédure qui ne pourrait que leur causer de nouveaux frais et de la peine inutile. Lorsque j'aurai vu nos cohéritiers, j'écrirai au citoyen Montoubie pour finir avec lui et ravoir les papiers, car sans les préliminaires on ne peut rien faire et lorsque nous aurons pris quelque détermination je vous en donnerai avis.

Je vous salue, citoyen, de tout mon cœur.

LADOUESPE.

Demande de renvoi dans ses foyers
de Louis-Victor Ladouespe

Louis-Victor Ladouespe, fils de Jacques, fourrier de la 3e compagnie franche du département de la Vendée, en garnison à Fontenay-le-Peuple.

Au citoyen Préfet du département de la Vendée.

Citoyen Préfet,

Les nouveaux troubles avaient obligé mon père à se réfugier en la commune de Fontenay-le-Peuple ; à cet instant les Compagnies Franches furent formées, l'Administration Centrale y comprit les jeunes gens qui avaient atteint leur vingtième année dans l'an VII. Mon père et moi, nous devions l'exemple de l'obéissance et je fus inscrit à l'une des compagnies, capitaine Brevet, n° 3.

Mais, citoyen Préfet, quelques jeunes gens de l'âge sus-dit réclamèrent au Ministre de la Guerre contre la conscription qu'on leur attribuait sans aucune loi, l'Administration reçut de ce Ministre une lettre en date du 16 frimaire dernier en faveur de ces jeunes gens et par son arrêté du 16 pluviôse suivant elle déclara qu'ils étaient libres de se retirer dans leurs foyers.

J'ai l'honneur de solliciter de vous l'application de la lettre du Ministre et de l'arrêté du Département ; à la vérité, je ne me suis pas autant pressé que les autres à demander cette liberté, mais ils étaient en pays libre et en attendant que mon père se fût rétabli en son domicile je préférais rester dans ma Compagnie que de mener une vie inutile. Aujourd'hui les affaires de mon père exigent ma présence, le défaut de santé et même les infirmités qui ne lui permettent aucun mouvement, l'empêchent de s'en occuper par lui-même et je lui suis devenu absolument nécessaire.

En conséquence je vous demande, citoyen Préfet, de vouloir bien déclarer conformément aux lettres et arrêtés dont je vous ai entretenu ci-dessus, que je ne suis appelé pour ce moment par aucune loi au service militaire et que comme les autres jeunes gens de vingt ans en l'an VII, je suis libre de me retirer dans mes foyers jusqu'à ce que la loi mette cet âge en activité de service.

Salut et respect.

LADOUESPE.

Fontenay-le-Peuple, le 13 prairial an VIII de la République une et indivisible.

[En marge de la pièce précédente] : Vu la pétition ci-contre et l'extrait de naissance du réclamant du 3 juillet 1779 dûment en forme ;

Considérant qu'il résulte de l'acte de naissance produit par le pétitionnaire que l'époque où les Compagnies Franches du département de la Vendée ont été formées il n'avait point encore l'âge requis pour en faire partie, qu'il ne peut par conséquent être contraint d'y rester, puisqu'il n'est point encore appelé au service militaire ;

Considérant que le Ministre de la Guerre a décidé aussi à l'égard des citoyens Chauveau et d'Hillerin, qui se trouvaient absolument dans le même cas du pétitionnaire ;

Le Préfet du département de la Vendée déclare que c'est par erreur qu'il a été compris dans les Compagnies Franches du département et le renvoie à se pourvoir devant le Conseil d'Administration de la compagnie dont il fait partie à l'effet d'obtenir la faculté de rentrer dans ses foyers, conformément à la loi et aux décisions du Ministre de la Guerre ci-dessus datées.

Fontenay-le-Peuple, le 14 prairial an VIII de la République une et indivisible.

LE FAUCHEUX.

Par le Préfet, le Secrétaire général :

CAVOLEAU.

Certificat de bonne conduite

3ᵉ Compagnie Franche du département de la Vendée

Nous, membres du Conseil d'Administration de la dite compagnie, certifions et attestons que le citoyen Louis-Victor Ladouespe, fourrier de la compagnie, s'est comporté en brave militaire pendant tout le temps qu'il a (*sic*) resté dans la compagnie, qu'il y a rempli avec zèle, activité et intelligence tous les devoirs de son grade, qu'il a constamment joui de l'estime de ses chefs et de ses camarades et qu'il emporte leurs regrets. En foi de quoi nous lui délivrons sans peine le présent certificat pour lui servir et valoir ce que de raison.

A Fontenay, le 16 prairial an VIII de la République une et indivisible.

BREVET, capitaine ; LE CARDIER, lieutenant ; CARDIN, sergent ; CHIROUZE, sergent ; FRU-CHARD, caporal (1) ; SAVY, caporal.

Demande de dégrèvement pour la Laudière

A l'Administration municipale du canton des Herbiers.

Citoyens,

La loi du 26 pluviôse an V prescrit à chaque contribuable qui prétend avoir droit à une décharge de

---

(1) Fruchard a écrit au-dessous de son nom les mots : « Il emporte le mien. »

la contribution foncière pour les années arriérées antérieures à l'an V, de présenter à l'Administration municipale, de la situation de sa propriété, un mémoire
contenant la situation avant les calamités qui ont
accablé le territoire de la Vendée et son état actuel.

Je suis propriétaire de la métairie de la Laudière,
commune d'Andelay, j'atteste à l'Administration qu'ayant
été forcé d'abandonner pendant plus de trois ans mes
foyers et tout ce que je possédais, je n'ai rien touché
du revenu de cette métairie pendant les quatre années
des troubles de la Vendée, que le métayer ayant été
pillé, incendié, ayant perdu ses grains, ses effets et
partie de ses bestiaux, je n'ai pu exiger les prix de
ferme qu'il m'aurait dus pour le même temps. Que les
bâtiments servant à l'exploitation, le seul four excepté,
ayant été complètement incendiés, il me reste encore
le sacrifice de plus de six années de revenu avec les
quatre qui ont précédé, pour remettre cette propriété
en état de me donner quelque produit. Ces faits,
citoyens, sont à votre connaissance, il serait superflu
de vous en faire un plus long détail, j'ai lieu d'espérer
que votre avis sera favorable à ma juste demande d'une
décharge de la totalité de la contribution foncière
imposée sur ma métairie de la Laudière pour les
années arriérées antérieures à l'an V, dont la somme
en 1791 montait à deux cent soixante et un francs cinq
sols deux deniers, art. 30 du rôle, ci. 261 fr. 5 s. 2 d.

A Mouchamps, le 12 germinal, an V de la République Française.

La Douespe.

Émancipation de ses enfants, du 3 fructidor an VII

Aujourd'hui, dix-neuf thermidor an VII de la République Française une et indivisible.

Devant nous, Louis Chapeau, juge de paix du canton de Mouchamps, département de la Vendée, ayant avec nous François Texier, notre greffier ordinaire ; Sont comparus les citoyens Jacques-Louis-Etienne La Douespe, propriétaire demeurant commune de Mouchamps. Lequel a convoqué à ce jour, lieu et heure les citoyens Pierre-Paul Clémenceau, docteur en médecine, Jacques-Pol Morisson, notaire public ; Gabriel-Pierre Boisson, aussi notaire public, demeurant, les trois, commune de Mouchamps et parents paternels au même degré des mineurs ci-après nommés ; et les citoyens Louis Loyau, représentant du peuple au Conseil des Anciens, demeurant commune de Bazoges-en-Pareds canton de Mouilleron, oncle maternel, Paul-Charles Marchegay, demeurant commune d'Hermine, oncle à la façon de Bretagne, au même estoq. ; et David Chapeau, aussi propriétaire, parents et amis des dits mineurs, demeurant dite commune de Mouchamps, et encore les citoyens Alexandre-Aimé Godet et Paul-Marie Bouquet, demeurant, le dit citoyen Godet, commune de Fontenay et juge de paix du canton du dit lieu, et le citoyen Bouquet, propriétaire dans la commune de Luçon, beaux-frères des dits mineurs, à l'effet de délibérer et donner leur avis sur l'émancipation du citoyen Louis-Victor La Douespe, âgé de vingt ans accomplis, et la citoyenne Catherine-Julie La Douespe, âgée de dix-sept ans accomplis, les deux enfants mineurs du dit citoyen Jacques-Louis-Etienne La Douespe et de défunte Jeanne-Catherine Loyau décédée au mois de vendémiaire an II, ainsi que sur le choix du curateur à donner aux dits mineurs au cas de leur émancipation.

Et par les parents assemblés a été dit que les dits mineurs se sont toujours bien comportés depuis qu'ils ont l'âge de raison et les croient capables de jouir par eux-mêmes des biens qui leur ont été laissés par leur défunte mère, ils sont unanimement d'avis qu'ils soient émancipés et de leur nommer pour curateur le dit citoyen Jacques-Louis-Etienne La Douespe, leur, père et pour curateur subrogé en cas d'intérêts opposés le citoyen Louis Loyau, leur oncle maternel.

Sur quoi, nous Juge de paix susdit, de l'avis des dits parents, avons déclaré et déclarons émanciper les dits citoyens Louis-Victor et Catherine-Julie La Douespe mineurs, en conséquence autorisés à posséder et administrer leurs biens, meubles, immeubles provenant de la succession de leur défunte mère, en percevoir et toucher les revenus sans pouvoir néanmoins vendre ni aliéner aucune portion des dits immeubles.

Avons pareillement nommé et nommons pour curateur des dits mineurs le citoyen Jacques-Louis-Etienne La Douespe, leur père, et pour leur curateur subrogé, en cas d'intérêts opposés, le citoyen Louis Loyau, leur oncle maternel. Desquels nous avons à l'instant pris et reçu le serment de bien et fidèlement s'acquitter des devoirs que la dite qualité leur impose.

Et de suite les dits parents et amis ci-dessus nommés sur la réquisition du dit Jacques-Louis-Etienne La Douespe ont délibéré sur le conseil à donner au subrogé curateur ci-dessus nommé conformément à la loi du 17 nivôse an II, relativement au partage de la succession de la dite feu Jeanne-Catherine Loyau, leur mère avec le dit citoyen Jacques-Louis-Etienne La Douespe, leur père, ou de dissoudre la communauté qui a été entre eux jusqu'à ce jour, ont autorisé le dit subrogé curateur à faire le partage en question des meubles et immeubles, dépendant de la dite succession ainsi qu'avec leur autre cointéressé dans les dits partages. Et ont nommé pour assister le dit curateur, les citoyens Paul-Charles Marchegay, Pierre-Paul Clémenceau,

Jacques-Paul Morisson et Gabriel-Pierre Boisson, parents
des dits mineurs ci-dessus nommés, et de suite les
derniers dénommés ayant accepté la commission à eux
déférée ont comme les autres fait et prêté le serment
de bien et fidèlement s'acquitter des fonctions qui leur
sont confiées.

Desquelles nominations, acceptations et prestations
de serments nous avons donné acte aux dites parties
et de tout ce que dessus avons dressé le présent procès-
verbal.

Fait par nous, Juge de paix sus dit et soussigné,
les dits jour et an que dessus. Signé en la minute :
La Douespe, Loyau, P. Marchegay, P. Bouquet, Morisson, Clémenceau, Boisson, La Douespe fils, Julie La
Douespe, Chapeau, juge de paix, et Texier, greffier.

Testament du 1er Février 1786

Jeanne Loyau copia le même et le signa de sa main

Au nom du Père, du Fils et du Saint-Esprit. Amen.

Parfaitement instruit de la brièveté de notre vie et de
l'incertitude de l'heure à laquelle nous la devons quitter,
désirant néanmoins en faveur et considération de l'amitié
que je porte à Jeanne-Catherine Loyau, mon épouse,
lui donner des marques de mon souvenir et de ma bienveillance, je lui donne par mon présent testament
olographe et entends qu'elle jouisse après mon décès
de tous mes meubles, argent, effets, acquêts présents et
futurs et généralement de tout ce que la coutume de
cette province de Poitou me permet de lui donner.
Bien entendu cependant que le tiers des propres qui se
trouve compris au présent testament ne lui sera acquis
que pendant sa vie.

Telles sont mes dispositions auxquelles je n'ai été engagé que par l'amitié réciproque que nous avons l'un pour l'autre. Et pour plus ample assurance de ma volonté ai signé les présentes de ma propre main à la Bobinière le premier février mil sept cent quatre-vingt six.

Signé : De la Douespe.

2ᵉ Testament en date du 1ᵉʳ Vendémiaire an II

Je, soussigné, souffrant et malade depuis longtemps, néanmoins sain de jugement, désirant témoigner aux personnes ci-après une partie de ma reconnaissance pour les services qu'ils m'ont rendus, et en faveur de leur bonne conduite à mon égard ;

Prie mes enfants et leur recommande d'une manière expresse, aussitôt qu'ils auront rendu à ma dépouille mortelle les derniers devoirs en la faisant déposer en terre dans le coin du champ le plus près de l'ouche ou jardin proche du lieu où était autrefois un colombier, et au-dessous d'un jeune cerisier non enté, placé dans la haie qui sépare le dit champ de la prairie du Pilardeau : 1° De remettre à François Texier père, à qui nous avons tous obligation de son bon cœur et de sa bonne volonté, à titre de souvenir, une somme de trois cents francs.

2° Plus aux domestiques des deux sexes, qui seront alors à notre service, chacun une somme de soixante francs et cent francs de plus à celui ou celle qui couchera habituellement dans le cabinet à côté de mon lit à la même époque, nonobstant la totalité de leurs gages qui leur seront payés à la fin de l'année et que j'engage encore mes enfants à leur compter en entier le jour de leur sortie de la maison, si par quelque arrangement de ménage ils n'y restaient pas jusqu'à la fin de l'année.

3° Plus je prie encore mes enfants de faire délivrer aux plus indigents ou infirmes du bourg et villages de la commune de Mouchamps la valeur d'un tonneau de seigle en nature ou en argent, à leur choix, en s'informant des familles les plus pauvres et les plus honnêtes, en leur donnant en proportion du nombre et des besoins et en les appelant séparément pour éviter tout reproche et tout mouvement de jalousie.

J'ai désiré faire participer mes enfants aux petites dispositions ci-dessus qui ne sont que justice et un ressouvenir de peu de conséquence, s'ils considèrent la sage économie dont j'ai toujours usé principalement et plutôt par inclination pour une vie tranquille, et par la considération d'une nombreuse famille, que par un désir outré d'augmenter ma fortune, que les troubles du pays, ou autres circonstances du temps, ont dérangé par aperçu du quart ou du cinquième tant en pertes réelles que non jouissances.

Je ne laisse aucunes dettes que l'on puisse appeler de la moindre conséquence, et qui se réduisent à quelques fournitures journalières qui seraient acquittées tous les jours, si les petits mémoires en étaient présentés, au reste mes enfants savent tous comme moi en quoi cela consiste.

Nos autres affaires actives et passives sont écrites soigneusement sur mes registres, ou par extrait en feuilles séparées, pour éviter les recherches, et que je croise à mesure des paiements, ainsi que les notes des contributions dont je fais l'avance aux métayers de Mouchamps et dont les remboursements sont émargés exactement.

J'ai remis à mes enfants ce qui leur revenait en

effectif, lors de notre partage, de manière que ce qui se trouvera ainsi que les déboursés que j'ai faits depuis en acquisitions ou remboursements ou augmentation de mobilier, proviendra des épargnes que j'aurai pu avoir faites depuis le partage. J'exhorte mes enfants à vivre sans ambition en réglant leur dépense sur leur avoir, qui, quoique modique entre cinq, leur donnera cependant le moyen de vivre dans une médiocre, mais honnête aisance, s'ils savent se borner comme je l'espère.

Je les conjure surtout de vivre dans l'union, de faire tous les sacrifices raisonnables pour la maintenir, et dissiper les petits nuages qu'élève malheureusement quelques fois l'intérêt particulier. En agissant ainsi l'on se concilie la considération générale, l'on jouit d'une conscience tranquille, bien infiniment précieux dans les évènements les plus critiques de la vie, et sans lequel elle est à charge à celui qui fait quelque retour en lui-même.

Adieu à mes enfants, adieu à tous mes amis, adieu au pauvre Loyau, le plus intime et dont la présence ou le souvenir m'ont rappelé tant de fois la plus chère et la meilleure des épouses dont la perte m'a causé celle de tous les biens, de toutes les consolations qui me restaient désormais sur la terre, dans les circonstances cruelles où elle m'a été ravie.

Fait à Mouchamps dans ma résidence ordinaire le premier vendémiaire an onze.

La Douespe.

Addition au testament précédent

L'on demandera peut-être pourquoi, après avoir donné sur mon propre fond un local pour servir de

cimetière à ceux qui professent le culte protestant, j'ai
désigné un autre pour moi-même par mes dernières
volontés. Voici mes motifs :

Le premier est l'éloignement de ce local de toute
habitation et l'inconvénient possible qu'il y fût commis
quelques inconvenances dont on ne s'apercevrait pas
sur le champ. Le second et le plus grave pour moi et
qui ne serait peut-être rien pour beaucoup d'autres,
c'est qu'en voyant creuser des fosses, je n'ai jamais pu
voir sans répugnance disperser les restes de ceux qui
avaient été mis quelquefois depuis moins de quatre à
cinq ans. Ce spectacle sur quelqu'un qui m'aurait été
cher pendant sa vie m'affligerait, je l'avoue, sensiblement ; cependant il ne se passe pas un jour qu'il n'y en
ait quelque exemple inévitable. C'est pourquoi j'ai choisi
l'angle intérieur du champ où aboutissent deux haies
qui empêchent même la charrue de parvenir jusqu'au
coin en cas de culture de la pièce de terre. Par les
mêmes motifs encore, je prie mes enfants, ou du moins
celui à qui appartiendra le champ, de faire tailler vers
Montaigu ou ailleurs, une pierre de grison de longueur
convenable, avec deux autres blocs pour la placer à
chaque bout à une élévation de 18 à 20 pouces pour
empêcher les animaux de déranger la terre, et servir
de pierre sépulcrale, où l'on peut inscrire si l'on veut
tout simplement mon nom, le jour de ma naissance,
12 décembre 1746, et celui de mon décès, sans y rien
ajouter autre chose.

Le citoyen Badreau (1), de Saint-Georges, procure-
rait peut-être facilement la pierre et l'inscription, et il
serait aisé de la faire venir ici.

Tout ceci n'est peut-être qu'une faiblesse de ma

____

(1) Badreau étant décédé, il est facile de confier cette petite
besogne à tout autre vers Montaigu ou les Herbiers.

part, mais la misérable humanité est sujette à tant d'autres que je prie de me pardonner encore celle-ci.

La Douespe.

25 messidor an XIII.

Note additionnelle à mes dernières volontés

Je désire et recommande expressément à mes enfants, qu'en faisant le triage des papiers concernant les domaines qui leur seront échus en partage, et mettant à part tous mes papiers de famille, c'est-à-dire anciens partages, contrats de mariage, extraits de mariage, naissances et décès, traités sous seings privés ou autres relatifs aux affaires de la famille entière, notes du même genre, généalogie, registres de recettes et dépenses, enfin tout ce qui peut avoir rapport à la famille en général ; lequel triage fait, les dits titres et papiers seront remis à mon fils Louis-Victor, non par préférence ou prédilection quelconque de ma part, mais parce qu'ayant toujours vécu avec moi dans la maison et géré depuis longtemps nos affaires, il en a plus de connaissance que ses sœurs ou beaux-frères, et que les papiers réunis comme dépôt dans la même main seront plus faciles à trouver au besoin. Je lui recommande particulièrement de les mettre dans des liasses séparées et étiquetées suivant les actes qu'elles contiendront, dans un sac exprès, afin de pouvoir les tenir sous la main au besoin. Cette mesure, usitée dans tous les temps, me paraît juste, prudente et conforme aux intérêts de la famille entière.

Au surplus, je confirme par la précédente note ou codicille les autres petites dispositions que j'ai précédemment faites pour être exécutées dans tout leur contenu.

A Mouchamps, dans ma demeure ordinaire, le premier novembre mil huit cent sept.

La Douespe.

Brouillon d'une demande au Préfet pour la réunion des protestants de la Vendée au Consistoire des Deux-Sèvres (sans date).

Au citoyen Préfet du département de la Vendée.

Citoyen,

Il existe dans le département de la Vendée 3.000 à 3.500 individus professant le culte protestant. La loi relative à l'organisation du culte porte qu'il sera formé un Consistoire par 6.000 individus en chaque département. Le nombre ne se trouvant pas suffisant dans le département de la Vendée, ceux qui sont attachés à ce culte doivent-ils être privés du bienfait de la loi? Ils sont dispersés sur une douzaine de communes à peu près, formant un diamètre de 20 kilomètres dans un sens et de 12 dans l'autre. La distance où ils se trouvent des lieux où il pourra y avoir des organisations régulières dans le département des Deux-Sèvres ne leur peut permettre de s'y rendre pour le service journalier. Mais si la loi leur interdit, vu le petit nombre, la formation d'un Consistoire, ne pourraient-ils pas pour cet objet être réunis à celui des Deux-Sèvres le plus proche, à Niort, par exemple, pour participer aux règlements de discipline que le Consistoire pourrait prendre en considération pour le maintien du bon ordre dans l'exercice du culte.

Nous vous supplions, citoyen Préfet, de vouloir

bien décider ou soumettre au gouvernement le préalable nécessaire pour faire la demande des membres qui exercent dans cette étendue, qui n'en exigerait peut-être qu'un seul si la population ne s'étendait que sur une surface de 4 ou 6 kilomètres, mais à laquelle il lui serait impossible de suffire, vu sa dissémination qui ne se trouve cependant que sur une douzaine de communes limitrophes dans la partie assez voisine des Deux-Sèvres pour les affaires générales, s'il n'est pas possible d'obtenir un établissement de cette nature particulier à ce département.

Tels sont, citoyen Préfet, les objets que nous soumettons à votre sagesse et que nous vous prions de prendre dans la plus grande considération, pour satisfaire à l'impatience naturelle de ceux qu'ils intéressent et qui désirent avec ardeur de voir le moment de témoigner publiquement leur reconnaissance et leur attachement au gouvernement bienfaisant et paternel sous lequel ils ont le bonheur de vivre, etc., etc.

Question des complants (1)

Une application mal entendue des lois qui suppriment les droits féodaux, avait fait comprendre dans cette suppression la redevance des complants. Le gouvernement, instruit des difficultés qui en ont été la suite, a déclaré par différentes décisions et notamment, la présente année, par celle du ministre des Finances à la régie de l'enregistrement et des domaines, que les lois qui suppriment les droits ci-devant féodaux ne sont point applicables à la redevance du complant dans les

---

(1) J'ai choisi cette pièce parmi beaucoup d'autres parce qu'elle m'a semblé résumer très bien la question.

départements de Maine-et-Loire et de la Vendée où elle est usitée, qu'elle doit être payée et reçue comme au passé, suivant les anciennes conventions et l'usage local de ces départements, où il est de principe qu'il n'y a jamais eu abandon du fond, mais seulement de son usage tandis que la vigne est en culture, laquelle cessant d'avoir lieu, la propriété reste entre les mains du bailleur ; c'est en conséquence de cette juste interprétation que le complant doit être perçu la présente année, aucuns des colons n'ignorant que la terre plantée en vigne ne leur a été concédée ou à leurs auteurs qu'à cette condition.

Décision du Ministre des Finances 20 vendémiaire an II. La loi du 29 septembre 1790 qui autorise le rachat des rentes foncières et celle du 17 juillet 1793, portant suppression sans indemnité des redevances féodales et seigneuriales, ne sont point applicables aux baux à complant usités dans les départements du Maine-et-Loire et de la Vendée, les baux doivent continuer d'être exécutés entre le bailleur et le preneur suivant leur forme et teneur, et l'usage local de leur département.

Lettre à un créancier

Dernier mot au citoyen Regreuil de la Guérinière et autres débiteurs de ma rente de 10 2/3.

Citoyen,

Je n'ai jamais encore cité personne en justice, et il m'est fâcheux de commencer par vous, l'une de mes anciennes connaissances et ancien voisin ; mais puisqu'il est impossible de parvenir autrement au paiement de ma rente, il faut bien enfin en venir là ; je suis fâché que cette mesure entraîne nécessairement bien des frais, car, comme je veux être payé des arrérages et avoir un titre nouveau, il faudra vous faire aussi signifier tous les titres à l'appui de ma demande. Si cependant huit jours vous suffisent pour vous arranger avec vos co-débiteurs, je les laisserai encore passer, dans l'espérance qu'ils se raviseront en considérant la manière dont j'étais déterminé à traiter et qui sera bien différente si je suis obligé d'en venir à une demande en justice, car je vous déclare que dans ce cas, je suis décidé à exiger toutes les années sans qu'il y manque une obole. Je vous salue de tout mon cœur.

Votre

LADOUESPE.

Note sur la parenté Loyau

Note pour mes enfants ou leurs ayant cause dans le cas invraisemblable, néanmoins possible, où MM. Loyau père et fils ne laisseraient pas de successeurs directs :

1° Dans le cas où Louis Loyau père, mon beau-frère, survivrait à Jean Loyau, son fils, mes enfants entreraient dans tous ses droits comme représentant Jeanne-Catherine Loyau, leur mère, sœur unique de Louis Loyau ;

2° Dans le cas plus vraisemblable ou son fils unique lui survivrait sans laisser de succession directe, la succession d'après le Code civil, se diviserait par moitié entre les héritiers paternels et maternels. Mes enfants, comme il est dit ci-dessus, sont les seuls héritiers du côté paternel et y succéderaient en entier ;

3° Quant au maternel (en supposant la succession

échue de Mme veuve Loyau et Metayer La Barre, sœur
unique de la mère de Loyau fils), la succession de
Loyau fils sans laisser d'héritiers directs, se partage-
rait en deux, dont la moitié paternelle viendrait à
M. Marchegay Duportail et lignée, à Mme de Heimback
de La Rochelle et à mes enfants, comme neveux et
petits-neveux de Jean Loyau, sieur de la Bardonnière,
aïeul maternel de Loyau fils (dont il s'agit). Ainsi cette
moitié se diviserait d'abord par tiers comme il est dit
ci-dessus ;

4° Pour ce qui est de la moitié maternelle provenant
de Jeanne Majou, épouse de Jean Loyau de la Boudon-
nière, aïeul et aïeule de Loyau fils, elle serait divisible
en deux, entre M. Majou Desgrois et mes enfants, les
premiers représentant Daniel Majou, leur père, et mes
enfants, Jeanne-Catherine Majou, leur aïeule maternelle, le dit Daniel et Jeanne-Catherine Majou, frère
et sœur de Jeanne Majou, aïeule de Jean Loyau fils.

De manière qu'en dernier résultat, mes enfants,
s'ils réunissaient la succession de Louis Loyau, leur
oncle, auraient droit à la totalité, et s'ils réunissaient
celle de Jean Loyau, son fils, leurs droits seraient la
moitié paternelle en entier, et le tiers et la moitié dans
la maternelle. Toujours en supposant alors la succession
de Mme veuve Loyau de la Barre échue, parce que le
cas advenant de son vivant, elle serait la seule héritière
du maternel, représentant sa sœur unique, mère de
Loyau fils.

La présente note est aujourd'hui sans but ni utilité,
tandis qu'il existe encore des anciens et des contemporains, mais elle peut servir dans un temps plus reculé
entre nos descendants, tuteurs ou étrangers, à qui la
filiation pourrait être inconnue.

D'après les dispositions du Code civil sur la représentation, art. 742 et 753, il pourrait se faire que si

M. Marchegay-la-Salle et Mme de Heimback, oncle et
tante bretons paternels, et M. Majou des Grois du côté
maternel, survivaient à Loyau fils, quoique beaucoup
plus avancés en âge, ils exclueraient les cousins-germains,
c'est pourquoi en cas d'évènement, il faut prendre l'avis
de quelque jurisconsulte éclairé. Ce qu'il y a de certain,
c'est que les degrés de parenté sont établis d'une
manière certaine et précise par la note ci-dessus.

Note sur notre parenté avec M. Grelier du Fougeroux,
aujourd'hui seul héritier de cette famille

Mon aïeul maternel, César Robert de la Baffrie,
avait une sœur unique mariée à M. Grelier du Fougeroux de Beaulieu, bisaïeul de celui d'aujourd'hui. Mon
grand-père Robert avait eu en partage la Baffrie et
partie du Planty, sa sœur avait eu les métairies de la
Viallière et celle du Barré : les deux objets ont été
vendus et ne leur appartiennent plus. Mais comme
aujourd'hui dans les partages on ne fait aucune distinction dans l'origine des biens, la succession de M. Grelier
du Fougeroux d'aujourd'hui, s'il décédait sans héritiers
directs, ce qui n'est guère vraisemblable, puisqu'il est
jeune et marié depuis peu, tomberait pour moitié à
mes enfants ou leurs successeurs.

La descendance est facile à prouver par le contrat
de mariage de mon grand-père, où M. Grelier est
établi et a signé en sa qualité, par les partages et arrangements de famille entre eux, tant de la Baffrie que du
Planty, par les extraits de mort et de naissance subsé-
quents, lesquels actes sont tous enfermés parmi mes
papiers de famille.

Je laisse cette note vraisemblablement inutile,
mais qui pourrait avoir son usage en cas d'évènement

inattendu, comme il arrive parfois dans le cours des choses humaines.

Maximes de sagesse (1)

Il vaut mieux s'endormir sans souper que de se réveiller avec des dettes.

Un homme indiscret est une lettre décachetée que tout le monde peut lire.

Ecrivez les injures sur le sable et les bienfaits sur le marbre.

Ne faites rien dans le moment de la colère, vous vous embarqueriez au milieu d'une tempête.

La plaisanterie est le poison de l'amitié.

Celui qui donne pour être vu, ne secourerait pas un homme dans l'ombre.

Pensez deux fois avant de parler une, vous en parlerez deux fois mieux.

L'instruction est l'ornement du riche et la richesse du pauvre.

L'instruction est un trésor, le travail en est la clef.

La maladie marche sur les pas de l'intempérance, la pauvreté sur ceux de la paresse.

Il est humiliant pour l'humanité d'admettre la maxime suivante, mais une trop fréquente expérience ne prouve que trop souvent son appréciation. Regardez tous les hommes comme d'honnêtes gens, mais agissez avec eux comme s'ils étaient des coquins.

Il n'est pas si honorable de vaincre ses ennemis que de n'en point avoir.

Huissier, faites faire silence, s'écriait le président d'un tribunal, il est étonnant qu'on fasse tant de bruit, nous avons déjà jugé je ne sais combien de causes sans

(1) J'ai copié celles qui m'ont paru les plus curieuses.

les entendre. — En faut-il davantage pour dégoûter des procès ?

Note de mes déboursés depuis mon mariage

1° Acquisition de la Parière, bestiaux, frais d'acte, droits féodaux, etc., tout compris........ 16.000 l.

2° Pour rentrer en possession de la Baffrie et succession de feu mon oncle du Planty, d'après nos arrangements avec sa veuve, pour remplir notre traité, bestiaux, etc............................. 14.000

3° Acquêt de Bourdevaire, acheté fort cher, les biens étant alors au denier trente au moins, une jolie maison dans le meilleur état, la plus grande convenance, féodaux, frais d'acte, bestiaux, etc., tout compris............................. 58.000

4° Rentes en blé ou argent sur la Bobinière, la Gazelière, Bourdevaire, aux Marchegay, et ce en assignats de 90 ou 91... 10.000

Acquisition de Grand Ry, tous frais comptés en numéraire 16.000

La dernière moitié de Lessaudière, bestiaux, frais, etc. 8.000

La Cour de Luçon, en assignats de 91, et remboursement en assignats d'argent prêté, intérêts depuis 1791, total jusqu'ici. 44.000

En bâtiments, pension de mes enfants. 20.000

Total .... 186.000 l.

Les épargnes et déboursés ci-dessus datent plutôt de la mort de mes père et mère vers 1780, car avant je ne faisais guère d'épargnes.

Situation pécuniaire (1ᵉʳ juin 1806)

Etat et situation de notre effectif depuis mon mariage, au mois de janvier 1768, jusqu'à ce jour, 1ᵉʳ juin 1806 :

Les épargnes que j'avais pu faire depuis mon mariage jusqu'au décès de mes père et mère, en 1778 et 1780, étaient de peu de conséquence et réunis au comptant que je trouvai dans la maison, le tout pouvait aller à 30.000 l., dont l'emploi est ci-après :

1º Pour entrer dans la succession de la Baffrie, en 1785. D'après mon traité avec feu Mᵐᵉ du Planty, droits de mutation fiscaux et féodaux, bestiaux, ce que je devais payer aux héritiers du mobilier d'après le dit traité . . . . 10.000 l.

2º Acquisition de la Parière, tous frais compris. 16.000

3º Acquêt de Bourdevaire, tout compris, frais d'actes féodaux, etc 58.000

4º Rachat de plusieurs rentes en blé sur la Bobinière et la Gazelière 7.000

5º Acquisition de la Cour de Luçon, payée en assignats, mais provenant la plupart d'argent prêté en numéraire 38.000

6º Argent prêté à M. du Fougerais, 24.000 fr., rendu en l'an IV, en assignats. 24.000

7º Dépenses de mes filles en pension à la Rochelle, à 1.500 fr. chacune par an et 2.400 fr. pour l'aîné de mes enfants à Caen aussi chaque année, bâtiments et réparations à la Bobinière, par aperçu approximatif 20.000

Total . . . . 173.000 l.

La somme ci-dessus se composait à peu près de mes épargnes depuis 1768 jusqu'en 1793, époque des troubles de la Vendée, qui me forcèrent à quitter la maison pendant plus de trois ans, après avoir mis en sûreté environ 30.000 fr. qui me restaient et équivalaient à ce que m'avait laissé mon père.

Les 30.000 fr. de l'autre part que je retrouvai après notre retour dans nos foyers en l'an V, furent employés comme il suit :

1° En remplacement de bestiaux pour ma moitié sur la borderie et métairie de la Bobinière, Vaine, le Fossé, Ligeardière, la Montagne, borderie de Mouchamps, le Barré, Lessaudière, la métairie du Bas de la Baffrie, grande partie de celle de Puymorin et la Gazelière, qui appartient aujourd'hui au métayer qui me l'a remboursée en prenant à ferme, en réparations et en reconstructions à Marigny et à la Laudière...   10.000

Il ne restait pas un jarret de bétail sur les objets ci-dessus, mais heureusement il était à bas prix.

Acquêt de Grand Ry et les Sauvinières, tous frais compris 16.000

Des 30.000 fr. ci-dessus les deux dernières sommes prélevées, il me restait donc 4.000 fr. qui, avec quelques épargnes de l'an V, de l'an VI et de l'an VII, se montèrent à la fin de la dite année, lorsque je fis le partage avec mes enfants, à une somme de 15.000, employée comme il suit :

1° Pour la moitié de la dite somme à mes enfants, chacun 1.500 . . . .   7.500

2° Le surplus m'appartenant, fut employé à payer la moitié de Lessaudière, acquise à M. de Fay.   7.500

Le surplus que je pourrai laisser, se compose des épargnes que j'ai pu faire depuis le commencement de l'an VIII, dont l'emploi sera ci-après à mesure qu'il se fera, ou en effectif à définition de partage. Il faut noter qu'il y a eu quatre ou cinq années perdues pendant la guerre dont je n'ai pas reçu une obole ni des récoltes en nature des deux années précédentes, et que nos revenus, pendant les vingt premières années, étaient infiniment moindres que ceux dont nous avons joui par la suite, par successions ou acquisitions.

Le premier déboursé extraordinaire, depuis notre partage, résulte de quelques dépenses à leur mariage et réparations pour les loger, que je porte par aperçu à. 3.000

2° Déboursé pour l'Hospitau à ma fille aînée.   8.000

3° Pot-de-vin, acte, réparations à la petite Borderie arrentée 50 fr.   500

4° Remboursement de la rente de 500 fr. à Jenny, faite à M. Giraudeau 8.500

5° Pareil remboursement fait à Marguerite.   8.500

6° Terres des Roblinières réunies à l'Hospitau, y compris les faux frais.   3.500

7° Transcription aux hypothèques du contrat de Bourdevaire 1.000

8° Autre acquisition des prés communs et de la Noüe des Roblinières 2.800

Note du 1er janvier 1810

Après le retour de la tranquillité en l'an VI, je plaçai dans l'acquisition de Grand Ry et les Sauvinières à peu près 1.600 louis de 20 fr. que j'avais retrouvés à la Bobinière, où je les avais mis en sûreté avant les troubles. Les 4.000 restant, avec ce que j'avais pu épargner en l'an V et l'an VI, montaient à 15.000, lorsqu'à la fin de l'an VII de nouveaux troubles me forcèrent encore à nous réfugier à Fontenay, d'où je portai cette somme à la Rochelle, chez M. Chaperon, d'où je la retirai en l'an VIII, lors de la cessation définitive des troubles de la Vendée. Peu de temps après, mes enfants et moi ayant fait notre partage, j'employai à peu près ma part dans l'acquisition de la moitié de l'Essaudière, de manière qu'à cette époque il ne me resta qu'un petit courant d'à peu près 1.000 fr. Depuis ce moment, au commencement de 1800 jusqu'à 1809, j'ai déboursé de nouvelles épargnes, tant pour l'amortissement des deux rentes à Marguerite et Jenny, 17.000, que dans l'acquisition de l'Hospitau, 8.000. Dans celle des terres des Roblinières, y réunies, 6.000. Total : 31.000. Bâtiments de la Laudière et autres déboursés extraordinaires, comme la transcription aux hypothèques du contrat de Bourdevaire, etc. Total déboursé jusqu'en 1809 : 35.000. De manière que l'effectif qui se trouvera à partager définitivement entre mes enfants avec les 35.000 ci-dessus, sera le produit de mes épargnes depuis l'an VIII ou 1800 jusqu'au dit jour.

Mouchamps, le 1er janvier 1810.

Projet de partage

État de nos domaines avec leur valeur très approximative, le tout divisé en cinq lots, et un surplus pour égaliser les plus faibles et parfaire les deux rentes à Marguerite et Jenny, qui en sont indépendantes. Note toujours essentielle pour parvenir à un partage quelconque, dont la première base doit toujours être la connaissance la plus exacte des terres qui le composent.

Il faut observer que l'évaluation des domaines

ci-après est faite sur ce qu'ils pourraient produire à
ferme, mais on peut compter sur 5.000 fr. de plus en
les faisant valoir à moitié, en profitant de la variation
du prix des denrées.

1ᵉʳ Lot. — La Bobinière, chef-lieu.

Borderie de la Bobinière, bois, vignes et dépen-
dances . . . .   400 fr.

Métairie de la Porte.   500

Celle de Vaine et une petite borderie au
village   480

Celle du Fossé Rouge.   500

Celle de la Ligeardière   500

' Celle de la Laudière, affermée 500
depuis la guerre et 600 avant, vaut   600

L'Hospitau, que je joindrai à la Bobi-
nière à cause de la proximité.   280

Rente de 48 b. de seigle sur la Garnau-
dière et Delinière à la Gaubretière   100

Rente sur les moulins de Vaine.   90

Rente de 75 b. sur les Hautes Guibretiè-
res, succession des Noues   75

Total . . . .   3.525 fr.

Nota. — Ferrand doit encore pour deux planches
de jardin à Vaine, 2 fr. de ferme et 1 fr. pour un petit
arrentement de jardin. Ci. doit 3 fr. annuellement.

2e Lot. — La Chopinière.

Maison, borderie, vigne, prés, bois et dépendan-
ces . . . .   300 fr.
   Métairie de la Porte.   650
   Celle de la Cour de Luçon. 1.200
   Morenne, affermée 500, vaut   600
   Morneau   700
   Rente de 100 fr. sur Dardet, de la suc-
cession des Noues   100
        Total . . . .   3.550 fr.

3e Lot. — Mouchamps.

Maison de Mouchamps, borderie, pré et champ de
l'Establière . . . .   400 fr.
   Lessaudière, vignes et dépendances   900
   La Parière, 800, et le Barré, 500, ci. . .   1.300
   Le Planty, à bon marché, mais éloigné,
quitte et net   900
        Total . . . .   3.500 fr.

Le Planty, en 1790, se serait vendu aisément
30.000 fr. Les titres de quelques petites rentes au
Planty sont entre les mains de M. Dulacq, à qui je les
avais remis pour les faire payer; il faudra les retirer
de ses mains. Ce troisième lot me paraît le meilleur.

4e Lot. — Grand Ry, chef-lieu.

Les deux métairies, bois, maison et dépendances,

affermées 1.450, mais un peu cher, valent.   1.350 fr.

Celle des Sauvinières et Bois-Baudin de
Grand Ry   450

Les Basses-Thenies.   550

La Montagne, pré de Briaige, et 7 b. des
Noues, vignes et prés 1.000

Terre de Bottereau à bon marché et
trop bon marché.   200

    Total . . . .   3.550 fr.

Plus un champ de 7 boisselées appelé le petit Cail-
loux à l'Establière.

Ce lot est un peu faible, n'ayant pas de logement,
et le moins agréable, on pourrait prendre quelque chose
à Bourdevaire pour l'augmenter, par exemple la Baronnière en tout ou partie.

5ᵉ Lot. — La Baffrie.

Maison, bois, borderie et dépendances, un peu cher,
mais il faut considérer la maison et les bois.   500 fr.

La Gazelière et borderies du village,
affermées 900, vaut. 1.000

Métairie du bas de la Baffrie.   700

Métairie du haut et la petite borderie. . . .   600

Métairie de Puymorin.   700

    Total. . . . .   3.500 fr.

Il faut considérer les bois de la Baffrie et de la
Gazelière. Il est encore dû par le village de la Motte
une petite rente de 3 fr. dont j'ai le titre et laquelle n'a
pas été payée depuis la Révolution, le titre est à

Mouchamps. Je l'ai remis au métayer de la Gazelière
pour demander la rente, il faudra le lui demander.

Nota bene. — Ne sont pas compris dans l'état ci-
dessus, les domaines de Bourdevaire, de valeur à peu
près de 1.500 fr., sur lesquels on pourrait prendre de
quoi remplir les deux rentes de Jenny et Marguerite,
par un arrangement séparé du partage et par ce moyen
laisser la Gazelière avec la Baffrie pour ne rien morce-
ler. Le surplus, après les rentes prélevées, pourrait
servir à égaliser les lots que l'on croirait les plus faibles
ou de moindre convenance.

Tel est le détail de nos propriétés, dans lequel je
ne crois rien d'omis, si ce n'est cependant 10 bois. 2/3
de seigle de rente faisant partie de celle de 32 bois.
acquise au district de Montaigu et due ci-devant **sur la**
Bobinière à la Grenetière, lesquels 10 bois. 2/3 me sont
dus par les teneurs de la Guimenière, Vaine et la Bon-
nière qui participeront suivant le titre pour cette quantité dans la dite rente. Plus je crois qu'il m'est dû
suivant le partage, un petit supplément de **2 f.** sur les
Noues.

Note additionnelle.

Comme il est vraisemblable que les principes de
justice rétabliront la redevance des complants sur les
Vignes, ce sera encore un autre objet assez important
à considérer, et dont la prestation produirait par aperçu
et d'après les anciennes jouissances l'augmentation de
revenu qui suit :

La Bobinière : La vigne du Cours des vignes donné
à planter par mon aïeul il y a 60 à 80 ans, produit

annuel........... ....   12 à 15 bar.

    Celles des Nouettes également à la
Bobinière..........................   3 bar.

    La Chopinière : Les vignes du Sam-
son et 12 journaux dans les Gats conti-
gus à celles de l'Aulnaie, le tout de produit annuel de...................   20 à 25 bar.

    La Gazelière : Produit en moyenne
de...............................   40 à 50 bar.

    Le Fossé Rouge : Les vignes de la
Motuère 5 à 7, le Moindron, 3.......   9 à 10 bar.
    Je perçois les complants du Fossé
Rouge n'y ayant aucun droit féodal.

    Les Noues : Les vignes des Noues
n'ont pas entré en partage, elles peuvent
produire de 30 à 40 bar. dans lequel
produit je fais au paternel le quart, au
maternel le sixième, au total cinq 24^{es}
parties, total du produit de..........   30 à 40 bar.

    Basses-Thenies : La petite vigne des
Filées aux Basses-Thenies...........   2 à   3 bar.

    Bottereau : Où je suis fondé comme
aux Noues pour cinq 24es............   4 à   5 bar.

    Total, 100 à 120 barriques.

J'ai laissé mes papiers de famille entre les mains du
citoyen Godet dans une petite armoire et en bon ordre
à Fontenay. (Les papiers ont été depuis rapportés à
Mouchamps.)

*Partage des immeubles de la succession
de feu M. Jacques-Louis-Etienne de la Douespe*

1er Lot. — LA CHOPINIÈRE.

Maison et borderie tel qu'en jouit le fermier, la garenne en sus...................................... 600 fr.

Métairie de la Chopinière............. 850

Métairies de Morne et Morneau, non compris le pré acquis........................ 1.600

La Cour de Luçon..................... 1.200

Total................ 4.250 fr.

A ce lot sera ajouté une somme de 2.000 fr. pour l'achèvement de la maison de la Chopinière. Sont compris sur la Chopinière le pré commun et le pré la Noue de l'Hospitau.

Est joint à ce lot : 1° le bois de la Fontaine, 2° celui de la Cour de Luçon, plus environ 100 pieds d'arbres épars dans les buissons. Par acte notarié les 2 prés ci-dessus ont été échangés par Mme Godet, propriétaire du présent lot, contre le pré de la Fontaine des Roblinières, appartenant à M. de la Douespe fils.

2e Lot. — BOURDEVAIRE.

Les métairies de Bourdevaire, Marigny et la Baronnière .... 1.950 fr.

Métairie des Sauvinières............. 400

Terres et prés des Bottereaux......... 300

La Montagne, terres et prés de Briaise. 1.200

Les Basses Thenies................... 550

Total................ 4.400 fr.

Au lot sera joint une somme de 10.000 fr. d'indemnité pour les ruines de la maison de Bourdevaire. Sont joints au 2ᵉ lot : 1º le bouquet de prés de la plaine dépendant de la Cour de Luçon pour la superficie seulement ; 2º le bouquet formant le bout du bois de la Limouzinière séparé par une haie du bout du bois de la Cour de Luçon ; 3º Autre lisière située dans le pré de Mornay et tenant au chemin de Ste-Cécile ; 4º Autre dans le pré de la Guinelière, plus environ 182 pieds d'arbres épars dans les buissons.

3ᵉ Lot. — La Baffrie.

Maison, borderie, etc................	500 fr.
Métairie de haut, de bas et petite borderie..............................	1.200
La Gazelière, deux borderies et bois futaie................................	1.200
Métairie de Puymorin...............	800
Celle du logis de Geondier exploitée par Papin...............................	750
Total...............	4.450 fr.

Sont joints au présent lot, les arbres existant dans le pré de Sauzeau dépendant de la métairie de la Bobinière. Cédé à moi, de la Douespe, par M. Giraudeau, le 13 mai 1813.

4ᵉ Lot. — Mouchamps.

Maison et borderie..................	500 fr.
Lessaudière, le pré de l'Establière, champ du cailloux et vignes...................	1.300
Total à reporter.....	1.800 fr.

<table>
<tr><td>Report...............</td><td>1.800 fr.</td></tr>
<tr><td>Métairie de Grand Ry tel qu'en jouit Papin.</td><td>750</td></tr>
<tr><td>La Parière et le Barré ....</td><td>1.650</td></tr>
<tr><td>Rente de la Garnaudière............</td><td>100</td></tr>
<tr><td>Total................</td><td>4.300</td></tr>
</table>

A déduire sur la charge du présent lot la
rente de 50 fr. à payer sur la maison de
Texier 50

<table>
<tr><td>Total................</td><td>4.250 fr.</td></tr>
</table>

Dans ce lot sont compris deux journaux de vignes
situés dans le fief des Plantes et la petite maison occupée par Texier.

A ajouter la lisière du champ des Nouettes de la
Bobinière pour la superficie seulement et celle de la
Parière.

Plus 169 arbres épars dans les buissons.

5e Lot. — La Bobinière.

<table>
<tr><td>Maison, borderie, bois taillis, etc......</td><td>500 fr.</td></tr>
<tr><td>Métairie de la Bobinière ....</td><td>600</td></tr>
<tr><td>Ligeardière.........................</td><td>600</td></tr>
<tr><td>Le Fossé et la vigne ....</td><td>600</td></tr>
<tr><td>La Laudière et vignes...............</td><td>800</td></tr>
</table>

La métairie de l'Hospitau non compris le
pré commun et le pré de la Noue joints à la
Chopinière............................... 450

Moulins de Vaine.................... 270

Rente de 8 boisseaux de seigle sur la
Guérinière............................... 15

<table>
<tr><td>Total................</td><td>4.335 fr.</td></tr>
</table>

A ajouter le bois du Fossé et la lisière de l'affiage de la Bobinière.

Plus 299 arbres épars dans les buissons.

Par acte notarié, les deux prés cités dans le présent lot ont été échangés par Mme Godet, propriétaire du lot de la Chopinière, contre le pré de la Fontaine des Roblinières acquis par M. Deladouespe.

Décès de Jacques-Louis-Etienne de la Douespe

Extrait des registres de l'état-civil de la commune de Mouchamps, arrondissement communal de Napoléon, département de la Vendée, pour l'année mil huit cent dix.

L'an mil huit cent dix et le dix-neuf du mois de novembre, devant nous, officiers publics de la commune de Mouchamps, arrondissement communal de Napoléon, département de la Vendée.

Est comparu le sieur Louis-Victor Ladouespe, propriétaire, demeurant au bourg de Mouchamps, lequel nous a déclaré que le jour d'hier sur les cinq heures du soir, il est décédé en sa maison et demeure située au dit bourg de Mouchamps Jacques-Louis-Etienne Ladouespe, son père, veuf de dame Jeanne-Catherine Loyau, fils légitime de feu Jacques Ladouespe et défunte Gabrielle Robert, âgé de soixante-quatre ans, la déclaration faite en présence des sieurs Gabriel-Pierre Boisson, notaire Impérial, demeurant au bourg de Mouchamps et Pierre-Félix Marchegay, propriétaire, demeurant commune de St-Germain, les deux parents et amis du défunt, témoins ayant l'âge requis par la loi, et après lecture faite de leur déclaration ont signé avec nous.

Signé au registre : Boisson, Marchegay, La Douespe, Chapeau.

Délivré la présente expédition étant conforme au registre, par nous maire soussigné.

A Mouchamps le vingt-et-un janvier mil huit cent onze.

Signé : CHAPEAU.

IV

LETTRES DU VOYAGE EN HOLLANDE

(1765-1768)

I

A Paris. ce 8 mai 1765.

Mon cher oncle,

Je n'ai différé si longtemps à vous écrire, que parce que je comptais de jour à autre que M. de la Maintaye irait au pays. Il devait y aller dès l'an passé et n'avait remis son voyage que pour cause de mauvaise santé.

La succession de M. de la Massays le retient à présent, il ne sait encore ce qui lui en reviendra ; il me dit l'autre jour qu'ils allaient faire afficher le parc à vendre. Quand tout sera fini, il fera son voyage, si sa santé ne l'arrête encore ; mais je crains bien que cette raison ne subsiste longtemps, il me paraît pour le moins aussi malade d'esprit que de corps : il est triste et mélancolique. La chère nièce qu'il a chez lui, quoique jeune, aimable, jolie, ne peut parvenir à le réjouir.

Vous aurez appris, mon cher oncle, la décision de
l'affaire des Calas ; le Conseil, par son arrêt, rétablit la
mémoire du défunt et permet à la veuve de prendre à
partie le Capitoul ; mais on dit que le Parlement de
Toulouse, prétendant avoir bien jugé, a cassé l'arrêt
du Conseil et fait défense de l'afficher dans le ressort.
Une pareille opiniâtreté ne peut que les couvrir de
honte, s'ils ne l'étaient pas déjà par le premier jugement. Le Capitoul, surtout, ne peut que tenir un rang
distingué dans l'histoire des fanatiques de notre siècle,
histoire qui ne laissera pas que d'en contenir un assez
grand nombre.

Les comédiens français viennent de donner une
tragédie, *le Siège de Calais*, qui a eu un succès presque prodigieux. Cette pièce, qui semble n'avoir été
faite que pour faire l'éloge des rois de France et de la
nation, a reçu des applaudissements universels, tant
des grands que des petits. L'auteur (M. du Belloi), a
été présenté à la Cour et a reçu force compliments et
quelques gratifications ; la ville de Calais le fait remercier et lui a fait présent d'une médaille pour gage de
sa reconnaissance. Tout le monde, en un mot, à l'envi
s'est empressé d'encourager un homme qui a paru si
bon patriote. La Cour surtout, qui aime les panégyris-
tes, s'est crue intéressée à récompenser celui qui, le
premier, entrerait dans la carrière. Pour que tout le
monde pût voir une pièce si utile, on l'a fait représenter
gratis pour le peuple.

Mais une catastrophe bien singulière a tout dérangé,
un des acteurs ayant été accusé, d'autres disent
convaincu, de friponnerie, ses confrères ont refusé tout
net de jouer davantage avec lui. Le fripon a, au
spectacle, une fille jolie qui a su, au moyen de ses
charmes, se mettre dans ce pays-ci sur un grand ton ;
elle a tant fait, qu'elle a obtenu un ordre pour que son

père ne fût pas chassé. Les comédiens ont persisté dans leur sentiment; on a mis tous les coupables, dont plusieurs sont très célèbres, ainsi que la fameuse Clairon, au fort l'Évêque. L'affaire est toujours au même point depuis trois semaines; on n'a eu, au spectacle, que des comédies que jouent ceux des acteurs qui ont été assez prudents pour rester neutres... Si cette aventure ne nous est pas fort importante, j'ai cru que sa singularité lui pouvait faire trouver place dans ma lettre.

M. Rouyer et la famille se portent bien; il vous aura mandé sans doute que son aîné est sur le point de passer à Saint-Domingue et que le cadet lui a succédé dans son emploi.

J'ai l'honneur d'être, avec respect et reconnaissance, mon cher oncle, votre très humble et très obéissant serviteur,

LOYAU.

J'embrasse de tout mon cœur ma chère tante et mes cousines. Mes compliments au reste de la famille.

———

II

A monsieur Loyau, dans sa maison, à Monsireigne par Pouzauges, Bas-Poitou :

A Paris, ce 15 septembre 1767.

Je ne vous écris que deux mots et seulement à la hâte pour vous informer qu'ayant présenté un plan

20

pour obtenir un passeport pour nous tous, on vient de l'envoyer à M. Vincent, qui avait bien voulu l'appuyer d'une lettre, parce que, n'étant point connu, il fallait qu'il fût sollicité par quelqu'un de Paris.

Qu'on se décide maintenant, soit que nous partions tous ou seulement les trois amants ; mandez-moi sur le champ vos résolutions, afin que je parte pour le Poitou ou la Hollande, en même temps quel parti ont pris les autres ? Si je pars sans mes confrères, nous pourrons nous donner mutuellement rendez-vous chez le ministre des réfugiés français à Amsterdam, où je crois qu'il faudra aller plutôt qu'à la Haye, où il ferait plus cher vivre... Je crois que nous réussirons infailliblement.

Je suis votre serviteur,

LOYAU.

J'embrasse toute la famille.

Vous n'ignorez pas qu'il ne me reste bientôt plus d'argent.

III

À Paris, ce 29 septembre 1767.

Mon cher oncle,

J'ai reçu votre lettre du 21, vous me blâmez de la précipitation que j'ai eu à demander des passeports pour la Hollande. Je ne l'ai cependant fait que parce que M. Gaudin m'a dit que sur la lettre de l'ambassadeur, le ministre aurait un prétexte plus spécieux, et qu'à Jersey nous pourrions essuyer des longueurs. Si je les ai demandés si promptement, c'est que la Cour étant sur le point de partir pour Fontainebleau, où elle est actuellement, j'ai cru devoir profiter du voisinage de M. Gaudin pour lever les difficultés, s'il s'en présentait.

M. Gaudin m'a dit tout ce qu'il pouvait me dire, sans nous assurer d'un succès qui ne dépend point uniquement de lui, et qu'il n'aurait pas l'imprudence de nous promettre, quand même il en serait sûr. Ne suffit-il pas qu'il nous indique cette voie comme la meilleure, que le succès nous en soit garanti par celui de tant d'autres, dont aucun, que je sache, n'a encore échoué. Tout récemment, M.   , marié ici par un prêtre forain, et craignant pour la validité de son mariage, a fait solliciter par la princesse de Beauveau, qui le protège, une semblable permission.

M. de Choiseul a répondu que M. de Saint-Florentin lui avait reproché en plein conseil d'avoir donné des permissions qui n'étaient pas de son département. Il lui a indiqué de passer dans les pays étrangers, et il se détermine pour la Suisse, qui est dans son voisinage et où il a des parents. M. du Fougerais, qui vient de me répondre, m'assure d'un prompt succès à Amsterdam, il m'offre des lettres de recommandation que j'ai acceptées. Tout le monde ici me le conseille unanimement. Peut-on exiger plus de probabilités ?

Quant à mes cousines, je serais d'avis de partir tous ensemble pour éviter les frais que les longueurs de deux voyages séparés entraîneront nécessairement. Toutes trois ensemble et accompagnées de mon père, elles voyageraient sans conséquence ; j'irais vous joindre à Nantes, où nous nous embarquerions pour la

Haye ou Amsterdam, ces deux villes étant indifférentes,
vu leur proximité : il ne faut pas croire qu'il en coûte
autant dans ce pays-là que M. du Fougerais vous l'a
représenté : en y allant sans train et simplement, on y
vit à assez bon compte. Nous ferions faire nos contrats
de mariage à Nantes, si vous le jugiez à propos, sinon
vous donneriez votre consentement par-devant notaire.
Au reste, vous êtes plus instruit de ces choses-là que
moi.

Si vous ne croyez pas devoir consentir au départ
de mes cousines, il faut que nous partions tous trois,
soit que je me rende à Nantes pour m'embarquer avec
eux, ou qu'ils viennent me joindre ici, ce qui vaudrait
mieux, tant pour cacher au public nos démarches que
pour éviter les délais que nous essuyerions à Nantes à
attendre le départ d'un vaisseau. Dans ce cas, d'ailleurs,
je ne serais pas obligé de reprendre un passeport pour
Ladouespe, vu que par terre on passe sans cela. Si
vous voulez que nous nous embarquions, je le ferai
demander par M. Vincent au ministre, le gouverneur
de Paris n'en donnant point. D'ici la Haye, il en coûte
environ 100 l. par tête.

Arrivés à la Haye, nous irons trouver l'ambassadeur ou le secrétaire d'ambassade, si le premier est
absent. Nous lui ferons voir le plan que nous présen-
tons, afin qu'il en dise un mot au ministre ; il ne le
refusera sûrement pas, et d'ailleurs il ne faut au
ministre qu'un prétexte. Dès que nous aurons le brevet,
nous vous en instruirons, et mon père, à qui nous
enverrons le passeport, accompagnera ces demoiselles
en Hollande, muni de vos pleins pouvoirs, des extraits
de baptême, etc...

Enfin, mon cher oncle, quelque parti que vous
preniez, quoique je préférerais le premier, comme plus
sûr et plus prompt, sans être plus coûteux ni plus sujet

à inconvénient, il faut se déterminer à quelque chose. M. Gaudin étant à Fontainebleau, je ne crois pas en devoir faire le voyage, qui me coûterait encore, pour me faire répéter ce qu'il m'a dit : c'est à nous de prendre un parti ; ce n'est qu'en agissant qu'on lève les difficultés. J'espère que votre première réponse sera définitive et que mes confrères viendront me joindre ici ou que je me rendrai à Nantes.

J'embrasse ma tante et mes cousines et suis, avec respect, mon cher oncle, votre très humble et très obéissant serviteur.

LOYAU.

1° M. Guicherit, pasteur à la Haye, a épousé une demoiselle Ladouespe. Le connaît-on au pays ? (1)

2° J'écris à M. du Fougerais pour lui demander ses lettres de recommandation. Le ministre de l'hôtel d'Hollande et plusieurs autres personnes m'en ont promis. Je les prendrai aussitôt votre réponse.

3° Si mes cousines ne viennent point avec nous, il est inutile qu'elles s'absentent.

---

(1) Cette demoiselle Ladouespe était une fille de Samuel de la Douespe et de Jeanne-Marguerite Rosal ; elle fut baptisée le 2 juillet 1841, à Leeuwarde. Ce Samuel de la Douespe était fils de François de la Douespe (diacre) et de demoiselle Philippe Majou, qui avaient laissé la Vendée après la révocation de l'édit de Nantes. Samuel de la Douespe fut pasteur d'abord à Leeuwarde, puis à la Haye, et devint chapelain de S. A. R. Karel Hendrik Friso, prince d'Orange. Après sa mort, sa veuve publia un volume de sermons à la Haye, en 1752, in-8, chez Pierre Gosse Junior.

IV

A Paris, ce 6 octobre 1767.

Mon cher oncle,

Mes compagnons de voyage que vous m'aviez annoncés par votre dernière, sont arrivés ici en bonne santé : ils séjourneront ici jusqu'à la fin de la semaine, tant pour se délasser que pour attendre les lettres de recommandations que M. du Fougerais m'a promises. Ladouespe m'a dit (il le tient de Biffardière, sous promesse de secret) qu'ils ont présenté un plan comme étant déjà à Jersey, il est possible qu'ils réussissent ; pour nous, nous suivrons notre idée, puisque M. Gaudin me l'a indiquée comme la plus sûre. Vous n'avez qu'à adresser vos lettres à M. Rouyer qui me les fera passer. Marquez-moi par les premières comment mes cousines feront la route, supposé que nous obtenions, par mer ou par terre ; dans ce cas, je pourrais venir au devant d'elles jusqu'à Bruxelles, où la diligence de Paris va, ou jusqu'à Paris ou même plus près, si on le juge à propos.

Je suis avec respect, mon cher oncle, votre très humble et très obéissant serviteur,

LOYAU.

Mes assurances de respect à ma tante, mes cousines et chez nous. Mes camarades vous en présentent autant.

M. de Bessé connaît le secrétaire d'ambassade à la Haye et nous donnera une lettre pour lui.

V

Lettre de M. Loyau à son neveu.

Le 29 octobre 1767.

Vous trouverez ci-joint, mes chers neveux, copie
d'une lettre de Saint-Maixent que je viens de recevoir,
qui n'est point flatteuse. J'écris à M. Rouyer, le prie
d'en informer M. Vincent et d'en conférer avec lui,
que je pense aussi qu'il sera bon d'en instruire M. Gaudin et, autant que faire se pourra, d'en avoir les avis ;
enfin comment faire, je n'ai rien là-dessus à vous
prescrire, je vois que tout ce que l'on a fait devient
inutile et j'ignore de la façon que l'on agira ; je pense
qu'il a été fait de vives remontrances à M. de Choiseul
sur ces matières, qui peut-être ont été portées jusqu'au
roi ; le clergé est toujours actif, comme M. de Poyanne
avait agi il y a près de deux ans à Saint-Maixent, où
il avait fait abattre des maisons où s'assemblaient les
protestants, avait menacé MM. Darmanjou et Dauzy
sur qui il y a eu depuis des lettres de cachets. M. de
Poyanne, sollicité, peut au voyage de Compiègne avoir
fait lui-même des représentations, d'où seront venus ces
ordres qu'il vient d'exécuter et qui influeront sur le
général ; enfin que faire, que dire, je n'en sais en vérité
rien ; il faudra cependant bien chercher quelques
moyens pour faire des mariages en forme, pour ne pas
exposer des enfants à la merci de parents qui pourraient les dépouiller de tout.

Il n'y a rien de mal chez nous tous, votre père et votre sœur sont à la Chopinière. On a vu ces derniers jours la Bobinière, où on remit la lettre que vous aviez envoyée, on s'y portait bien.

Adieu, mes chers enfants, j'embrasse Ladouespe et suis très amicalement votre serviteur.

DE LA BAUDONNIÈRE.

VI

Copie d'une lettre écrite de Saint-Maixent.

« Suivant la promesse que je vous ai faite de vous instruire de ce qui se passerait dans cette ville, je dois d'autant moins vous taire la nouvelle aventure qui s'y est passée, qu'elle a beaucoup d'influence sur le projet que deux messieurs de vos cantons qui se présentèrent la semaine dernière chez M. Boisseau pour apprendre de lui de quelle manière il s'y était pris pour épouser sa cousine-germaine, ont formé d'épouser deux de leurs parentes au même degré.

« Je vous avais marqué de quelle façon M. Boisseau était parvenu à son mariage, la fermentation violente qu'il avait faits dans cette ville et les murmures qu'il y avait élevés. Voici, en conséquence, ce qui y est arrivé :

« Lundi dernier, 5 de ce mois d'octobre, M. le marquis de Poyanne arriva dans cette ville sur les huit heures du soir. Sur le champ, il dépêcha le brigadier de la maréchaussée au sieur Boisseau, afin qu'il vint lui parler à son auberge ; comme il était parti le même jour pour aller chercher son épouse à Loudun, madame sa mère alla voir ce seigneur et lui annonça l'absence de son fils ; il lui demanda pour lors si elle n'avait pas en sa disposition le brevet en vertu duquel il était allé se marier à Jersey ; elle lui répondit que non, que son fils le tenait enfermé et avait emporté la clef avec lui ; dans ce cas, répliqua M. de Poyanne, vous ne pouvez ignorer l'armoire qui l'enferme, c'est pourquoi il faut que vous retourniez chez vous, que vous fassiez lever la serrure et que m'apportiez cette pièce sans retardement. Mme Boisseau, surprise de cet ordre, remontra à M. de Poyanne que son fils devait être de retour mercredi au soir, que pour lors il lui porterait lui-même ce brevet à Niort, où il devait séjourner quelques jours ; mais ce seigneur ne se contenta pas de cette raison, il dit à Mme Boisseau qu'il lui fallait ce brevet *hic et nunc*, que si elle ne voulait pas faire ce qu'il lui avait ordonné, il allait envoyer la maréchaussée chez elle et qu'il ferait lever les serrures de toutes les armoires, jusqu'à ce qu'on eut trouvé le brevet. Sur ces menaces, Mme Boisseau fit lever les serrures, trouva le brevet et retourna (avec le brigadier qui l'avait toujours accompagnée et un notaire dont elle s'assista) à l'auberge de M. de Poyanne, à qui elle remit non seulement le brevet, mais une lettre de M. l'abbé de la Ville qui l'avait sollicité et obtenu, une lettre de M. Grandin, commis au bureau de la guerre, qui avait adressé le tout à M. Boisseau et le certificat de mariage.

« Après que M. de Poyanne eut lu avec la plus grande attention tous les actes, il dit à Mme Boisseau que son fils pouvait être tranquille sur son mariage, qu'il était parfaitement conforme à tout ce qui lui avait été prescrit et que le tout était dans la plus exacte règle ; ensuite, il rendit à Mme Boisseau les lettres de M. l'abbé de la Ville et Grandin avec le certificat de mariage ; mais à l'égard du brevet, il dit qu'il était chargé de la part du ministre de le retenir et lui remettre entre les mains ; en conséquence, il le mit sur-le-champ dans sa poche, en disant qu'il était bien certain que le roi n'en accorderait jamais de pareil.

« Dans cette circonstance, Mme Boisseau ayant remontré à ce seigneur qu'il enlevait la preuve la plus certaine et la plus précieuse du mariage de son fils, il lui répéta qu'il devait être tranquille et que personne ne s'aviserait jamais de l'inquiéter au sujet de son mariage ; — dans ce cas, répliqua Mme Boisseau, donnez-moi donc une reconnaissance que vous emportez le brevet.

« Sur le refus qu'il en fit, elle insista à ce qu'au moins il lui fût permis d'en faire faire une copie par le notaire qui l'avait accompagnée.

« M. de Poyanne ayant réfléchi que cette dernière demande était raisonnable, jeta sur-le-champ le brevet au notaire qui en fit une copie sur papier marqué, au bas de laquelle il écrivit quelques mots qu'il signa. Mme Boisseau n'a pu me rendre un compte exact de ce que contiennent ces mots, mais elle m'assure qu'ils sont très favorables à son fils. Ensuite de quoi elle s'entretint avec ce seigneur qui lui parla fort humainement, et avec beaucoup de stabilité, sans qu'il fût question d'affaires de religion. »

VII

Copie de la lettre que je lui ai écrite le 31 octobre.

« Je conviens avec toi que ce qui s'est passé en Poitou est un échec considérable. M. G... en est plus instruit que personne. Je me suis bien gardé d'en parler à M. V... qui ne peut pas plus agir que ton domestique. Si ce que l'on espère est accordé, tout sera dit ; si on le refuse, alors on prendra un autre parti. Aussitôt que je saurai la résidence, je ferai passer ta lettre. Je t'exhorte fort à la tranquillité, en attendant le oui ou le non et à ne pas jaser de ce qui vient de se passer.

« Soit que cela soit vrai ou non, c'est la réponse à ta lettre du 23 de ce mois. »

VIII

A monsieur de la Baudonnière, en sa maison, par Pou-zauges, Bas-Poitou :

A La Haye, ce 30 octobre 1767.
R. le 14 novembre.

Mon cher oncle,

J'arrive d'Amsterdam, où j'ai vu M. Horneca qui s'est prêté de très bonne grâce à nous rendre service, il

connaît très particulièrement M. de Brétheuil notre
ambassadeur, qui est à Paris actuellement; nous
sommes allés voir ce matin M. Desrivaux secrétaire
d'ambassade, pour lequel j'avais plusieurs lettres de
recommandation. Il nous a reçus, on ne peut pas mieux,
et nous a promis de nous rendre tous les services qui
dépendront de lui. Nous sommes convenus d'envoyer
nos mémoires à M. de Brétheuil, auquel nous sommes
recommandés par M. Horneca, son intime ami, pendant
que de son côté M. Desrivaux en écrit directement au
ministre, en sa qualité de secrétaire d'ambassade; car
M. de Brétheuil n'a encore que le titre, quoique un
seul de ces moyens soit probablement suffisant, il vaut
cependant mieux qu'ils concourent tous deux à notre
avantage. En un mot je crois notre affaire en bon train
maintenant et que sous un mois nous obtiendrons la
permission.

Il ne s'agira plus pour lors, que de tâcher d'en profiter, quoique la saison ne laisse pas que d'être mauvaise pour des femmes: cependant je crois qu'il serait
dangereux de différer, tant par rapport à la dépense
qu'un plus long séjour dans ce pays-ci nous occasion-
nerait, que par ce que l'on ignore ce que le clergé pourrait machiner contre nous pendant ce temps-là. J'ai
pensé à un arrangement qui nous abrègerait beaucoup,
c'est de nous marier à Bréda, à l'entrée de la Hollande,
cela nous épargnerait la partie la plus pénible et la plus
coûteuse de notre route. Par ce moyen, quinze jours
après notre départ de Paris, nous pourrions y être de
retour. J'en ai conféré avec les ministres de ce pays-ci
et M. Horneca qui ont approuvé cette idée: je pense
qu'elle sera de votre goût.

Comme il est nécessaire dans ce pays-ci, ainsi qu'en
France, avant de se marier d'être publié trois fois, je
crois qu'il sera nécessaire, dès que nous aurons notre

brevet, de faire faire les publications, afin qu'à l'arrivée de mes cousines nous n'éprouvions aucun délai. Ainsi dès que j'aurai vos ordres, j'en écrirai au ministre français de Bréda, pour lequel l'on m'a promis des lettres de recommandations. Nous quitterons aussitôt ce pays-ci, moi pour aller à Paris au devant de mes cousines, pendant que mes compagnons iront nous attendre à Bréda.

Quant à la route, on trouvera des chaises à Saumur, à 40 écus pièce, et à Paris la diligence nous conduira jusqu'à Bruxelles qui n'est qu'à dix-huit lieues de Bréda.

Je mande à M. Rouyer d'être aux aguets pour savoir quand nos brevets seront expédiés, et de vous le mander, afin qu'on puisse partir aussitôt : par ce moyen vous le saurez beaucoup plus tôt que si je vous le mandais moi-même.

J'ai l'honneur d'être avec respect, mon cher oncle, votre très humble et très obéissant serviteur,

LOYAL.

Mes compagnons et moi assurons toute la famille de nos respects.

Annotation d'une autre écriture

J'ai prié, mon cher de la Baudonnière, assez de mes amis de surveiller ce qui se passera afin de l'en faire part et aux absents qui ont actuellement reçu ta lettre; comment as-tu appris l'échec en question, as-tu parlé à la mère, est-ce elle qui l'a écrit, ou une personne de confiance qui te l'a mandé, car je n'y conçois rien : au surplus la décision ne peut différer, tranquillise-toi. Adresse-moi directement tes lettres ici. Adieu, je t'embrasse.

IX

A monsieur de la Baudonnière, à la Baudonnière :

A La Haye, le 5 novembre 1767.

Mon cher oncle,

Vous aurez vu par nos précédentes, nos démarches dans ce pays, dont nous avons tout lieu de bien augurer. Si nous n'obtenions pas le sujet de notre demande, vu la manière de penser du ministre, ce serait une preuve que cette voie serait entièrement fermée aux protestants français. Notre placet sera arrivé hier au soir à Versailles, où la Cour est de retour depuis peu de jours, il est parti sous les meilleurs auspices du monde ; M. Desrivaux chargé des affaires de France en rend compte à M. de Choiseul et M. Horneca, dont je vous fais passer la lettre, lié intimement avec M. le baron de Bréthueil, nommé ambassadeur à la Haye, prie son Excellence de l'appuyer de son crédit. Si le dérangement de la Cour ne retarde rien, nous devrions avoir sous peu une réponse, que nous ne tarderions pas à vous faire passer. Nous attendons avec impatience de vos nouvelles.

Nous avions lié connaissance avec M. Guicherit, ministre de l'église Wallone ici, il a épousé la fille de Mme veuve La Douespe de Leyde, il est venu nous rendre visite et nous a invités à aller manger la soupe demain. Nous avons intérêt à le cultiver tant pour l'agrément d'avoir une maison de connaissance, où on peut aller passer quelques moments, qu'il est très essentiel d'avoir dans ce pays quelques personnes connues qui vous avouent, sans quoi on vous regarde comme un chevalier de fortune dont il faut se défier, surtout dans un temps où le mariage du prince attire une foule de français qui n'ont d'autres ressources pour vivre que la filouterie qu'ils exercent supérieurement. On ne voit que ces sortes d'animaux aux promenades, en habit noir et le plumet au chapeau... Le prince fera son entrée lundi prochain ; vous aurez vu, ou vous verrez dans la Gazette une ample description des fêtes qui, à en juger par les préparatifs, seront brillantes.

J'ai l'honneur d'être avec respect, votre très humble et très obéissant serviteur.

L. Loyau.

La Douespe et mon frère se portent bien et vous assurent de leurs respects ainsi que ma chère tante et toute la famille.

X

M. Horneca à M. le baron de Bréthenil à Amsterdam. 31 octobre 1767 :

Monsieur,

Je me joins avec plaisir à MM. de La Douespe et Loyau pour supplier votre Excellence de recevoir favorablement la requête que ces messieurs, actuellement ici, et qui me sont fortement recommandés, vous présenteront : je désire fort qu'ils réussissent dans leur demande, je ne doute même pas un moment du succès, dès que votre Excellence voudra bien s'en mêler et l'appuyer de son crédit. Je ne saurais prévoir aucun refus de la part de Sa Majesté dès qu'on exige que ce qu'il a déjà accordé plusieurs fois, aux instances de feu M. le marquis d'Havrincourt pendant le temps de son ambassade à la Haye. Il s'agit de fixer un état à des citoyens qui ne demandent pas mieux que de rester dans leur patrie et d'y vivre paisiblement sous l'autorité des lois : cela n'échappera pas à la pénétration de votre Excellence, qui ne sera pas moins animée du même esprit qui faisait agir M. le marquis d'Havrincourt dans ces sortes d'occasions. J'ose m'en flatter, et que votre Excellence voudra bien être persuadée de toute la reconnaissance que je lui conserverai de ce qu'elle fera en faveur de ces messieurs, qui lui enverront la copie du brevet du roi accordé en pareilles circonstances, qui pourra servir de modèle à celui que votre Excellence devra solliciter. Je la prie encore de vouloir bien se prêter à l'impatience de ces messieurs, qui n'attendent que l'effet des bons offices de votre Excellence pour consommer leur ouvrage, et s'en retourner en France.

Annotation d'une autre écriture

Tu vois, mon cher ami, que tout semble concourir pour la réussite, à moins que l'affaire survenue n'y mette obstacle. C'est ce que j'ai pu apprendre ici de vous : mais mon ami vient demain dîner chez nous, je te rendrai compte et là-bas de ce que j'aurai appris. Si c'est le proche degré qui y mette obstacle, je ne crois pas que l'un des amoureux soit dans ce cas, tu voudras bien me le mander. Voici quatre lettres que tu remettras, j'en remettrai une autre au secrétaire de son Excellence demain.

XI

*A monsieur Loyau, chez M. Faimonville, à la Hure de
Sanglier, dans le Herderstraat, à La Haye :*

Breda, le 18 novembre 1767.

Monsieur,

En réponse à l'honneur de la vôtre en date du
16 novembre, j'ai celui de vous notifier que je suis très
mortifié de ne pouvoir pas acquiescer à votre demande.

Le souverain défend aux juges inférieurs et aux
consistoires de célébrer des mariages des étrangers,
cette loi a surtout vigueur dans la Généralité ou pays
dépendants de la République, ainsi Monsieur, quand
même mon consistoire voudrait vous rendre le service
que vous lui demandez en ma personne, notre véné-
rable magistrat s'y opposerait. Le seul parti, et le plus
sûr à prendre serait, de vous adresser par requête à la
cour de Hollande pour en obtenir une dispense, et vous
pourriez en ce cas vous marier à la Haye si vous désirez ; M. Desrivaux pourrait, je le pense, vous être de
secours dans cette affaire. A l'égard des bans que vous
souhaiteriez qu'on publiât à l'avance, ce serait une
infraction ouverte contre les règlements qui regardent
les affaires matrimoniales.

Encore une fois, Monsieur, quelque porté que je
le suis à vous faire plaisir, je me vois hors d'état de le
faire, et vous feriez un voyage à Breda très inutile.

J'espère que vous réussirez à La Haye et que la

21

Providence bénira vos justes entreprises et le dessein que vous avez de vous marier.

J'ai l'honneur d'être avec la considération la plus distinguée, Monsieur, votre très humble et très obéissant serviteur.

Le Sueur.

XII

Copie de la lettre de M. Derrelly

Monseigneur.

Il y a peut-être de la témérité à moi d'oser entreprendre de vous demander une grâce sans aucun appui, ni protection auprès de votre Grandeur; mais ne puis-je pas avec confiance m'adresser directement à un ministre en qui tous les français reconnaissent un véritable amour de la justice et un zèle sans bornes pour procurer aux fidèles sujets de Sa Majesté un sort heureux, afin de rendre l'Etat puissant et florissant. C'est donc dans cette confiance que je prends la liberté d'implorer votre secours.

Je suis un bourgeois de la ville de..... faisant valoir un bien honnête qui m'a été laissé par mes parents; veuf depuis quelques années et âgé de 39 ans. j'ai formé le dessein de renoncer au célibat et de convoler à de secondes noces. j'ai porté mes vues sur la demoiselle...... j'ai été écouté. le mariage est arrêté. et les

choses sont au point qu'il n'est plus question que de
trouver les moyens d'épouser, et c'est là mon embarras.
Né de parents protestants, et protestant moi-même,
toutefois exempt de fanatisme, mais seulement attaché
par honneur à ma religion que je crois bonne, je me
trouve dans la dure nécessité, ou de corrompre et sur-
prendre la religion d'un curé, ou de contracter un
mariage illégal. Le premier me fait horreur, le second
me fait trembler pour l'état des enfants qui peuvent
naître d'un tel mariage, quoique je pense le conseil de
Sa Majesté trop prudent et trop sage, pour faire revivre
des lois qui mettraient le trouble et la confusion dans
un nombre infini de familles dont les mariages sont tels,
mais cependant on a toujours lieu de craindre tant qu'il
ne plaira pas à Sa Majesté de proscrire ces lois, qui
rendent bien malheureux le sort d'une partie de ses sujets.

J'ai connaissance que sur la fin de l'année dernière,
le sieur....., de..... a obtenu, de Sa Majesté, par un
brevet que votre Grandeur a signé, la permission d'aller
à Jersey, en le dispensant de toute contravention aux
lois de ce royaume. Je supplie votre Grandeur de me
faire obtenir la même grâce, c'est-à-dire la permission
d'aller épouser où bon me semblera, à moins qu'il ne
plaise à Sa Majesté d'indiquer un endroit, et de déposer
chez un notaire le brevet qui contiendra cette permission, pour servir d'actes d'épousailles et pour y avoir
recours au besoin. Je puis me flatter d'être un des plus
fidèles sujets de Sa Majesté, c'est pourquoi j'ose espérer que cette grâce accordée avant ce jour à d'autres ne
me sera point refusée. Il est vrai que je parais sans
aucun aveu, et sans le secours d'aucune protection ;
mais si votre Grandeur craignait quelque surprise de
ma part, ne pourrait-elle pas faire insérer dans la permission, la condition de faire publier le mariage dans
l'auditoire domicilié de chacune des parties, ou bien

faire des informations et se faire rendre compte de la condition et de la conduite des parties.

Le ciel vous a réservé, Monseigneur, pour adoucir le sort d'un peuple malheureux depuis tant d'années, sa fidélité et son attachement pour la personne sacrée du roi ne doivent point vous être inconnus; il n'aspire point aux honneurs, il ne désire seulement que de jouir dans ce royaume d'un sort que l'humanité a fait accorder aux ennemis même du christianisme; si cette grâce lui est refusée, il restera toujours attaché à son devoir, et ne s'écartera jamais de la fidélité qu'il doit à son souverain.

Je prie votre Grandeur d'avoir la bonté de me faire savoir le plus tôt possible, si la grâce que je demande me sera accordée ou refusée, et en cas de refus de m'indiquer la voie que je dois tenir. Si je suis assez heureux pour obtenir cette faveur, je redoublerai mes vœux, pour le bonheur de l'Etat, pour la santé du monarque et pour la conservation de votre Grandeur qui remplit les fonctions de son ministère avec tant de sagesse, de justice et de prudence, et quoiqu'il en arrive, je vous supplie de croire que je resterai toujours inviolablement attaché à la fidélité et à la soumission que je dois à mon prince, et que je ne me départirai jamais du respect que je vous dois et avec lequel j'ai l'honneur d'être...

XIII

A monsieur de la Baudonnière, par Pouzauges, Bas-Poitou :

A la Haye, le 24 novembre 1767.

Je reçois dans l'instant, mon cher oncle, votre lettre du 14 novembre ; elle ne pouvait pas arriver plus à propos, nous venons de recevoir par le même ordinaire les trois brevets dont je mets de l'autre côté la copie. Je n'ajouterai rien à mes précédentes lettres, persuadé que tout est disposé pour le départ de mes cousines, si même elles ne sont déjà à Paris.

Je m'embarque demain pour Anvers, d'où je serai à Paris dans les premiers jours de décembre. Le temps me presse ; nous allons procéder à faire faire les publications, je ne sais encore si nous nous marierons à Breda plutôt qu'à la Haye. Les circonstances nous décideront.

Je suis avec respect, mon cher oncle, votre très aimable et très obéissant serviteur,

Loyau.

Copie du brevet :

« Aujourd'hui 7 novembre 1767, le roi étant à Versailles et ayant égard à la très humble supplication que lui a fait faire le sieur J. L., natif de M., en Bas-Poitou, de lui permettre d'épouser en Hollande, où il est depuis quelque temps, la demoiselle J. M. L., sa cousine-germaine, aussi de Mons., actuellement en Hollande, où des affaires de famille l'ont conduite, et Sa Majesté voulant traiter favorablement le sieur J. L. en considération des témoignages avantageux qui lui ont été rendus, de la fidélité et de son affection à son service, elle lui a accordé la permission d'épouser la demoiselle J. M. L., sans que pour raison de ce il puisse lui être imputé d'avoir contrevenu aux ordonnances de Sa Majesté, qui défendent à ses sujets de se marier hors du royaume sans sa permission, de la rigueur desquelles elle l'a relevé et dispensé par le présent brevet, qu'elle a pour assurance de sa volonté signé de sa main et fait contresigner par moi, conseiller secrétaire d'État, commandements des finances. »

Il est signé par le roi et le duc de Choiseul. Vous voyez, mon cher oncle, que les termes en sont formels, les deux autres sont semblables.

Mes respects à ma tante et chez nous. J'embrasse mes chères cousines et surtout ma chère maîtresse.

Annotation d'une autre écriture.

1er décembre 1767.

Ton cher gendre me mande, en m'adressant cette lettre, qu'il partira le 25, il sera ici probablement le 4 de ce mois. Si la bande joyeuse n'est pas en route, ce n'est pas ma faute, il ne s'agit pourtant plus de reculer : viens avec elle, je serai content. Adieu, vos vœux sont exaucés et je les partage avec vous tous.

XIV

A monsieur Loyau, chez M. Faimonville, à la Hure de Sanglier, dans le Herderstraat, à la Haye, en Hollande :

A Cambrai, le 5 décembre 1767.

Mon cher frère,

N'ayant pu prendre la diligence de Bruxelles en y arrivant, vu qu'elle était partie ce jour même, je ne suis arrivé à Cambrai qu'aujourd'hui 5 décembre. Ainsi, je ne pourrai être à Paris que le 7 au soir. Je crains fort que ces demoiselles ne se soient impatientées de m'y attendre, et je crains encore plus qu'elles n'y soient point arrivées.

J'espère y trouver de tes lettres en arrivant qui m'apprendront que tout est arrangé pour nos publications et qu'ainsi rien ne retardera plus notre départ.

Il fait actuellement très froid ici, il ne faut pas moins que tout le feu de l'amour pour me soutenir contre les rigueurs de la saison. Puissiez-vous, ainsi que moi, malgré les glaces et les frimas, conserver toujours des preuves couvaincantes de votre sexe.

Je suis ton serviteur.

LOYAU.

Mes compliments à Ladouespe.

XV

A monsieur de la Baudonnière :

A Paris, ce 19 janvier 1768.

Mon cher beau-père,

Nous sommes heureusement arrivés à Paris de samedi dernier, mieux portants, plus contents qu'à notre départ. Malgré la rigueur de la saison, nos dames ont assez bien supporté la fatigue ; on leur fait même le compliment qu'elles ont pris de l'embonpoint en route ; quelle qu'en soit la cause, elles concluent ainsi que moi que rien n'est plus sain que d'avoir son médecin logé à côté de soi.

Nous vivons toujours chez M. Rouyer, qui nous comble d'amitiés et de politesses ; il n'a point voulu souffrir que nous fissions venir à manger de l'auberge. Dans ce court séjour que nous allons faire ici, nous comptons faire voir à nos dames les curiosités du pays. Nous allâmes hier à la Comédie française ; l'Opéra, les Italiens auront leur tour ; nous leur ferons voir Versailles à la fin de la semaine et ainsi du reste. Dès que nos affaires, visites, emplettes, etc., seront faites, nous nous arrangerons pour partir. Nous sommes comme les israélites, qui soupiraient après la Terre de Chanaan.

Notre voyage de Hollande nous a prodigieusement coûté, outre les dépenses de séjour, celle d'aller et de venir, auxquelles nous nous attendions, il nous a fallu encore payer des impôts exorbitants pour nos mariages.

Dans ce pays, tout paie à l'État ; on ne peut naître, se marier, mourir, gratis. Il nous a coûté tant pour les fiançailles, annonces, que pour avoir présenté une requête pour avoir deux publications dans un jour, près de cent pistoles, sans compter quantité de menus frais indispensables en pareille circonstance ; en un mot, de près de 180 louis que j'avais emportés, à peine en ai-je rapporté 20 ; à quoi il faut ajouter ce que Ladouespe a dépensé de son côté, et on verra que dans six semaines seulement il nous en a coûté près de 5.000 fr. Ce qui nous reste ici ne suffira point pour nous rendre ; mais comme je ne sais ce qu'il nous faudra, M. Rouyer nous le prêtera et vous le lui rendrez à notre retour. Malgré tout, encore sommes-nous fort heureux d'avoir pu terminer nos affaires aussi promptement et sans accident, dans un pays qui, dans cette saison, ne semble accessible qu'aux fous ou aux amoureux. Il n'est point à propos que le public soit informé de nos infortunes ni du détail de nos affaires ; trop de gens s'en réjouiraient.

J'ignore encore quelle route nous prendrons pour notre retour, mes prochaines lettres vous en informeront.

Mille respects de ma part et de celles de mes compagnons à ma belle-mère, chez nous et à la famille, ainsi qu'à Mlle Dugraceau, et à M. le curé et M. Favre.

Je suis avec respect, mon cher beau-père, votre très humble et très obéissant serviteur,

LOYAU.

V

LETTRES CURIEUSES

PROVENANT DES ARCHIVES DE LA BOBINIÈRE

(1723-1801)

A monsieur des Coudrais Majou, à l'Aubouinière des champs :

La Bobinière, le 4 juillet 1723.

Monsieur mon cher cousin,

M. Thomazeau, de St-Fulgent, est venu ici qui m'a laissé copie vidimée d'un ancien aveu, qui parait avoir été reçu il y a plus de 200 ans; il n'est point fait de mention des 42 l. pour bian, mais seulement qu'il est dû un bian de deux bœufs, que le seigneur de la paroisse peut prendre dans le bailliage où il lui plaira, voilà les termes de cet aveu qui me parait parfaitement bien expliqué. Il ne fait point de mention du seigneur de la Gestière, les droits dans la forêt de Grasla sont étendus comme il faut, si vous voulez les soutenir, parce qu'il y va de votre intérêt, on ferait peut-être mieux de laisser donner une sentence par défaut à Montaigu. S'il était vrai que le bian qu'on prétend que vous devez à la Gestière fût dû, il faudrait qu'il y eût un acte de réduction de ce bian aux quarante livres qu'on vous demande, vous ne devez pas douter qu'à Montaigu où le procureur a tout crédit, vous serez condamné, et que si vous êtes en dessein de demander votre usage en Grasla, on s'expliquera mieux à Poitiers, après que la sentence vous aura été signifiée, nous en déclarerons l'appel, qui renverra toutes choses après la St-Martin. Nous avons...(1) depuis la présente, ici reçu votre pa... et apprenons avec plaisir que vous êtes tous en bonne santé, nous assurons ma tante de nos respects, étant très sincèrement... de ma fille, on m'a dit vous avoir... à de grandes noces, nous en aurons ainsi deux paires à la fois.

Monsieur mon cher cousin, votre très humble et très cher serviteur.

De la Douespe.

Le 25 juin 1724.

Monsieur mon cher cousin,

Je suis embarrassé pour la sentence qui vous a été signifiée, il est triste de ce que M. Gadreau n'a pas porté votre partie à un accommodement, le procès ne convient point à ceux qui aiment leur repos. Quoi qu'il en soit, je crois qu'il faut en déclarer appel, vous gagnerez les vacances ; on verra si votre partie ne parlera pas, vous serez reçu à vous désister de l'appel après la St-Martin.

J'ai l'honneur d'être très parfaitement, monsieur mon cousin, votre très humble et très obéissant serviteur.

De la Douespe.

(1) Quelques mots manquent, par suite d'une déchirure de la lettre.

« L'an mil sept cent vingt-quatre et le

« du mois de   à la requête de M. Jean

« Majou, sieur des Coudrais, propriétaire de la maison

« de la Paronière, demeurant à l'Aubouinière, paroisse

« de Ste-Pexine, où il a élu domicile à l'effet des présen-

« tes, j'ai à messire André-Louis Logeay, chevalier,

« seigneur de la Gelinière, demeurant en la maison de

« la Godinière, paroisse de St-Vincent-sur-Graon, et

« à messire Pierre Surineau, chevalier, seigneur de la

« Guessière, curateur aux causes, pour l'autoriser, si

« besoin est ; signifié déclaré et dûment fait savoir afin

« qu'il n'en ignore que le dit sieur des Coudrais au dit

« nom en appelant comme de fait appelle par les pré-

« sentes de certaine sentence par défaut, rendue au

« siège de Montaigu le quatre septembre dernier et

« signifiée le vingt-quatre du mois de mai aussi dernier,

« et ce pour les torts et griefs qui lui ont été faits par

« la dite sentence et de tout ce qui s'est ensuivi — on

« pourrait suivre, pour les torts et griefs à lui faits

« par la dite sentence par défaut qu'il fera avoir dans

« la suite par devant juge compétant où il proteste

« relever son appel dans les délais de l'ordonnance afin

« que de raison et que le dit seigneur de la Gelinière

« n'en ignore, et qu'il fasse état au dit appel, à peine

« de droit, le tout sans rien approuver et en protesta-

« tions de ce qui est à protester, en cas pareil délaissé

« au domicile de M. Jules Badreau, auditeur de la

« Chambre des comtes de Bretagne sise en la ville de

« Montaigu, domicile élu par ledit seigneur de la Geli-

« nière, en parlant à... avec injonction de lui faire

« savoir. »

Si vous êtes en dessein d'appeler, voilà le modèle,
il faudra le signer avec l'huissier qui fera la significa-
tion.

Lettre de M. du Fougerais, du 12 mars 1790

Je commence enfin depuis deux jours, mon cher cousin, à pouvoir un peu écrire, mais je vous jure que ce n'est pas sans peine.

J'ai bien reçu votre dernière du 7, qui renfermait la publication d'un ban pour le mariage de ma fille, elle l'a été trois fois à Ste-Florence, celle que je vous ai prié de faire faire à l'église protestante, ce n'est que pour satisfaire le ministre de cette ville qui me l'a demandé, car à la rigueur je n'en avais pas besoin.

Quand je vous ai fait part du mariage de ma fille, je n'ai pu vous le mander en vous écrivant moi-même, c'est pourquoi je ne vous ai fait aucun détail relatif au bon parti qu'elle épousera vendredi prochain. Aujourd'hui que je peux écrire, je vous dirai, mon ami, que le futur est constitué par ses père et mère de sept cent mille livres, qu'un frère aîné marié depuis deux ans a autant et que cinq sœurs qu'ils ont et qui sont mariées ont eu chacune cent cinquante mille livres comptant, et si aujourd'hui les père et mère venaient à mourir on estime que les deux garçons auraient chacun d'un million à douze cent mille livres. Les demoiselles environ chacune quatre cents mille. Voici donc des père et mère qui ont une fortune de plus de 4 millions. Ce qu'il y a de certain, c'est qu'en outre des dots données aux demoiselles, dont M. Nazac de Castres en a épousé une, je connais au père plus de cent mille livres de rentes en maisons dans Bordeaux ou biens fonds près de cette ville. Il y a en outre plusieurs vaisseaux et je crois un portefeuille considérable. Au surplus, mon cher ami, entre nous soit dit, vous ne sauriez croire combien votre cousine de Ste-Florence a plu ici dans la société, les choses étaient au point qu'ayant été demandée le 8 du mois dernier par le père de M. de Zance, le lendemain deux autres partis devaient se présenter dont un très riche aussi, mais on n'a pas voulu me nommer l'autre. Je voudrais bien pouvoir colloquer aussi bien mon fils, ce ne sera peut-être pas aussi avantageusement, mais quand le moment de vouloir s'établir sera venu, je ne désespère pas de lui trouver un bon parti. Je suis très fâché que rien ne se décide sur ce qui s'est passé, ce peu d'activité est dans le cas de nous donner le désagrément de voir renouveler les horreurs qui ont déjà eu lieu. Tout ira mal quand l'on s'exposera à donner une certaine extension au pouvoir exécutif.

Puisque Sicou ne trouve que 42 s. mesure des Herbiers, de mon avoine, je ne veux pas qu'il la vende, et je vous prie de lui faire dire que je ne veux pas qu'il donne mon foin à moins de 20 livres le millier.

Je suis bien fâché que vous n'ayez pu me trouver de l'argent dans le canton. Comme depuis le mois de décembre je dois 900 livres à M. de la Longeais, je vous serai obligé de les lui remettre pour moi et d'en tirer un reçu.

J'ai la main fatiguée. Adieu mon cher ami, je vous embrasse et suis votre serviteur.

DU FOUGERAIS

Lettre de M. du Fougerais

Paris, le 4 brumaire an IV.

Une longue absence, mon cher cousin, que je viens de faire de Paris pour assister aux couches de ma femme, qui vient de me rendre père d'une grosse petite fille, m'a empêché de terminer plus tôt l'objet de nos liquidations. Je vous envoie ci-joint:

1° En billets de loterie............... 1.000 l.
En assignats de diverses valeurs...... 5.694 l.
                          Total.......... 6.694 l.

Ce qui forme bien les 6.694 livres que vous m'annoncez vous rester dûs, tant pour intérêts que pour frais par votre dernière du 27 fructidor. Je vous serai obligé de m'accuser la réception de ces différentes valeurs par le retour du courrier. Je vous demande également de vouloir bien m'envoyer par la diligence après avoir eu la précaution de faire charger, les titres qui constituaient les différentes créances que nous venons d'acquitter, et quittancés comme je vous l'ai indiqué dans mes précédentes.

Voilà plusieurs lettres que j'écris au citoyen Vinet, je suis absolument, à mon grand étonnement, sans réponse de sa part, je ne sais où il en est, ni ce qu'il a fait. Dites lui bien, je vous prie, que nous avons une reconnaissance sincère et bien effective de tous ses soins. L'essentiel serait de nous faire envoyer la provision en possession du bien de mon oncle, d'obtenir la remise des effets et celle des procurations envoyées et d'entretenir avec nous une correspondance active et soutenue, qui me mette à même de pouvoir soigner également ici nos intérêts.

Adieu, mon cher cousin, le temps me presse. Reçois l'assurance inviolable de tous mes sentiments.

V.-F. LA DOUEPE DU FOUGERAIS.

Brouillon de la réponse à la lettre ci-dessus

10 brumaire an IV de la République Française.

J'ai reçu hier votre dernière du 4 courant, j'avais aussi reçu la précédente par laquelle vous m'annonciez que vous avez envoyé les 5694 livres restant pour l'acquit de vos différentes créances, avec aussi 10 billets de loterie, le tout m'est parvenu avec votre dernière. Je vous adresse en conséquence par la diligence suivant vos désirs, les billets de Marchegay, La Longeais et le mien avec les quittances des sommes qui y sont portées. Je mets le tout à la poste dans un paquet chargé, à votre adresse, la diligence d'ici Paris ne part point régulièrement et se rend fort lentement. J'ai pensé que la poste serait plus expéditive et aussi sûre en prenant la précaution de charger le paquet que vous retirerez sur l'avis de la présente, dont je vous prie de m'accuser réception.

Vinet qui vient me voir au lit où je suis depuis 35 jours avec la goutte aux pieds et à la main, me dit qu'il répondrait le lendemain à la lettre qu'il avait reçue de vous depuis 2 jours, il y en a de cela 8 ou 10 ; il ne me parla pas qu'il en eût reçu d'autre. Alors il me dit aussi qu'il allait sur le champ faire la demande des titres de propriétés et de créances qui ont été déposés dans les bureaux de l'Administration. ainsi que de la jouissance de vos portions de la métairie de Bottereau située dans le district de Fontenay et dont le partage a été fait par l'Administration entre nous. Cette métairie était le seul domaine libre de la succession de feu notre parent Desnoues. le surplus est dans le pays insurgé et nous ne pouvons depuis 3 ans en toucher aucun revenu. ainsi que de nos autres propriétés dévastées. Vinet me dit que vous lui demandiez des renseignements sur vos domaines du Boupère et du Plessis: c'est ce qu'il lui

est impossible de faire, car nous n'en avons aucun sur
tout ce qui est au-delà de la Châtaigneraie d'un côté et
Ste-Hermine de l'autre. Nous avons cependant appris
dans le temps, lorsque les troupes sont entrées dans
l'intérieur, que vos maisons d'habitation étaient incendiées avec ce qu'elles contenaient, ainsi il ne faut
compter sur aucuns des effets. Il n'en est pas mieux de
celles qui n'ont pas été brûlées, car la mienne qui fut
épargnée je ne sais par quel hasard, ne présente plus
que les murs ; les portes, fenêtres, meubles, tout a été
brisé et mis au pillage et ce qu'il y a de plus malheureux, j'ai perdu tous mes bestiaux qui ne laissaient pas
d'être de conséquence.

Il paraît que des cantonnements vont être placés
dans l'intérieur, peut-être qu'alors il sera possible de
savoir ce que tout cela est devenu. Il n'y a point de
saisie sur les biens vu leur situation, tout le monde
s'accorde à dire qu'il y a encore beaucoup de bestiaux
sur les domaines que les colons n'ont pas abandonnés,
ou qui n'ont pas été tués, et j'ai ouï dire que beaucoup
des vôtres étaient encore sur les lieux. Je pense que
Vinet vous a répondu dans le moment ; je ne l'ai point
vu depuis ce jour et je ne puis encore qu'avec bien de
la peine sortir de mon lit et me servir de la main droite
qui a été très maltraitée et ne peut tenir la plume. Je
vous souhaite une bonne santé et à votre famille.

La DOUESPE.

Réponse à la lettre ci-dessus

Le 18 brumaire an IV.

J'ai reçu, mon cher cousin, dans une lettre chargée,
les billets et leur quittance. C'est une affaire finie et

pour laquelle je vous prie de recevoir tous mes remerciements.

Je désire bien qu'au reçu de la présente vous soyez tout à fait débarrassé de la goutte, c'est une nouvelle que j'apprendrai avec une véritable satisfaction. M. Vinet n'a point encore répondu à mes dernières, je ne doute pas d'après ce que vous m'annonciez, du zèle qu'il veut bien apporter à la suite de nos intérèts, mais je suis absolument privé de ses lettres et à mon grand regret. Je voudrais savoir quels sont les usufruitiers actuels de la portion qui nous appartient dans la métairie provenant de la succession de notre feue parente Desnoues, afin de me faire restituer les arrérages et à participer aux jouissances courantes.

Si l'on établit des moyens de communication, peut-être serons-nous instruits sur le sort de nos malheureuses propriétés. Il serait bien urgent pour nous de rentrer dans celles qui nous sont échues, car nous avons tout à redouter des suites affreuses du brigandage qui règne depuis trois ans.

Adieu, mon cher cousin, le temps me presse et je n'ai que le temps de vous embrasser. Ma femme nourrit avec succès sa petite fille, elle me charge de vous faire mille amitiés.

B.-F. La Douespe du Fougerais.

Lettre de Girard du Villard du 26 germinal an V

Paris, le 26 germinal an V de la République Française.

Vous devez, mon cher ami, avoir reçu par le dernier courrier une réponse à votre obligeante lettre à laquelle je me réfère, puisque vous ne pouvez pas obtenir plus de huit cents livres de mon Bosquet de

Lausonnière dont on paierait moitié au 1er floréal prochain et l'autre moitié dans la dernière décade même mois, à condition que je puisse toucher cette seconde somme avant le 1er prairial par les raisons que je vous ai marquées par mes précédentes. Je ne doute pas que l'on se refuse, en nous comptant le premier paiement, d'y joindre par forme de pot de vin 50 à 60 francs que vous voudrez bien me faire passer de suite, ce qui ne serait qu'un faible dédommagement du temps que l'on demande et qui n'avait pas été prévu, pour abattre, enlever et réparer avant le 1er germinal de l'an VI, afin que je puisse jouir fructueusement de mon terrain l'année prochaine. J'espère de vos soins vraiment amicaux que vous me ferez le plaisir de me faire passer le premier paiement dans le courant de la prochaine décade.

Nous comptions recevoir un message du Directoire touchant les nouveaux succès remportés par notre armée d'Italie, que nombre de lettres authentiques annoncent comme une défaite complète de l'armée de l'Archiduc. On y ajoute que notre invincible général Bonaparte doit être à présent à Vienne, pour inviter de vive voix l'Empereur à la paix que la République a la générosité de lui offrir au milieu de ses triomphes. D'autre part l'on dit que le ci-devant Condé a invité le ministère Anglais de disposer de l'armée qu'il commande pour la faire marcher l'on ne sait où, dont on présume que le sort qui l'attend fera le pendant de la brillante expédition de Quiberon.

Nous avons joui depuis plusieurs jours d'un temps de printemps, mais il pleut dans ce moment, aussi les aimables et délicieuses en vont profiter pour aller au bois de Boulogne, il semblait que tout Paris s'y était donné rendez-vous dans leurs costumes aussi grotesques que brillants. J'eus la curiosité d'aller hier aux Champs

Elysées où, sans exagération, le nombre des voitures était si grand ainsi que celui des hommes et des élégantes à cheval, que depuis 3 heures jusqu'à 5 heures elles n'avaient pas encore fini de défiler. Le tout s'est passé dans le meilleur ordre au moyen des dragons à cheval placés sur toutes les routes pour protéger les piétons comme moi et cent milliers d'autres, auxquels, sans des mesures aussi prévoyantes, il n'aurait pas manqué d'arriver des accidents. L'assemblée électorale de ce département a·bientôt fini ses nominations ainsi que dans leur environnant, tout est calme et tranquille dans cette immense cité où l'on ne s'entretient que de bals et de parures : c'est à qui s'effacera. Cela me ferait croire à l'utilité du luxe qui procure des jouissances et ressources à toutes les classes des citoyens. J'ai le plaisir de voir de mes fenêtres voltiger les hirondelles qui sont les avant-courriers du beau temps.

Votre sincère et fidèle ami,

GIRARD VILLARD.

Copie d'une lettre adressée au comte de la Chaussée à Londres par Georges Cadoudal

16 janvier 1801.

Mon cher Comte.

Je viens de recevoir votre lettre du 10 décembre. elle n'est pas fort consolante, surtout après celle dont vous aviez chargé P. : dans la première vous donniez pour ainsi dire des certitudes, et dans celle-ci vous ne donnez que de faibles espérances. Vous devez sentir cependant que notre position demande du positif et cela promptement, nous sommes à chaque instant exposés aux poignards des assassins. Notre devoir, les instructions reçues et l'espérance de voir encore se renouer quelque chose nous y retiennent; pas un de nous n'en bougera avant de recevoir des ordres, vous devez juger avec quelle impatience nous les attendons.

Je ne vous parlerai pas de la position des armées de l'Autriche, ni de l'armistice existant entre elles et celles de la République. Seulement je vous observerai que tout annonce ici la paix comme assurée et d'après les apparences cette fâcheuse nouvelle n'a malheureusement que trop de fondement. Dans le cas où elle se confirmerait, de quel moyen veut-on que nous nous servions pour conserver encore au roi des sujets fidèles dans l'Ouest? Après y avoir mûrement réfléchi, voici les deux seuls moyens propres à parvenir à ce but. Je suppose la paix faite avec l'empereur et que les puissances du Nord ne se déclarent pas contre l'usurpateur. Premier moyen : obtenir du gouvernement Britannique de prendre à son service, sur le pied des régiments anglais, deux à trois des régiments royalistes de l'intérieur. On composerait ces corps des hommes d'action dans toute la Bretagne, et dès que les circonstances leur permettraient de s'y jeter, il est hors de doute qu'ils parviendraient de nouveau à insurger cette province. Mais les chefs, avant de faire cette démarche, exigent du gouvernement la promesse formelle, par écrit, que ces corps ne seront point licenciés, quels que fussent les événements. Si les circonstances ne permettaient pas au gouvernement Britannique d'adopter le premier moyen, qui est, sans contredit, le plus sûr, voici le second, qui peut aussi réussir, mais qui souffrira bien des difficultés aux acteurs.

Permettre aux chefs de légion et même à quelques adjudants généraux tout dévoués, qui ne sont pas encore entièrement compromis, de s'arranger avec l'usurpateur, d'en obtenir des sûretés qui leur permettent de

vivre tranquillement dans leurs foyers, de les mettre à
même de communiquer librement avec leurs officiers
fidèles qui, d'après les instructions qu'ils recevront,
main tiendront certainement le pays, je pense. Que Monsieur adopte dans sa sagesse celui de ces moyens qu'il
croira plus convenable, mais je vous prie, mon cher
comte, de vous empresser de nous faire connaître celui
qu'il aura choisi ; dans tous les cas, prévenez, je vous
en prie, S. A. R. que je serai obligé de faire banqueroute
si, dans vingt-cinq jours au plus tard, je ne reçois
quatre mille louis. On m'avait promis cette somme par
mois, sans comprendre B¹ qui me coûte infiniment,
et depuis que je suis rentré, je n'ai reçu que quatre mille
livres. Surtout réponse en poste, vous sentez notre position. Si on n'adopte pas le premier moyen, je me verrai
forcé de passer avec cinq ou six officiers. Je me flatte
qu'on leur accordera un traitement honnête, réponse
positive à cet article. Mes commissaires sont de retour
de B. I. ; d'après leur rapport, je ne réponds pas absolument du succès, mais j'ai de grandes espérances de
réussir. Les événements permettent de donner de l'enthousiasme. Vous savez l'expédition dont parle la lettre
du général Maitland, que j'ai laissé à S. A. R., j'ai pris
les mesures pour la faire réussir.

La garnison est presque toute composée d'hommes
à moi ; soutenu des *voltigeurs* et sans peut-être être
soutenu de forces étrangères, je pourrai tenter cette
opération ; si elle réussissait, elle nous mettrait à même
d'attendre les événements et nous recruterions consi-
dérablement ; il faudrait seulement être protégés par
les voltigeurs et soldés par le gouvernement. Surtout
décision prompte (1). Vous n'ignorez pas que la grande

(1) Cette lettre est reproduite presque textuellement dans l'ouvrage de M. G. de Cadoudal, sauf le passage qui suit, qui n'y
figure pas. (P. 288, Plon, éditeur.)

correspondance a éclaté maladroitement ; elle est heureusement renouée, je la presse d'agir, mais les fonds ne sont nullement suffisants. J'ai vu les seconds de C¹ et de D°, ils sont bien intentionnés et ils comptent beaucoup sur leur pays. *Anne* tergiverse toujours, je crains qu'elle n'ait perverti B¹. On la dit à Paris prête à faire la courbette. Toutes ces demoiselles sont absolument dévorées de beaux prétextes. C'est par de tels moyens qu'on doit parvenir au véritable but ; moi et bien d'autres pensent autrement.

Si on est forcé d'adopter le deuxième moyen, pour le faire réussir, il faudra que j'aie quelques fonds disponibles à remettre aux officiers restants pour l'entretien de leurs subordonnés les plus capables et les plus fidèles. J'espère que la grande correspondance jouera encore bientôt.

J'ai l'honneur d'être, avec la plus haute estime et la plus haute et parfaite considération, votre très humble et très fidèle serviteur.

Signé : GEORGES.

FIN

TABLE DES MATIÈRES

TABLE DES MATIÈRES

NIORT, IMPRIMERIE NOUVELLE L. CLOUZOT